KB069695

2판

아동 관찰 및 행동 연구
Child behavior observation

| 이순형 · 이혜승 · 권혜진 · 이영미 · 정윤주 · 한유진 · 성미영 · 권기남 · 김정민 공저 |

학지사

2판 머리말

'아동 관찰 및 행동 연구'라는 제목이 시사하듯이 이 책의 내용은 아동의 발달을 관찰하고 평가하는 작업이 주를 이룬다. 초판에서도 당부했지만 2판에서도 재당부하고 싶은 것은 아동의 발달을 진단하고 평가하는 일은 매우 신중하게 해야 하며, 아이의 능력을 조급하게 판단하지 말아야한다는 것이다. 아동의 발달 속도가 빠르고 변화도 크기 때문이다. 따라서 신중하고 조심스럽게 아동의 발달 진단이 이루어져야 한다. 그리고 그 진단은 유용하게 사용되겠지만 어디까지나 아동이 앞으로 급변할 수 있다는 점을 고려하여 해석할 필요가 있다.

부모나 교사는 아동의 심리와 행동을 이해할 수 있어야 한다. 그러나 몸도 작고, 신체 활동도 원활하지 못하며, 아직은 자기표현이 서툰 아동을 이해하는 일은 결코 쉽지 않다. 그러므로 아동을 이해하는 데에는 기초 지식과 더불어 섬세한 눈과 귀가 필요하다. 아이의 표정과 사람의 마음을 움직이는 미소를 알아보는 눈과 불만과 어려움을 말하지 못하는 소리를 민감하게 알아차리는 귀가 있어야 한다.

가정에서 아동을 돌보는 어머니의 능력이나 현장에서 아동을 돌보는 교사의 능력을 발달시키는 데 적절한 지식과 기술을 제고하는 교재가 필요했다. 이 책에서는 아동을 잘 살펴 그 표정과 행동을 관찰하고, 평가하며, 진단하는 검사 기술을 구체적으로 설명하려고 했다. 필자들은 이러한 내용을 알아보기 쉽게 구성하여 가능한 한 쉽게 전달하려고 애썼다. 이 책이 아동을 돌보는 모든 부모와 교사에게 도움이 되기를 바란다.

2014년 8월
이순형

차 례

제2부   아동 관찰 및 행동 연구 방법

제1부

아동 관찰 및 행동 연구의 기초

제1장

아동 관찰 및 행동 연구의 역사

아동에 대한 과학적 연구가 이루어지기 이전부터 부모와 교사들은 아동에 대한 관찰과 이해를 바탕으로 아동을 양육하고 지도해 왔고, 이러한 시도는 아동 관찰 및 행동 연구의 계기가 되었다.

6～15세기 중세시대에는 아동기를 생활주기상에서 별개 단계로 간주하거나 중요성을 부여하지 않았다. 오늘날처럼 아동이 성인이나 청소년과 다른 고유한 존재라는 생각이 없었다. 현재 중세시대의 아동기란 어떤 것이었는지 논쟁이 분분하지만 역사가 아리에스(Ariès)의 연구는 1600년대 이전 유럽사회에 아동기 개념이 없었다고 결론지었다(Shaffer, 2002). 따라서 이 시기에 연령은 중요시하지 않았고 가족관련 기록에서도 연령은 기록되지 않았다(Berk, 1994).

그러다가 서서히 아동의 고유성이 인식되기 시작했다. 중세 말 교회는 아동의 순결을 옹호하고 영아살해 관행에 반론을 제기하면서 부모들이 자녀를 영적으로 훈련하도록 고무하였다. 또한 의학적 연구를 통해 영아와 아동의 취약성을 인정하며 양육 과정에서 특별한 교육을 제공하기에 이르렀다. 하지만 아동기를 별개의 발달적 시기로 인식하지 못했고, 아동의 고유성에 대한 이론도 없었으며, 아동에 대해 체계적으로 관심을 갖지도 않았다.

16세기 개신교를 중심으로 한 종교운동으로 인해 아동기의 이미지가 달라졌다. 고집스럽고 사나운 성질을 가지고 태어난 아동이 사악한 길로 가지 않도록 구원하기 위해 엄격하게 교화시켜야 한다고 여겼다. 학교를 통해 중류층 남아를 성인의 부패한 세계와 분리하였고, 엄격한 육아방식으로 아동을 길들이고자 하였다. 아동에 대한 관찰과 이해보다는 종교적 관점에서 아동을 보았다.

17세기의 계몽운동은 이성의 철학을 낳았고 인간존엄 사상을 육성했다. 17세기 초 성직자와 인도주의자들은 아동교육의 중요성을 강조했고 아동의 선천적 특성에 주목했다. 특히 로크와 루소는 아동을 이해하는 데 있어서 사상적 기초를 마련했다.

아동을 성인의 축소판이 아닌 본성을 가진 개체로서 연구한 최초의 인물은 코메니우스다(장휘숙 편역, 1989). 코메니우스는 17세기 슬라브계 교육개혁자로서 아동의 능력을 이해하고 그들을 어떻게 양육할 것인가를 알고자 하였다. 이후 아동이 연구대상으로 적합하다고 생각되기 시작한 것은 18세기 후반이다. 철학자, 교육학자, 생물학자들은 자신의 어린 자녀를 관찰하여 아동에 대한 새로운 사실을 발견하기에 이르렀다. 스위스의 페스탈로치는 3년 6개월 된 자신의 아들에 관한 관찰 기록을 1774년에 출간하였다. 페스탈로치 시대의 아동연구 경향은 아동을 간접적으로 연구하는 교육철학적 접근과 매일 직접적으로 관찰하여 아동의 발달을 기록하는 접근 방법으로 대별될 수 있었다(장휘숙 편역, 1989).

독일의 의사 티데만(Tiedemann)도 자신의 아들을 대상으로 생후 2세 반까지의 감각, 운동, 지능, 언어 발달을 관찰하고 이를 일기 형태로 기록하여 『아동의 정신적 발달에 관한 관찰(*Beobachtungen über die Entwicklung*

페스탈로치

페스탈로치와 아동들(1805년경)

der seelenfähigkeiten bei Kindern』(1787/1897)이라는 저서를 발표하였다. 이 책은 인간발달의 조직적 자료 중 영유아의 신체적 및 지적 발달에 대한 최초의 본격적 관찰 기록이다. 오늘의 관점에서 보면 아동의 발달에 대한 종단적 연구의 한 예다. 이 연구의 주목적은 아동의 평균적인 정신발달을 비교 분석하기 위한 것이었으며, 그가 생각하고 있던 교육 계획의 기초 자료로 유용하게 활용되었다. 그럼에도 그의 일기식 기록에는 발달 패턴과 부모의 양육 간의 관계에 대해 주의를 기울인 흔적이 거의 없었다(백운학 역, 2002: 11).

과학적인 아동연구는 20세기 초반에 급격히 전개되었다. 한 아동에 대한 초보적 관찰은 곧 연구방법의 개선과 이론의 발전으로 이어졌다. 19세기 말에서 20세기 초에도 연구자들은 자기 아이나 친척의 아이를 대상으로 영아기 초기부터 영아의 행동과 이에 대한 인상을 매일매일 기록했다. 그 결과, 수십 개의 유아전기가 20세기 초에 출판되었다. 그중 하나에서 발췌한 내용을 보면 다음과 같다. 저자는 어린 조카의 출생 후 처음 1년 동안의 성장을 기록하였다.

(아기의) 첫 행동은 울음이다. 분노의 울음도 아니고 기쁨의 환호(외침)도 아니다. 콧소리를 내다가 길고도 가는, 눈물은 흐르지 않는 아-아- 소리, 스코틀랜드 백파이프 같은 음질로, 그저 내는 소리, 그러나 불편하다는

소리. 이러한 단조롭고도 쓸쓸한 울음과, 그 붉고 쭈글쭈글한 처진 피
부…….

　어머니가 출산 전에 자기 아기를 사랑하지 않을 경우 모성 본능이 충분히
깨어나기 전이라면 아기는 잠깐이지만 위험에 처할 수도 있는 그런 흠이 있다.

　이것이 있는 그대로 표현한 것이다. 우리 아기가 다른 아기보다 더 예쁜
것도 아니다……. 물론 칭찬하는 사람들도 많지만…….

출처: Shinn, 1900: 20-21: Berk, 1994: 10 재인용.

　많은 기록들이 왜곡된 측면 때문에 결국 폐기되었지만 유아전기는 새
로운 분야에 첫발을 내딛는 탐험가들의 작업과 같은 것이었다.

　유아전기가 한 단계 진전된 것은 19세기의 두 이론가 다윈(Darwin,
1877)과 독일 생물학자 프레이어(Preyer, 1882)가 아동의 행동에 관한 초
기의 기록에 기여하면서부터다. 두 사람은 각각 자기 아들의 발달에 대해
출생 후 3년 동안 기록했다. 다윈(1809~1882)은 아동에 대한 과학적 연
구에 큰 영향을 주었다. 저서 『종의 기원(The Origin of Species)』(1859)은
아동심리학을 하나의 과학적 학문에 이르게 하는 데 있어서 가장 중요한
기초를 마련했다. 그는 아동의 관찰을 통해 종 자체의 발달에 대한 단서
를 발견할 수 있다고 함으로써 진화론의 입장에서 아동에 대한 과학적 흥
미를 발견했을 뿐 아니라 자신의 아들을 관찰하고 기록함으로써 아동연
구의 방법에도 크게 공헌했다. 다른 연구자들도 그의 관찰을 근거로 아동
의 발달이 인간 종의 진화와 동일한 일반적 계획을 따른다는 결론을 내렸
다. 이런 믿음이 결국엔 정확하지 못한 것으로 밝혀졌지만 아동의 발달과
인간 진화 간의 유사성을 찾아보려는 노력은 연구자들로 하여금 아동행
동의 모든 측면을 주의 깊게 관찰하도록 촉진했다.

　특히 프레이어는 관찰의 표준을 높이 설정하여 자신이 본 것을 즉시 그
리고 가능한 한 완벽하게 기록했으며 일정한 간격을 두고 기록했다. 그는
또한 아동의 행동에 영향을 주지 않으려고 노력했고, 자신이 본 것이 자

신의 관심과 해석으로 인해 왜곡되지 않게 하려고 노력했다. 그리고 두 번째 관찰자의 기록과 비교해 자신의 기록이 정확한지를 점검했다 (Cairns, 1983). 이러한 점은 현대의 연구자들이 아동 관찰 시에 사용하는 기준과 같다.

이러한 전기 작가들의 시도는 선구적이었지만 유아전기는 훌륭한 과학적 자료가 되지는 못했다. 그 이유는 첫째, 관찰 방법이 체계적이지 못하다는 점, 둘째, 대부분이 한 명의 피험자를 대상으로 한 사례 연구이기 때문에 연구 결과를 일반화하기 어렵다는 점, 셋째, 다윈과 같이 대부분의 관찰자가 자기 자신의 발달이론과 교육이론을 가지고 있었기 때문에 관찰하는 아동을 통해서 자신의 이론을 정당화하고자 했다는 점 등 때문이다(한국아동학회, 2004). 그러면서도 가족원이 기록한 유아전기는 기록자가 관찰대상 아동과 많은 시간을 함께 보내면서 일상적인 상황과 특별한 상황에서 아동을 관찰할 수 있다는 장점이 있었다. 예를 들어, Shatz(1994)는 손자를 돌보는 동안 손자가 타인의 사고과정을 이해하는 발달과정을 기록할 수 있었다(Cole & Cole, 2001: 18).

19세기 말에 이르러 아동은 집단의 일원으로 연구되기 시작했다. 미국에서 홀(Hall, 1844~1924)이 아동연구라는 새로운 영역을 정립하는 데 개척자 역할을 하였고, 『아동의 정신 내용(*The Content of Children's Minds*)』(1883)이라는 저서를 통하여 아동발달 연구가 인간의 이해에서 핵심적이라고 주장했다. 유아전기의 취약점을 인식한 홀은 아동에 대한 철저한 객관적 사실들을 수집하기로 했다. 이러한 목표는 아동연구의 규범적 접근으로 이어졌다. 규범적 조사에서는 다수의 아동을 대상으로 행동을 측정한 다음 연령과 연관된 평균을 계산하고 이 평균치를 전형적 아동의 발달을 나타내는 것으로 간주하였다. 홀은 많은 수의 아동을 체계적으로 연구하기 위해 새로운 연구방법으로 질문지법을 개발하여 질문지를 통해서 아동 및 청소년의 행동, 태도, 흥미 등을 조사했다. 질문지는 각 연령대의 아동이 자신에 관해 말할 수 있는 모든 것, 즉 흥미, 두려움, 상상의 놀이친구, 꿈, 우정, 좋아하는 장난감 등에 대해 질문하였다(White, 1992). 어떤 의미에서 홀의 연구는 미국에서 체계적인 아동연구의 시작이라고 볼 수 있다. 이외에도 그는 미국심리학회지와 여러 전문학술지를 창간하였고, 1893년에는 전국아동연구협회(National Association for Child Study)를 결성함으로써 아동연구 운동의 주도적 역할을 하였다.

홀과 같은 전통을 가진 게젤(Gesell, 1880~1961)도 영아와 아동의 행동에 관한 세세한 규범적 정보를 수집하는 데 많은 시간을 투자했다. 특히 그가 만든 영아발달표는 완벽하여 오늘날까지도 수정판이 계속 사용되고 있다. 게젤은 부모에게 도움이 될 만한 아동발달 관련 지식을 체계화했던 최초의 인물 중 하나다.

홀   게젤

홀과 게젤이 미국에서 이론과 방법론을 발달시키는 동안 프랑스 심리학자 비네(Binet, 1857~1911)는 다른 이유로 아동발달의 규범적 접근을 취하고 있었다. 1900년대 초기 비네와 시몬은 아동의 지능을 직접적으로 측정하는 질문들을 개발·구성했다. 1916년 스탠퍼드 대학교에서 비네의 검사를 영어로 번역했고 미국 아동에게 사용되도록 번안하였다. 이것이 스탠퍼드-비네 지능검사(Standford-Binet Intelligence Scale)다. 이 검사는 학업성취를 성공적으로 예측하는 점수를 제공하는 것 외에 발달의 개인차에 대한 대단한 관심을 촉발시켰다.

20세기 초기의 연구들은 주로 이론적인 추구에 치우쳐 경험적 자료가 부족할 뿐 아니라 자료가 있다 해도 단순히 아동의 발달을 기술하는 데 그치는 정도였으나, 비네의 연구는 아동에 관한 경험적 자료의 질적 수준을 높이는 데 가장 큰 공헌을 하였다. 최초의 지능척도를 만들었고 이른바 검사운동을 일으키는 데 결정적 역할을 하였다. 검사운동 연구에 힘입어 여러 가지 검사를 사용한 아동의 성장발달 연구들이 1920년대와 1930년대에 많이 나오게 되었다. 예를 들어, Fels Institute, Merrill-Palmer 등의 연구기관과 하버드 대학교를 비롯한 큰 대학의 연구소에서 종단적 연구를 통해 아동의 신체적·심리적 특성이 연령에 따라 변화하는 양상을 주로 연구하였다.

1935~1945년에는 프로이트(Freud, 1856~1939)의 영향으로 그의 가정을 검증하는 연구에서부터 아동 초기의 경험이 성격 전반에 미치는 영향에 대한 연구까지 범위가 확대되었다(이은해, 1997: 19). 1950년대 이후에는 이미 1920년대에 발표되었던 피아제(Piaget, 1896~1980)의 이론(사고와 도덕성)에 대한 관심을 바탕으로 지능 개념에 큰 변화가 일어났고, 아동의 사고내용이 발달수준에 따라 질적인 변화를 갖게 된다는 점이 강조되었다. 경험적 자료에 기초하여 인지발달에 관한 이론을 정립한 피아제의 연구방법은 기존의 심리학 또는 발달의 연구방법에 비해 특이한 면이 있어 아동의 인지발달에 관한 연구방법에 지대한 공헌을 하였다. 즉, 관찰과 개별화된 면접을 병행하는 방법을 통해 어떤 과제에 대한 수행 여부만이 아니라 과제를 수행할 때 아동의 사고내용을 면접 조사하는 임상적 방법에 대한 관심이 대두된 것이다.

20세기 들어 아동연구는 성숙기를 맞았다. 초기에는 연령 단계에 따른 신체적·심리적 행동 특성을 밝히고 변화를 기술하는 데 역점을 두었다. 20세기 중엽 이후에는 단순히 어떤 현상을 발견하고 기술하는 데 그치지 않고 행동의 특징을 설명하고 이론을 구성함으로써 인간발달의 기저에 있는 과정과 기제에 더 흥미를 갖게 되었다. 예를 들어, 아동의 언어발달에 관한 20세기 초기 연구들은 생후 몇 개월이 되었을 때 몇 개의 어휘를 구사하고 문장의 종류가 어떻게 달라지는가 등의 연령에 따른 변화에 주로 관심을 두고 연구했다. 그러나 20세기 중엽 이후는 문법 획득에 영향을 미치는 요인에 어떤 것이 있는가, 어떻게 언어습득이 일어나는가 등의 '왜', '어떻게'에 대한 해답을 추구하는 경향으로 바뀌었다.

또한 아동에 관한 연구는 아동학이나 심리학, 유아교육학에서뿐 아니라 문화인류학, 정신의학, 가족사회학 등 여러 인접 학문과의 연계 속에서 다양한 접근방법들이 시도되고 있다. 이는 아동을 연구하는 방법론의 한계가 아동심리학의 방법 이상으로 확대되고 있음을 의미한다(이은해, 1997).

참 고 문 헌

백운학 역(2002). 발달심리학사. 村田孝次의 發達心理學史. 서울: 시그마프레스.

이은해(1997). 아동연구방법. 서울: 교문사.

장휘숙 편역(1989). 아동연구법. 서울: 창지사.

한국아동학회 편(2004). 한국아동학의 연구: 동향과 전망. 서울: 학지사.

Berk, L. (1994). *Child Development* (3rd ed.). Mass.: Allyn & Bacon.

Cairns, R. B. (1983). The emergence of developmental psychology. In W. Kessen (Ed.), *Handbook of child psychology: Vol. 1. History, theory, and methods* (4th ed., pp. 41-102). NY: Wiley.

Cole, M., & Cole, S. (2001). *The Development of Children* (4th ed.). NY: Worth Publishers.

Shaffer, D. R. (2002). *Developmental Psychology: Childhood and Adolescence* (6th ed.). Wadsworth, Cengage Learning.

Shatz, M. (1994). *A toddler's life: becoming a person*. New York: Oxford University Press.

White, S. H. (1992). G. Stanley Hall: From philosophy to developmental psychology. *Developmental Psychology, 28*, 25-34.

제2장

아동 관찰 및 행동 연구의 중요성 및 고려점

1. 아동 관찰 및 행동 연구의 중요성과 목적

아동연구는 우리 자신과 우리가 성장한 사회를 이해하기 위한 출발점이다. 아동연구를 통해 아동의 성장과 발달, 학습에 관한 기존 이론을 개선하고 발전시키며, 아동의 성장과 발달의 관련 요인과 과정에 대한 지식이 아동 양육과 교육의 기초가 되므로 이론적·실제적으로 의미가 있다.

아동연구는 여러 상황 속에서 아동의 발달과 행동을 가장 일반적인 수준으로 설명한다. 즉, 각기 다른 연령과 각기 다른 상황 속에서 아동들의 표준적인 모습과 아울러 아동들이 어떻게 발달하고 성장하는지를 알려 줄 수 있다(이은화, 조은진 역, 1995: 23). 또한 아동연구는 아동의 행동과 발달에 관한 과학적 지식을 축적하며, 나아가 아동의 성장과 발달에 관한 이론을 발전시키는 데 기여한다.

특히 아동은 성인과 다른 여러 가지 특성이 있기 때문에 인간의 발달과 그 변화에 대한 연구, 정서 및 사고 과정과 발달에 대한 연구에서 아동연구는 남다른 의미를 가진다. 아동은 각 발달 단계마다 특징적인 행동을 보이므로 성인을 대상으로 할 때는 불가능한 여러 가지 연구가 가능하다. 또한 아동은 충동을 억제하는 능력이 성인보다 적고 경험이 제한되어 있어서 정서적 반응이나 개념화 단계, 상징적 과정을 연구할 때 성인보다 더 적합한 측면도 있다(이은해, 1997: 15).

실제적으로 아동의 성장과 발달, 학습에 대한 정보는 일반적인 아동의 양육과 교육의 기초 지식이 된다. 아동의 표준적인 성장과 발달에 대한 정보가 있을 때 어떤 상황에 있는 특정 아동의 행동과 발달을 이해하고 평가할 수 있기 때문이다. 나아가 아동의 성장에 관한 지식을 바탕으로 개별 아동의 학습 및 발달을 지원하고, 아동을 위한 환경을 구성할 수 있으며, 교육과 지도 방안도 모색할 수 있다. 특히 발달지체가 있거나 부정적 생활경험에서 비롯한 발달상의 문제가 있는 아동의 경우 관련 요인에 대한 정보와 아동의 내적 기제에 대한 지식은 아동의 문제를 개선하거나 치료하는 데 도움이 될 수 있다.

아동과 직접 상호작용하며 지도하는 교사의 아동연구는 아동의 교육과 지도에 구체적인 정보를 제공한다. 즉, 직접적인 아동의 관찰은 아동의 능력을 평가하고 아동이 가진 강점과 강화가 필요한 영역을 판단하기 위한 정보를 줄 수 있다. 또한 관찰 결과에 의거해 아동지도에 관한 개별적 계획을 마련할 수 있으며, 아동의 진전 상태를 판단할 수도 있다(Beaty, 1986). 아동연구는 교육장면에서 아동의 특정 행동의 원인과 그 행동의 목적, 동기 등을 이해하기 위해서 적용될 수 있으며, 아동과 관련한 특정 문제가 있을 경우 이를 이해하고 해결하는 데 도움이 된다. 학업지체나 특수아를 위한 지도방안의 수립에도 기여할 수 있고, 상담자들이 문제아를 이해하고 치료하기 위해서도 연구결과를 적용할 수 있다. 또한 아동연구의 정보를 바탕으로 교육 프로그램을 개발하거나 개선할 수 있고, 적합한 교육 및 지도 방법을 모색할 수 있다. 아동에 대한 관찰과 행동의 연구는 교육과정을 실행한 후 그 과정과 결과를 평가할 수 있는 정보와 근거를 제공해 줄 수 있다.

아동연구는 교육과정이나 프로그램 순환 과정의 중요한 부분이며(이은화, 조은진 역, 1995: 23), 아동에 대한 지식은 프로그램 개발의 근거가 된다. 예를 들어, 유아 언어 프로그램은 유아들의 의사소통능력을 지지하기 위해 유아와 교사의 활동을 설계할 것이다. 이때 프로그램은 유아의 욕구 진단 → 프로그램 설계 → 프로그램 수행 → 프로그램 평가의 과정으로 순환하며(이은화, 조은진 역, 1995: 23), 아동연구는 이 순환과정의 각 요소에서 필수적이다. 각 단계에서 필요한 연구를 예시하면 〈표 2-1〉과 같다.

표 2-1 유아 언어 프로그램의 순환과정과 아동연구의 기능

순환과정	연구
유아의 욕구 진단	• 프로그램에 있는 유아들의 현 상태 분석과 설명 • 진단적 검사, 관찰, 면담 등 여러 가지 연구기법을 통해 유아들의 발달 수준, 숙달 수준을 판단
프로그램 설계	• 유아들의 행동에 영향을 주게 될 중재 과정을 시험 • 이론에 따라 실험적 환경을 고안하고 그 효과를 평가하여 효과적인 프로그램을 설계
프로그램 수행	• 프로그램이 프로그램의 지침대로 시행되고 있는지 판단하기 위해 관찰과 같은 아동연구 기법 적용
프로그램 평가	• 프로그램이 의도했던 효과를 얻었는지를 평가하기 위해 검사를 활용하거나 행동 변화를 측정

출처: 이은화, 조은진 역, 1995: 24-25에서 재구성.

유아의 욕구를 진단하는 단계에서는 프로그램의 대상인 유아들의 현재 상태를 분석하고 설명하고자 한다. 이를 위해 진단적 검사나 관찰, 면담 등 여러 가지 연구기법을 적용하여 유아를 연구하게 된다. 프로그램을 설계하는 단계는 유아의 행동과 발달에 관한 이론이 중요하게 부각되는 단

계다. 이론을 바탕으로 아동의 행동과 발달을 지원하는 여러 가지 프로그램을 구성하고 평가하여 효과적 프로그램을 고안하게 된다. 프로그램 수행 단계에서도 아동연구 기법이 사용된다. 수행 중인 프로그램이 원래 프로그램의 지침대로 시행되고 있는지를 판단하기 위해 관찰과 같은 아동연구 기법이 적용된다. 프로그램 평가 단계에서는 프로그램의 효과를 평가하기 위해 검사를 통해 점수를 비교하거나 아동의 행동에서 나타난 변화를 파악한다. 역시 아동연구가 필수적이다.

아동연구에서 관찰은 다른 방법에 비해 특별한 중요성과 의의가 있다. 특별히 성인이나 청소년과 달리 어린 아동의 경우 아동의 행동을 주의 깊게 체계적으로 관찰함으로써 아동 자체에 대한 이해 및 그 상호작용과 발달을 이해할 수 있다. Goodwin과 Driscoll(1980)은 어린 아동에 대한 관찰이 중요한 이유 세 가지를 주장했다(Bentzen, 2005: 7). 첫째, 관찰은 다른 방법으로는 측정하기 어려운 여러 가지 행동을 측정할 수 있다. 대부분의 성인용 검사는 말하기, 쓰기를 포함해 여러 가지 의사소통 능력에 의존하는데 어린 아동들은 언어 이해와 표현이 미숙하므로 의사소통 능력을 발휘하는 것이 여의치 못하다. 또한 면접이나 지필 검사의 경우 어린 아동에게는 쓸모가 없다.

그들의 주장에 의하면 정서의 연구는 특히 관찰방법이 적합하다. 검사를 실시할 때 어린 아동은 검사를 받는 능력이 취약하고, 지시문을 잘 이해하지 못할 수도 있으며, 어른이 바라는 대로 응답하려고 하는 문제점이 있을 수 있다. 하지만 관찰하는 경우는 그러한 문제점 없이 그저 어린 아동이 행동하는 것을 그대로 볼 수 있다.

둘째, 아동은 대체로 어른처럼 형식적 검사절차를 진지하게 여기지 않는다. 어린 아동은 검사가 중요한 일이기에 가능한 한 최대한 열심히 해야 한다는 말을 귀담아듣지 않는다. 그러나 검사는 그러한 태도에 성패가 달려 있다. 또 형식적 검사가 아동에게 발달적으로 적합하지 않다는 주장도 있다. 아동이 진지하게 검사에 응하지 않는 것이라기보다 형식적 검사

상황하에서 심한 스트레스를 받게 된다고 주장하는 이들도 있다.

셋째, 어린 아동은 자신이 관찰되고 있음을 알더라도 성인이나 나이 든 아동에 비해 위협을 덜 느끼며 덜 불안해한다. 어린 아동은 자신이 관찰되고 있더라도 자기의 행동을 바꾸지 않는다. 성인에 비해 어린 아동들은 관찰과정의 영향을 별로 받지 않고 행동하는 편이다. 이와 같은 이유로 어린 아동의 연구에서는 관찰이 적합하다고 볼 수 있다.

2. 아동 관찰 및 행동 연구의 윤리문제와 고려사항

과학적 지식을 발견하기 위해 어린 아동을 대상으로 연구해야 할 경우에 연구자는 실제적인 어려움 및 윤리적인 문제에 직면할 때가 있다. 이러한 실제적이고 윤리적인 문제는 아동을 연구하는 데 있어서 불가피한 제한점이며, 이에 대해 연구자는 충분한 이해와 함께 전문가적인 태도를 지녀야 한다.

윤리적 문제로 다음과 같은 세 가지를 우선 고려해야 한다.

첫째, 피험자가 연구에 참여함으로써 어떤 해로운 영향을 받을지도 모른다는 점이다.

둘째, 연구대상 및 관련된 사람들 개인의 사적 권리 및 비밀보장에 관한 점이다.

셋째, 처치를 하지 않는 통제집단에게도 실험집단에게 주는 만큼의 유익한 다른 처치를 해 주어야 한다는 점이다. 특히 비정상적 피험자에게 새로운 치료적 처치를 해서 그 효과를 알고자 할 때 또는 문화적으로 박탈된 아동집단에게 효과적인 중재 프로그램(intervention program)을 실시하고자 할 때 이 같은 문제는 단순하지 않다.

전문가 윤리와 비밀보장은 모든 관찰 활동에서 불가분의 관심사(Bentzen, 2005: 13)로, 이에 관한 NAEYC의 입장을 보면 다음과 같다.

전문가 윤리의 필요성

연구자가 과학이라는 이름으로 원하는 모든 것을 할 수 있던 자유의 시대는 갔고, 개인의 권리, 안전(심리적·신체적), 사생활이 연구 시 매우 중요하게 되었다. 이런 제한 때문에 때로는 사람을 대상으로 하는 연구가 어렵다. 그럼에도 권리 및 안전의 보호는 당연한 문제이며 지켜야 할 사항이다. 한편, 관찰도 연구의 한 형태로 연구문제에 대한 답을 하기 위해 방법과 자료를 제공한다. 따라서 질문을 제기하고 기록하고 해석하고 평가하는 과정에서 주의 깊게 그리고 민감하게 정보를 수집해야 한다. 주의 깊고 민감한 정보수집은 주관성을 배제한 객관성을 바탕으로 이루어져야 한다. 행위를 정확히 기술하는 것은 행위의 가치나 바람직함을 판단하는 것보다 우선한다. 이때 소위 객관적 기술조차 때로는 개인이나 집단을 비호의적으로 규정짓게 오용될 만한 정보를 줄 수도 있다는 점을 명심해야 한다. 긍정적인 또는 외관상으로는 무해한 정보조차도 때로는 아동과 그의 행동을 주목하게 할 수 있으며 부모나 교사를 불편하게 하거나 경계하게 만들 수 있다. 이런 점을 조금이라도 줄이기 위해 관찰 기록에 아동의 실명을 사용하지 않고, 아동의 신원을 전혀 노출하지 않는다고 부모와 교사를 안심시켜야 한다. 이것은 사생활권과 비밀보장에 관한 부분이다.

윤리에 관한 또 다른 사항은 부모는 외부 관찰자가 자기 자녀의 결점을 발견하게 될까 봐 불편해할 수도 있다는 점이다. 부모는 때로 자기 아이와 다른 아이를 비교하고, 아이의 행동과 발달적 진보를 관찰하고 기록하는 외부인에 대해 불편해할 수도 있다. 더구나 누가 보아도 거슬리는 특성을 아이가 가지고 있는 경우는 더욱 그럴 수 있다. 부모 자신이 보기에도 거슬리는 특성을 자기 자녀가 가지고 있고 그것이 다른 사람들에 비해 돋보이는 경우 특히 더 그렇다. 이러한 부모 측의 민감성은 관찰자의 민감성과 조화를 이루어야만 한다. 관찰자는 아동의 사생활권 및 부모의 사생활권을 보호해야 하며 그들의 감정에 대해 주의 깊게 고려해야 한다.

정해진 원칙은 아니지만 아동을 관찰하도록 허락해 준 사람 이외의 누구와도(예를 들어, 룸메이트, 친한 친구, 부모 등) 아동에 대해 의사소통하지 말아야 한다(말하거나 기록하거나 비언어적 제스처를 사용하거나). 더구나 아동에 대한 책임과 권리를 가진 사람과 아동에 관해 의논할 경우도, 그 내용이 아동 본인이나 다른 아동, 다른 성인에게 노출되지 않도록 조심해야 한다. 아동에 관한 일이라면 '아이들은 귀가 밝다.'는 점을 기억해야 한다.

그렇다고 공식적인 교실장면에서 또는 교수와 아동에 관해 사적으로 토론하는 것까지 배제하는 것은 아니다. 아동 및 관찰 과정에 대한 이해를 돕기 위한 목적이 있고, 관찰 중 당면한 문제를 해결하기 위한 것이라면 토론이 가능하다. 단, 그런 경우라도 사생활권과 비밀보장에 관한 아동과 부모의 권리를 위반하지 않도록 해야 한다.

사생활권과 비밀보장의 권리는 자기 자녀를 관찰대상으로 승인하지 않을 부모의 권리도 포함한다. 부모가 원하지 않는다면 관찰할 수 없다. 아동 본인이 자신에 대한 관찰을 원하지 않는 경우도 있을 수 있다. 이에 따라 승인의 문제가 등장한다.

승인의 문제는 관찰 및 연구에 직접 관련된 대상을 넘어서까지 고려해야 한다. 일반적인 아동의 경우 그 부모나 보호자의 의사를, 기관에 속한 아동의 경우 그 보호자나 양육 책임자 등의 의사를 고려해야 한다. 사전 승인이 필수적이며, 그것은 교사, 직원, 아동에 대한 예의와 존중의 표시다.

Gander와 Gardiner(1981)는 학교에서 관찰할 경우 서면 승인을 얻어야 한다고 주장한다. 감독자나 교장, 교사가 승인을 해 줄 수 있다. 이때 교육 공무원은 부모와 동격으로 보기에, 부모에게 추가로 승인을 받을 필요는 없다고 본다. 하지만 학교와 달리 성인의 역할이 명확히 정의되지 않는 상황이라면(예: 클럽, 주말학교 등의 조직) 부모 또는 책임자에게 서면 날인된 승인을 받도록 권고한다.

공원이나 수영장, 놀이터 등의 공공장소에서 관찰한다면 승인은 필요하지 않다. 그럼에도 공공장소에서 관찰할 경우 강제는 안 된다. 타인을 방해하거나 타인의 권리를 침해해서는 안 되며, 아동이 자발적으로 행하도록 해야 한다. 공공장소라도 부모가 있는 상태에서 아동의 행동을 기록하고자 한다면 무엇을 하고 있는지 설명하고 허락을 청해야 한다.

출처: Gander & Gardiner, 1981.

아동연구를 위한 윤리 표준

아동대상 연구는 성인을 대상으로 한 경우와 다른 윤리적 문제가 존재한다. 아동은 성인보다 스트레스에 더 취약하고 지식과 경험이 적어 연구 참여가 어떤 의미를 가지는지 평가하기가 어렵다. 따라서 아동연구를 위해서는 아동의 동의와 더불어 부모의 동의도 얻어야 한다. 이런 점들이 아동대상 연구와 성인대상 연구의 주요한 차이점 중 하나다.

아래의 지침은 SRCD(Society for Research in Child Development)에서 발표한 「아동연구의 윤리적 표준」을 요약한 것이다.

- 아동이 아무리 어리더라도 아동의 권리는 연구자의 권리보다 앞선다.
- 연구에서의 윤리적 절차, 관례를 세우고 유지하는 최종 책임은 개별연구자에게 있다.
- 연구자는 동료연구자, 조수, 학생, 피고용인들의 윤리적 절차에 대해서도 책임이 있다. 그러나 그들 모두는 유사한 의무를 진다.
- 연구자는 아동에게 아동의 참여 여부에 영향을 줄 만한 연구의 모든 특징에 대해 알려야 하고, 아동이 이해할 만한 수준으로 적절하게 아동의 질문에 답해야 한다.
- 연구자는 연구 참여 여부에 대한 아동의 자유를 존중해야 하고 언제든 참여를 중단할 자유도 존중해야 한다.
- 부모나 후견인(예: 교사, 시설장 등)에게 정보를 주고 동의를 얻어야 하는데 이때는 서면 동의가 더 바람직하다. 부모나 기타 책임 있는 성인에게 아동의 연구 참여를 허락하는 데 영향을 줄 만한 연구의 모든 특징에 대해 말해 주고 동의를 얻어야 한다.
- 연구대상인 아동과 상호작용하는 사람에게도 정보를 제공하고 동의를 얻어야 한다.
- 연구자는 아동에게 신체적으로나 심리적으로 해를 줄 수 있는 연구 실험을 해서는 안 된다.
- 충분한 정보 제공이라는 윤리적 기준이 있지만 어떤 연구는 은폐나 속임수를 필요로 한다. 은폐하거나 속이는 것이 연구의 필수적인 부분일 때 연구자는 그 판단이 정확하다는 것을 동료 위원회에게 납득시켜야 한다.

- 연구자는 연구대상에 관해 얻은 모든 정보를 비밀로 해야 한다.
- 연구자는 자료수집 직후 일어났을 수도 있는 실수에 대해 연구대상에게 해명해야 한다. 또한 연구자는 참여자들이 이해할 만한 용어로 전반적인 결과를 보고할 의무가 있다. 학문적 가치 또는 인도적 가치가 있을 때 정보를 유보할 근거가 되기도 하지만 그때에도 정보를 유보하는 것이 참여자에게 해로운 결과가 없다는 점을 확실히 해야 한다.
- 연구 중에 정보가 아동복지에 심각한 영향을 줄 수 있다고 판단될 때, 연구자는 부모가 아동에게 필요한 조치를 취할 수 있게 그 분야의 전문가와 정보를 논의할 책임이 있다.
- 연구자는 연구의 사회적 · 정치적 · 인간적 함의에 주의를 기울여야 하며 결과를 제시할 때 특히 더 주의해야 한다. 그러나 이러한 표준은 학문적 보고에 관한 적절한 기준을 지킬 연구자의 권리나 어떤 분야의 연구를 수행하는 연구자의 권리를 부정하는 것은 아니다.
- 연구 중의 실험처치가 아동에게 이롭다고 생각될 경우, 가능하면 통제집단에게도 다른 방식으로라도 이로운 처치를 제공해야 한다.

출처: Cole & Cole, 2001: 25.

 참 고 문 헌

백운학 역(2002). 발달심리학사. 村田孝次의 發達心理學史. 서울: 시그마프레스.

이은해(1997). 아동연구방법. 서울: 교문사.

이은화, 조은진 역(1995). 교육현장에서 본 아동발달연구. A. D. Pellegrini의 *Applied Child Study: A Developmental Approach*. 서울: 이화여자대학교 출판부.

Beaty, J. (1986). *Observing Development of the Young Child*. Columbus, OH: Merrill.

Bentzen, W. R. (2005). *Seeing Young Children: A Guide to Observing and Recording Behavior* (5th ed.). NY: Thompson Delmar Learning.

Cole, M., & Cole, S. (2001). *The Development of Children* (4th ed.). NY: Worth Publishers.

Gander, M., & Gardiner, H. (1981). *Child and Adolescent Development*. Little Brown.

제2부

아동 관찰 및 행동 연구 방법

제3장

관찰연구

1. 관찰법의 목적

관찰법은 아동의 학습과 발달에 대해 알아보는 가장 직접적인 방법이다. 아동의 행동을 이해하고자 할 때, 아동의 발달을 평가하고자 할 때, 아동의 학습 과정을 평가하고자 할 때 관찰법을 사용할 수 있다.

영유아의 경우 언어능력이 완전하게 발달하지 못하였으므로 자신을 표현하는 것이 어렵다. 따라서 그들의 행동을 이해하려고 할 때 일상적인 활동을 관찰하는 것이 영유아에 대해 가장 정확히 파악할 수 있는 방법이다. 영유아가 어떤 행동을 하게 된 이유를 파악하고자 할 때도 관찰 내용에 대한 현장 기록을 분석함으로써 추정이 가능하다(Irwin & Bushnell, 1980).

아동의 발달을 평가하고자 할 때 관찰법을 사용하면 발달적 변화 과정을 이해하기 수월하며 아동 개개인의 성장 추이를 살펴볼 수 있으므로 어떤 영역에서 발달 지연이 있는 아동을 발견하는 데도 도움이 된다. 발달 평가를 위한 관찰을 제대로 하려면 아동발달에 대한 지식을 충실히 가지고 있어야 하며 반복적인 연습이 필요하다.

학습활동을 통해 아동이 학습한 것에 대해 평가하기 위해서도 관찰법을 사용할 수 있다. 특히 아동 개개인의 학습방식을 이해하는 데 관찰법이 유용하다. 아동의 놀이를 관찰하는 것이 특히 필요한데, 놀이를 통해 사회성 · 언어 · 인지 · 동작 기술 등을 관찰할 수 있다.

이상과 같은 목적으로 관찰법을 사용하기 위해서는 관찰 기술이 중요하다. 관찰은 관심대상 행동을 특정한 방식으로 추적하는 과학적인 절차다. 따라서 관찰자는 관찰대상, 관찰을 통해 얻은 정보 기록 방법, 행동을 설명하는 방법에 대해 숙지해야 한다(Bentzen, 1997).

2. 관찰법의 유형

관찰법은 크게 자연관찰법과 체계적 관찰법으로 나누어 볼 수 있다 (Cozby, 2001).

1) 자연관찰법

(1) 자연관찰법의 개념

자연관찰법(naturalistic observation)은 관찰대상 아동이 일상적인 활동을 하고 있는 자연스러운 상황에서 다양한 기법을 사용하여 자료를 수집하는 방법으로서, 특정 상황에서 아동이 어떻게 행동하며 경험하는지를 기술하고 이해하고자 할 때 사용된다. 예를 들면, 어린이집에 처음 들어온 아동이 적응해 가는 과정을 연구하기 위하여 관찰자가 보조교사로서 해당 반의 구성원이 되어 아동들과 함께 자연스럽게 일과를 경험하며 아동을 관찰할 수 있다. 아동은 관찰자가 있는 상황에서 자연스럽게 생활하고, 관찰자는 아동의 일상적 행동을 관찰하고 기록하여 방대한 자료를 수집함으로써 어린이집에 적응하는 과정을 알아낸다.

(2) 자연관찰법의 특성

자연관찰법의 특성을 살펴보면 다음과 같다. 첫째, 자연관찰을 하려면 관찰이 이루어지는 상황에 깊이 몰입해야 한다. 관찰자는 관찰대상 상황의 물리적 특징, 그 상황에서 일어나는 사회적 상호작용의 유형과 거기서 일어나는 전형적인 행동 등 모든 것을 관찰하고 기술한다. 둘째, 상황에 대한 몰입은 상당히 장기간 지속된다. 자연관찰법을 통해 아동에 대한 자료를 수집하는 것은 짧은 시간이나 며칠 간의 관찰을 통해서는 불가능하다. 오랫동안 관찰대상에 집중하고 몰입하여 관찰해야 한다. 셋째, 자연관찰의 목적은 연구 시작 전에 작성된 가설을 검증하려는 것이 아니라 관심대상인 상황 전체의 역동을 빠짐없이 정확하게 파악하려는 것이다. 즉, 탐색적 연구과정에서 사용되는 경향이 있으며, 자연관찰법을 통해 수집된 자료를 바탕으로 하여 어떤 현상에 대한 잠정적인 가설이나 이론이 만들어질 수도 있다.

(3) 자연관찰법 적용 시 고려할 사항

자연관찰법을 적용하여 자료를 수집할 때 고려할 사항이 두 가지 있다. 관찰 상황 참여 여부와 관찰자의 존재 및 연구 목적 노출의 여부인데, 이런 두 가지 사항에 대한 결정은 연구의 타당도에 영향을 미칠 수 있으므로 관찰을 시작하기 전에 가능한 대안을 충분히 검토한 후 결정해야 한다.

① 관찰 상황 참여

비참여 관찰은 관찰자가 관찰 상황에 참여하지 않고 외부인으로서 관찰하는 것이며, 참여 관찰은 관찰자가 관찰 상황의 구성원으로서 적극적인 역할을 하면서 관찰하는 것이다. 참여 관찰은 연구자가 내부인으로서 관찰하게 되므로 실제 구성원들과 같은 방식으로 사건을 경험할 수 있고 다른 방식으로는 얻기 어려운 질적인 자료를 수집할 수 있다. 그러나 풍부한 자료를 얻는 대신 과학적인 관찰을 하는 데 필수적인 객관성을 잃을 위험이 있다. 관찰자가 관찰 시작 이전에 이미 관찰대상 집단의 일원이었다면 문제는 더욱 심각하다. 자연관찰법은 정확한 기술과 객관적 해석이 요구되는데, 관찰자가 관찰 시작 이전의 경험으로 인해 관찰 상황의 어떤 대상에 대해서 비판적이거나 우호적이라면 관찰은 편향되기 쉽고 결론은 타당성이 떨어지게 된다.

비참여 관찰은 관찰자가 물리적·심리적 거리를 유지하기 때문에 편향의 위험이 적고 관찰이 객관적일 수 있지만, 관찰 상황에서 일어나는 사건에 대한 접근성이 떨어질 수 있는 단점이 있다.

그런데 관찰자의 참여는 참여를 하는 것과 하지 않는 것으로 구분되기보다는 참여의 정도에 차이가 있는 것으로 이해하는 편이 정확하다. 따라서 관찰 상황에 참여하지 않는 상황에서 외부자로서 관찰하는 것과 상황의 구성원으로서 완전히 몰입한 상태에서 관찰하는 것 사이에 중간적인 관찰 방식이 있다. 예를 들면, 비참여 관찰을 하다가 시간이 경과하면서 관찰대상 집단의 친구로 받아들여지거나 활동에 참여하게 되기도 한다. 관찰자의 참여 정도는 연구 목적을 고려하여 결정하는 것이 바람직하다.

② 관찰자의 존재 및 연구 목적 노출

관찰자의 존재는 관찰대상 아동들의 행동에 영향을 미칠 수 있으므로 관찰자가 자신을 드러내지 않고 관찰하는 방식을 선택하지만 윤리적인 관점에서는 관찰자가 존재를 드러내고 관찰하는 것이 바람직하다. 아동은 시간이 좀 지나면 관찰자가 있는 상황에 익숙해져서 자연스럽게 행동하게 되므로 자연스러운 행동을 관찰하기 위해서 반드시 관찰자의 존재를 숨겨야 하는 것은 아니다. 관찰자의 존재와 연구 목적을 숨길지에 대해서는 윤리적인 측면과 관찰대상의 특성에 따라 결정할 일이다.

(4) 자연관찰법의 과정

참여자로서 자연관찰법을 사용하여 자료를 수집하는 과정은 다음과 같은 5단계를 따르게 된다.

① 관찰대상 집단 선정

자연관찰에서 대상 집단을 선정하는 것은 매우 중요하다. 연구자는 관찰에 많은 시간과 노력을 쏟게 되므로 사전에 충분한 검토를 통하여 적합한 대상을 선정함으로써 시간과 자원의 낭비를 막아야 한다. 따라서 연구 문제에 따라서 관찰대상 집단을 선정하게 되므로 우선 연구 문제를 구체화해야 대상을 선정할 수 있다. 예를 들어, 빈곤 아동을 연구하고자 할 때 도시 지역에서 관찰할 것인지, 비도시 지역에서 관찰할 것인지를 정해야 한다. 또한 소득, 부모의 직업, 교육 수준 등에 있어서 관찰대상 지역이 전형적이라 할 수 있는지를 검토해야 한다.

② 관찰 범위 결정

관찰 범위는 주요 연구 문제와 관련된 것으로 제한한다. 자연관찰을 하다 보면 관찰 상황에 대해 모든 것을 연구하려는 욕심이 생길 수 있다. 그러나 관찰대상 상황은 단순하지 않으므로 모든 것을 연구하는 것은 불가능하다. 예를 들어, 교실에서 일어나는 모든 일을 한꺼번에 연구하는 것은 어렵기 때문에 교사와 아동의 상호작용에 초점을 맞춘다.

관찰 범위를 선정할 때 관찰대상 행동의 일반적 범주를 정해 놓고 관찰을 해 나가면서 대상 행동을 구체화할 수도 있다. 이런 방식을 사용하면 관찰자는 처음에는 알지 못했던 새로운 정보를 수집하면서 도중에 기법을 변화시키는 등 상황에 맞게 관찰 방식을 조정할 수 있다.

③ 관찰대상 집단 진입

관찰자가 관찰대상 집단이나 상황에 들어가고자 할 때 집단 구성원의 협조가 필요할 수 있다. 관찰자에게 협조하는 구성원은 관찰자가 집단 안에 있어야 하는 타당한 이유를 제시해 주고 집단에 보다 쉽게 접근할 수 있도록 도와준다. 관찰자를 소개하는 사람이 집단의 구성원일 때 다른 구성원들은 관찰자를 쉽게 받아들인다. 그러므로 관찰자가 관찰대상 집단의 본래 모습을 손상하지 않고 그 집단에 접근하기 위해서는 적당한 역할을 맡을 필요가 있다. 예를 들면, 유아의 또래 관계를 관찰하기 위해서 어린이집 보조교사 역할을 할 수 있다.

④ 관찰과 기록

관찰 노트나 녹음 내용을 전사하는 것이 자연관찰을 통해 자료를 수집하는 주요 방법이다. 관찰 노트는 관찰한 것에 대하여 연구 목적과 관련 있는 모든 정보를 기록하려고 할 때 사용한다. 장소, 시간, 대상 아동, 상호작용 내용 등 관찰한 내용에 대해 상세한 정보를 기록하도록 한다. 관찰자의 존재를 숨기는 경우에는 관찰하는 상황에서 상세한 기록을 하기 어려우므로 관찰자의 기억이 중요하다. 이런 경우에는 관찰이 끝난 후 간략하게 기록하거나 상황에 대해 요약하도록 한다. 관찰대상의 행동을 관찰하면서 동시에 기록하는 것이 가장 정확한 기록이 되겠지만 이것이 항상 가능한 것은 아니며, 관찰대상이 관찰자가 기록하고 있는 것을 의식하여 행동을 바꿀 수도 있다.

자연관찰법에서 정확한 기록을 하는 것이 쉽지는 않지만 정확한 기록은 필수적인 요소다. 관찰자는 관찰하는 내내 짧은 기록 노트를 최대한 많이 작성하고 가능한 한 많은 정보를 기록하도록 한다. 또한 녹음테이프를 전시해야 한다면 매회 관찰을 끝내자마자 해야 한다. 관찰 노트는 관찰자의 기억에 근거하여 확장되기 때문이다. 따라서 관찰의 주 대상 행동의 발생을 신속하고 정확하게 기록하기 위해 코딩 체계를 사용하는 것이 효율적이며 컴퓨터를 통한 문서 작성 프로그램과 데이터베이스 프로그램을 활용하는 것이 유용하다.

⑤ 자료 분석과 보고

연구의 초기 단계에서 자료를 분석해 보는 것이 도움이 된다. 초기 분석을 통해서 예기치 못했던 행동이 관찰되었다면 자료수집 방법을 바꿀 수 있기 때문이다. 그러나 객관적인 관찰을 위해서 관찰이 완료될 때까지 분석을 하지 않기도 한다. 질적 자료는 특성상 수량적 분석 대상이 아니며, 분량이 방대하기 때문에 어떤 식으로든 축소되어야 한다.

자연관찰을 통해 수집된 자료를 분석하는 전형적인 방법은 범주화와 분류다. 즉, 관찰한 사건들의 유사점과 상이점을 찾아보는 것이다. 공통적인 주제나 행동 유형이 반복적으로 나타나는지, 일반적인 행동 유형은 어떤 것인지, 일반적인 행동 유형과 대조를 이루는 행동들이 있는지를 찾아본다. 공통적인 주제들이 확인되면 주제를 가장 잘 표현해 주는 구체적인 예를 찾아본다. 분석이 끝나면 관찰한 현상에 대하여 가설을 설정하고 이론적 설명을 시도한다.

(5) 방법론상의 쟁점

① 외적 타당도

자연관찰법을 통한 연구에서는 외적 타당도가 문제가 된다. 여기서 외적 타당도는 연구결과가 다른 집단이나 상황에 일반화될 수 있는 정도를 일컫는다. 즉, 어떤 상황에서 얻어진 연구결과가 다른 상황에도 적용될 수 있는지, 다른 연령의 대상에서도 같은 결과를 얻을 수 있을지의 문제다.

자연관찰법은 외적 타당도가 여러 가지 측면에서 제한된다. 첫째, 관찰 자체가 편향될 수 있다. 관찰 상황에 몰입한 관찰자의 관찰과 측정은 그의 개인적 경험에 의해 편향될 수 있다. 같은 상황을 관찰하더라도 관찰자에 따라서 관찰 내용과 해석이 다를 수 있다. 그렇다고 해서 결과가 의미 없는 것은 아니지만 외적 타당도는 감소하게 된다. 둘째, 자연관찰에 의해 수집되는 자료는 방대하며 심층적인 것이 특징이다. 즉, 관찰대상 집단 구성원과 사회적 상호작용을 기술할 수 있는 풍부하고 복잡한 자료가 수집된다. 그런데 한 집단의 특징이 다른 집단까지 대표할 수 있는지는 알 수 없다. 따라서 자연관찰을 통해 어느 한 집단에 대해서는 통찰력을 갖게 되고 이해할 수 있게 되겠지만 같은 상황에 있는 다른 집단에는 연구결과가 적용되지 않을 수 있다.

② 집단 관찰

다수의 아동이 참여하는 활동을 관찰해야 하는 경우가 있다. 예를 들어, 10명의 유아가 교사와 함께 학습활동을 하는 상황을 관찰해 보면 그 상황에서 발생하는 모든 행동을 추적하며 기록하는 것은 쉽지 않다. 이런 경우에는 현장에서 관찰하며 즉시 기록하려고 시도하기보다는 녹화한 후 추후에 테이프를 보면서 관찰하는 것이 효과적이다(김아영, 2000). 하지만 카메라가 녹화할 수 있는 범위를 벗어나 있는 아동이나 다른 아동들에게 가려져 보이지 않는 아동도 있을 수 있으므로 녹화 후 관찰도 한계를 갖는다. 또한 현장에서 관찰자가 보면서 기록하는 것에 비하여 현장성이 떨어질 수도 있다. 따라서 녹화와 기록을 병행하는 것이 정보의 손실을 최소화하는 방법일 것이다.

③ 윤리적 문제

자연관찰법을 사용한 연구를 하는 과정에서 윤리적 문제도 제기될 수 있다. 관찰자임을 숨기거나 연구 목적을 밝히지 않고 관찰하는 것은 사생활 보호 차원에서 윤리적으로 문제가 될 수 있다. 또한 관찰한 내용에 대해 비밀을 보장하는 문제도 윤리적 쟁점이 될 수 있다. '만약 연구를 위해 자연관찰을 하다가 불법적인 활동이 관찰되었을 때 어떻게 대처할 것인가?'라는 주제는 커다란 논쟁을 불러일으킬 수 있다.

2) 체계적 관찰법

(1) 체계적 관찰법의 개념

체계적 관찰법은 어떤 상황에서 구체적인 행동을 면밀히 관찰하여 자료를 수집하는 방법으로서 자연관찰법에 의한 연구보다 덜 포괄적이다. 또한 정확히 정의된 소수의 변수에 대해 연구할 때 사용되는 방법이다. 체계적 관찰법의 목적은 행동 간의 관계에 대해 설정해 놓은 가설을 검증하는 것으로서, 절차에 유연성이 없으며 구조화되어 있다. 자료는 빈도수 등 양적인 특성을 갖는다. 예를 들면, 아동의 사회적 행동에 관심이 있어서 3세 아동들이 교실에서 자유놀이 하는 상황을 녹화하는 경우, 각 아동을 100분씩 녹화하여 관찰자가 녹화된 테이프를 보면서 아동의 행동을 파튼(Parten)의 놀이유형 범주에 따라 15초 간격으로 코딩한다. 그 후 코딩한 결과를 가지고 아동이 한 행동유형에서 다른 행동유형으로 바꾸어 가는 순서를 알아낼 수 있다.

(2) 코딩 체계

체계적 관찰을 통해 연구하기 위해서는 관찰대상 행동을 결정하고, 그 행동을 관찰할 상황을 선정한 후 코딩 체계를 개발해야 한다.

우선 연구의 주제에 대한 이론과 선행연구 결과에 대한 문헌 고찰을 통해 관찰대상 행동에 대하여 명확한 개념 정의를 내려야 한다. 관찰 행동에 대한 정의가 모호하다면 관찰자마다 특정한 행동이 해당되는 범주를 다르게 볼 수 있고 결국은 관찰을 통해 얻은 자료의 타당성이 떨어지게 된다. 따라서 정확한 관찰을 통해 자료의 타당성을 높이려면 관찰대상 행동을 명확하게 조작적으로 정의해 놓아야 한다.

코딩 체계는 최대한 단순해야 하며, 행동을 범주화하기 쉽도록 명확한 조작적 정의가 함께 있어야 한다. 코딩 체계는 녹화된 행동을 관찰하는 것이 아니고 행동이 일어나는 현장에서 관찰하고 기록할 때 더욱 중요한 것이다. 따라서 관찰대상 행동이 단순하고 명확하게 규정되어 있을수록 관찰자 간의 일치도가 높다.

코딩 체계를 구성할 때 유의할 점은 관찰대상 행동을 같은 성격의 행동 끼리 묶어 구분하는 범주(category) 체계와 관찰된 행동을 나타내는 기호 (sign) 체계가 상호배타적(mutually exclusive)이며 포괄적(exhaustive)이어 야 한다는 것이다(Irwin & Bushnell, 1980). 즉, 어떤 행동도 둘 이상의 범주 에 동시에 해당될 수 없으며 관찰된 모든 행동이 코딩 체계로 분류 및 기록 될 수 있어야 한다. 따라서 체계적 관찰을 할 때는 관찰과정에서 특히 주목 해야 할 행동을 미리 분류하여 작성한 체크리스트를 사용하기도 한다. 그 런데 상호배타성과 포괄성을 모두 갖춘 체크리스트를 개발하려면 경험이 필요하다. 체계적 관찰이 시작된 후에는 체크리스트를 변경할 수 없기 때 문이다. 그러므로 시험 관찰을 해 본 후에 체크리스트를 만드는 것이 바람 직하다.

체계적 관찰을 할 때 다른 연구자들이 개발해 놓은 코딩 체계를 사용할 수도 있다. 예를 들면, HOME(the Home Observation for Measurement of the Environment)은 가정환경에서의 사회적 · 정서적 · 인지적 경험의 질 과 양을 알아보기 위해 사용되는 체크리스트다. 영아용 HOME은 연구자 가 가정을 방문하여 45가지 항목에 대하여 '그렇다', '아니다'로 코딩하 도록 되어 있다. 이미 개발되어 있는 코딩 체계는 선행연구에서 유용성이 검증되었고 훈련 지침이 있기 때문에 사용하기 편리하다.

(3) 시간표집과 사건표집

관찰할 행동에 대하여 코딩 체계를 만든 후에는 관찰할 시점을 정해야 한다. 많은 경우에서 오랫동안 관찰해서 얻은 자료가 정확하고 유용성이 높다. 그러나 그렇게 하는 것이 항상 가능하지는 않으며, 오히려 연구 문제를 해결하는 데 도움이 되지 않을 수도 있다. 오랫동안 관찰하는 것에 대한 대안이 시간표집과 사건표집이다.

① 시간표집

시간표집(time sampling)의 목적은 정해진 시간 동안 어떤 행동이 발생하는 빈도를 기록하는 것으로서 관찰할 행동, 관찰을 실시할 시간 간격, 일회의 관찰 시간을 정해 놓고 관찰하는 방법이다. 관찰자는 정해진 시간 동안 대상 행동을 관찰하며 같은 시간에 발생한 다른 행동은 무시한다.

대상이 되는 행동의 특성에 따라서 시간 간격은 몇 초, 몇 분, 몇 시간, 며칠, 몇 주, 몇 달이 되기도 한다. 빠르게 변화하는 행동은 빈번한 표집이 필요하고, 안정적이며 변화가 적은 행동은 시간 간격을 넓게 하여 관찰한다. 또한 자유놀이 상황에서 발생할 수 있는 아동의 공격적 행동과 같이 자주 일어나지는 않는 행동을 관찰할 때는 빈번하게 표집해야 대상 행동을 놓치지 않고 포착할 수 있는 반면, 상당히 자주 발생하는 행동을 관찰할 때는 시간표집 간격이 넓어도 대상 행동을 포착할 수 있다.

② 사건표집

사건표집(event sampling)은 관찰대상 행동이 특정한 상황에서 발생하는 경향이 있거나 빈번히 발생하지 않을 때 사용하며 행동의 원인과 결과를 파악하기 위해 흔히 사용된다. 관찰자는 대상 행동이 일어날 가능성이 높은 때가 언제인지를 알고 그 행동이 발생하기를 기다린다. 하지만 예상한 대로 행동이 나타나지 않을 때는 시간을 낭비하는 결과가 될 수 있다는 단점이 있다.

사건표집은 인과관계에 대한 관찰방법이므로 관찰자는 아동의 문제를 해결하는 데 도움이 될 수 있는 단서를 찾게 된다. 사건표집은 대체로 부적절한 행동을 관찰할 때 사용되므로 행동의 원인을 발견하여 문제를 완화하거나 예방하는 데서 그 유용성을 찾을 수 있다. 예를 들어, 놀이터에서 놀이를 하지 않고 계속 교사에게 와서 할 게 없다고 말하는 4세 아동이 있다면 교사는 이 아동의 행동이 관심끌기라고 생각할 수 있다. 그러나 교사에게 오기 전에 있었던 일과 교사에게 왔다 간 후에 있었던 일을 모두 관찰함으로써 그 아동이 또래에게 거부당하면 교사에게 오고, 그 아동을 거부한 다른 아이들은 자신들의 행동이 성공했다고 생각하며 그 상황을 즐기고 있다는 것을 발견할 수 있을 것이다. 이에 따라 교사는 거부당한 아동이 또래집단에 참여할 수 있는 방법을 배우게 하고, 다른 아동들과 긍정적인 상호작용을 할 수 있도록 유도함으로써 문제행동을 수정해 나갈 수 있다.

(4) 방법론상의 쟁점

① 신뢰도

신뢰도는 관찰의 안정성이나 일관성의 정도다. 특히 체계적 관찰을 할 때 신뢰도를 알아보는 방법으로 관찰자 간 신뢰도가 있다. 이는 같은 사건을 관찰자 두 사람이 각각 코딩했을 때 서로 일치된 정도를 나타낸다. 일반적으로 둘 이상의 관찰자가 같은 행동을 같은 방식으로 코딩한 비율을 %로 표현하는데 80% 이상이면 높다고 본다. 체계적 관찰의 신뢰도는 카파(kappa)라는 통계치를 사용하여 나타내기도 한다. 카파는 관찰자 간 코딩 일치가 우연히 일어났을 가능성을 감안한 것으로서 %로 나타내는 신뢰도보다 보수적인 추정치다(Cozby, 2001).

관찰이 정확하려면 관찰자들이 코딩 체계에 대해 훈련을 받아야 한다. 특히 녹화된 테이프를 보고 코딩하는 것이 아니고 대상 행동이 일어나는 현장에서 관찰하고 기록하는 경우라면 질 높은 자료를 확보하기 위해서 관찰자를 대상으로 하는 훈련은 더욱 중요하다. 관찰자 훈련은 전형적인 사건과 그렇지 않은 사건을 구분하는 연습을 통해 이루어지며 적정 수준 이상의 신뢰도에 도달할 때까지 계속해야 한다.

관찰자의 개인적 편향도 관찰의 정확성에 영향을 미칠 수 있다. 즉, 관찰자의 개인적 기대 때문에 어떤 사건을 과소평가하거나 과대평가하게 될 수 있다. 발달지체아동과 정상발달을 보이는 아동에 대한 관찰연구를 예로 들 수 있다. 이 경우에 관찰자가 가지고 있는 정상적 행동에 대한 기대가 관찰의 편향을 유발할 수 있다. 다시 말해 발달지체아동이 장난감을 집어 던진 것은 퇴행행동으로 코딩될 수 있는 한편, 정상아동이 장난감을 집어 던진 것은 단독놀이로 코딩될 수 있다. 이런 문제를 예방하기 위해서는 관찰자에게 관찰대상 아동에 대한 사전 정보와 연구가설을 관찰 전에 알리지 말아야 한다.

② 반응성

체계적 관찰에서 발생할 수 있는 방법론상의 문제로 반응성이 있다. 반응성은 관찰자의 존재가 사람들의 행동에 영향을 미칠 가능성을 말한다. 반응성이 있었다면 관찰되고 있는 사건은 자연스러운 행동이 아니며, 관찰 상황에서 일반적으로 볼 수 있는 행동을 대표하는 것도 아니다. 따라서 반응성이 있는 관찰 상황에서는 관찰자가 관찰하려고 의도했던 행동이 아닌 다른 행동을 관찰하게 되므로 내적 타당도가 감소한다. 하지만 반응성은 관찰자가 드러나지 않은 상태에서 관찰하면 감소될 수 있다. 그러므로 일방경을 통해 관찰하거나 비디오카메라 또는 마이크를 눈에 띄지 않는 곳에 숨기고 녹화 · 녹음을 함으로써 관찰자의 존재를 드러내지 않을 수 있다.

관찰 기간을 길게 함으로써 관찰대상 아동들이 관찰자나 녹화기자재에 익숙해질 수 있는 충분한 시간을 갖는 것도 반응성을 감소시킬 수 있는 방법이다. 처음에는 관찰자나 녹화기자재가 신기하여 관심을 보이지만 시간이 지나면 평소처럼 행동하게 된다.

3. 관찰 기록 방법

1) 일화기록

일화기록(anecdotal record)은 어떤 아동의 특정 행동에 대해 객관적으로 기술해 놓은 것으로 행동의 어떤 측면을 이해하기 위해 사용된다. 이 것은 한 아동이 나타내는 주목할 만한 행동을 설명하기 위하여 발달과정을 추적하는 목적으로 사용될 수 있다. 일화기록은 객관적인 성격을 띠지만 기록된 사건에 대한 설명이나 해석을 덧붙일 수도 있다.

일화기록은 다음과 같은 특징을 지닌다(Goodwin & Driscoll, 1980). 일화기록은 직접적인 관찰의 결과로서 어떤 사건에 대해 즉각적이고 정확하며 구체적으로 기술해 놓은 것이다. 또한 일화기록은 관찰 행동이 일어난 맥락을 포함하며 관찰대상 아동의 전형적인 행동이나 특이한 행동을 기록하는 것이다. 따라서 일화기록에서 대상 사건에 대한 해석은 사건 자체에 대한 객관적인 기록과는 분리하여 취급해야 한다.

아동의 식습관, 건강, 새로운 기술 습득 등에 대해 기록하고 부모에게 보여 주기 위해서 매일 일화기록을 할 수 있으며, 특별히 의미 있는 사건이나 아동행동의 변화에 대해서 기록해 보관함으로써 아동 발달 상황에 대한 자료를 모아 갈 수 있다. 일화기록의 예는 다음과 같다.

일화기록

아동 이름: 김지훈, 이미래, 최나영

연령: 4세

장소: 꿈나무 어린이집

관찰 행동 영역: 사회정서

사건:

　　나영이와 미래가 음식 만드는 놀이를 하고 있었다. 지훈이가 다가와서 음식을 먹고 싶다고 했다. 나영이와 미래는 지훈이를 쳐다봤다. 나영이가 "너는 저리 가. 우리 바쁘단 말이야."라고 했다. 지훈이는 그대로 거기 머무르면서 나영이와 미래가 과일 모형을 식탁 위에 놓는 것을 바라보고 있었다. 지훈이가 "내가 아빠하고 나중에 그릇 씻을게."라고 말했다. 미래는 잠시 생각하고 나서 나영이를 쳐다보고는 "알았어. 그러자."라고 대답했다.

해석:

　　미래와 나영이는 둘이서만 놀이를 하며 다른 아동이 놀이에 참여하는 것을 달가워하지 않는 경향을 보인다. 지훈이는 다른 아이들이 하고 있는 놀이에 진입하는 방법을 알고 있다. 미래와 나영이는 지훈이가 돕겠다고 하자 놀이에 받아 주었다. 지훈이는 놀이 활동 집단에 대체로 잘 받아들여진다.

2) 진행기록

　　진행기록(running record)은 일화기록보다 더 상세하게 기록하는 것으로서 일련의 사건들을 포함한다. 어떤 시간 동안에 발생한 모든 일을 포함하는 일화기록이 특정 사건을 기록하는 것이라면 진행기록은 짧게는 몇 분에서 길게는 몇 달까지의 특정 시간에 관찰된 모든 행동을 기록하는 것이다.

　　관찰자는 기록을 분석한 후에 기록된 행동들에 대해 논평하거나 분석한다. 진행기록을 할 때 염두에 둘 점은 이후에 다른 사람이 기록을 보고 관찰 상황을 직접 경험하듯이 파악할 수 있도록 자세하고 정확하게 기록해야 한다는 것이다(Cohen, Stern, & Balaban, 1997).

　　진행기록은 관찰 상황에서 발생한 모든 것을 기술하므로 맥락을 파악할 수 있다는 장점을 지닌다(김아영, 2000). 예를 들어, 공격적 행동을 많이 하는 아동을 관찰하고자 할 때 진행기록을 통하여 그 아동이 공격적 행동을 하게 되는 전후 상황을 파악함으로써 아동의 공격적 행동에 대해 보다 깊이 있는 이해를 할 수 있다. 진행기록의 예는 다음과 같다.

진행기록

아동 이름: 김영호

연령: 4세

장소: 새나라 어린이집

일시: 2007년 1월 9일 9:30~9:45

관찰 영역: 사회, 인지

관찰내용:

영호가 장난감 기타를 치며 교실을 돌아다닌다. 교사가 아이들에게 자리에 앉으라고 말하자 영호는 교사가 한 말을 따라서 아이들에게 자리에 앉으라고 한다.

영호는 친구 옆 자리에 앉아서 어제 먹었던 과자 이야기를 한다. 한 아이가 심하게 울고 있는데 영호는 아직 별 반응이 없다. 이제 어떤 아이가 울고 있다는 것을 알고 그 아이를 바라본다. 옆에 앉은 아이에게 울고 있는 아이에 대해 이야기한다.

교사가 지시하는 대로 활동을 하다가 어떤 아이가 영호를 밀친다. 영호가 같이 밀치며 싸움이 일어났고 교사가 두 아이를 활동 집단 밖에 있는 의자에 잠시 앉아 있도록 한다. 영호는 곧 일어나 다시 집단으로 들어왔는데 교사는 보지 못한다.

3) 행동발생빈도기록과 지속시간기록

행동발생빈도기록(behavioral frequency counts)은 체계적 관찰에서 흔히 사용되는 기록방법으로, 일정한 시간 동안 관찰대상 행동이 발생한 빈도를 표시하여 기록하는 방법이다. 지속시간기록(duration record)은 관찰대상 행동이 지속된 시간을 기록하는 방법이다. 이 방법은 관찰을 시작하기 전에 관찰대상 행동에 대해 명확한 정의를 내리는 것이 중요하다. 행동발생빈도기록과 지속시간기록은 관찰 행동에 대한 명확한 정의만 있다면 쉽고 간단하게 할 수 있는 방법이며 자료를 수량적으로 분석하기 쉽다는 장점도 있다. 그러나 행동의 세부적인 내용이나 행동 발생의 배경에 대한 정보가 없다는 단점이 있다(김아영, 2000).

4) 체크리스트와 평정척도

체크리스트(checklist)는 범주별로 나열된 일련의 행동 목록으로서 관찰자가 아동이 어떤 행동을 나타내는지의 여부를 기록하는 데 사용할 수 있다. 평정척도(rating scale)는 더 나아가 발생하는 행동의 정도까지를 기록할 수 있는 방법이다. 체크리스트는 관찰해야 하는 행동이 여러 가지일 때 신속하게 기록하는 데 도움이 되며 사용하기 쉽다. 한편, 평정척도는 다양한 형태가 있는데, 숫자를 사용하는 것과 도식적인 방식이 가장 흔히 사용된다. 숫자를 사용하는 평정척도의 예를 들면, 아동이 집단에서 같이 하는 활동에 협조적인 정도를 1, 2, 3, 4, 5 중에서 선택하는 방식으로 기록할 수 있다. 도식적인 평정척도는 관찰대상 행동의 정도를 일직선상에 제시해 놓은 것으로서 관찰자가 대상 행동 정도를 제시된 특정 위치에 표시하여 기록하는 것이다. 도식적 방식의 평정척도의 예는 다음과 같다.

전혀　　거의　　때때로　　자주　　항상
아니다　아니다　그렇다　그렇다　그렇다

4. 관찰법의 장단점

관찰법은 다음과 같은 장단점을 갖는다(Worthham, 2005). 우선 장점으로는 관찰법은 구조화된 측정도구를 사용할 때 얻을 수 없는 정보를 수집하는 데 유용한 방법이다. 자연스럽게 일상적인 활동이 이루어지는 상황에서 관찰이 이루어지므로 아동이 놀이나 학습활동을 하면서 보이는 전형적인 행동들을 볼 수 있으며 행동의 발생과 관련되는 배경 요인들도 확인할 수 있다. 또한 관찰자가 관찰하면서 필요하다고 판단되는 행동에 초점을 맞추어 자료를 수집할 수도 있다. 그러나 관찰 상황에서는 수많은 사건과 행동이 발생하므로 관찰자가 중요한 세부 사항을 놓치고 중요하지 않은 행동에 주목을 하게 되거나 주의가 산만해져서 관찰에 일관성이 떨어질 수 있다는 단점이 있다. 또한 관찰자의 편향도 관찰법의 단점이다. 관찰을 시작하기 전에 아동의 행동에 대해 관찰자가 가지고 있던 생각이 관찰한 내용을 해석하는 데 영향을 미칠 수 있다. 관찰 내용을 맥락과 관련짓지 않고 해석하거나 드물게 나타나는 어떤 행동을 흔히 일어나는 일로 섣불리 판단하는 경우도 아동행동을 관찰할 때 발생할 수 있는 오류다.

5. 관찰법 사용 시 주의사항

아동 행동을 연구하기 위해 관찰법을 사용할 때 주의할 사항은 다음과 같다(Worthham, 2005).

1) 관찰 장소와 시간 선정

관찰 장소와 시간은 관찰의 유형과 목적에 따라 선정하도록 한다. 예를 들어, 아동의 창조적 활동에 대해 관찰하려면 표현활동을 많이 하는 교육 프로그램을 운영하는 기관에서 관찰해야 한다.

2) 관찰자의 행동

관찰자는 아동들의 주의를 끌지 않도록 최대한 노력하며, 아동들이 산만해지지 않고 일상적인 활동을 하도록 주의해야 한다. 관찰을 시작한 처음 몇 분간은 아동들을 쳐다보지 않고 기록도 하지 않으면서 아동들이 관찰자의 존재에 익숙해지도록 하는 것이 나중에 관찰 시에 도움이 된다.

3) 관찰 관련 윤리

관찰자는 관찰을 통해 얻은 자료를 사용하는 데 있어서 아동 및 아동과 관련된 성인들의 개인 정보 유출에 주의해야 한다. 또한 관찰대상 아동에 대해 다른 관찰자나 교사 등과 이야기를 나누는 데 있어서도 주의하도록 한다.

4) 관찰자 편향

관찰자는 자신의 사전 경험이나 배경이 관찰과 관찰 내용의 해석에 영향을 미칠 수 있음을 인식함으로써 그러한 편향을 최소화할 수 있다. 예를 들어, 질 높은 보육시설에 대한 기준을 가지고 있던 관찰자는 특정 관찰 장소가 질적으로 우수하지 않은 보육시설이라고 판단함으로써 수집된 자료를 해석할 때 부정적인 시각을 사용할 가능성이 있다. 관찰자는 이를 인식함으로써 자료 해석의 객관성을 최대한 확보할 수 있을 것이다. 또한 잠시 관찰한 내용만으로는 완전한 정보를 얻을 수 없음을 알고 가능한 한 여러 번, 장기간 관찰한 후에 결론을 내리는 것이 안전하다.

 참 고 문 헌

김아영(2000). 관찰연구법. 서울: 교육과학사.

Bentzen, W. R. (1997). *Seeing young children: A guide to observing and recording behavior.* NY: Delmar.

Cohen, D. H., Stern, V., & Balaban, N. (1997). *Observing and recording the behavior of young children* (4th ed.). NY: Teachers College Press.

Cozby, P. C. (2001). *Methods in behavioral research* (7th ed.). Mountain View, CA: Mayfield Publishing.

Goodwin, W. L., & Driscoll, L. A. (1980). *Handbook for measurement and evaluation in early childhood education.* San Francisco, CA: Jossey-Bass.

Irwin, D. M., & Bushnell, M. M. (1980). *Observational strategies for child study.* NY: Holt, Rinehart & Winston.

Worthham, S. C. (2005). *Assessment in early childhood education* (4th ed.). Upper Saddle River, NJ: Pearson Education.

제4장

실험연구

1. 실험연구의 의의

아동을 연구하는 방법에는 여러 가지가 있는데 실험연구(experimental research)는 인위적인 환경을 만들고 그 통제된 조건 속에서 아동으로부터 자료를 입수하여 연구한다는 점에서 검사나 평가를 이용한 방법과 비슷하다. 이러한 연구방법은 자연스러운 상황에서 행동관찰을 통하여 아동을 연구하는 자연관찰법과 대비되어 그 장단점이 논의되어 왔다. 아동 연구는 매우 복잡하여 한 가지 연구방법으로 모든 현상을 완벽하게 설명하기 어렵다. 여러 연구방법은 각기 다른 특성이 있기 때문에 어느 한 연구방법이 반드시 우수하다고 할 수도 없다. 따라서 연구자는 알아보고자 하는 문제의 해답을 가장 효율적으로 제공할 수 있는 방법이 무엇인가를 생각하여 적절한 연구방법을 선택하는 것이 중요하다(Leary, 2011;

Pellegrini & Bjorklund, 1998).

실험연구는 인과관계를 추론해 내는 것이 핵심이다. 따라서 아동이 어떤 행동을 하는 원인을 규명하기 위해서는 다른 연구방법보다 실험연구법이 적합하다. 예를 들어, '컴퓨터 게임은 아동의 인지발달에 어떠한 영향을 미치는가?'와 같은 연구 문제는 관찰법이나 조사법보다 실험을 통해서 효과적인 답을 얻을 수 있을 것이다. 환경요인이 아동에게 미치는 영향이나 인과관계를 보다 명확하게 밝힐 수 있기 때문이다.

실험연구의 중요성은 인과관계를 규명하기 위해 가설을 검증할 수 있는 사실상 유일한 방법이라는 데 있다. 인간행동의 이해를 위해서 고안된 여러 연구방법 중에서 실험연구는 가장 구조적이고 체계적이다. 잘 수행된다면 인과관계에 대해서 확실한 증거를 도출해 낼 수 있다. 즉, 실험연구는 정교하게 통제된 상황에서 어떤 결과가 발생할 것인가에 대한 해답을 체계적이고 논리적인 방법으로 제공한다(Best & Kahn, 2006).

실험연구는 19세기부터 자연과학 분야에서 많이 사용되어 왔고, 20세기 이후로는 행동과학 분야에 적용하는 경우도 증가하고 있다. 하지만 다른 연구방법들보다 엄격한 조건을 요구하기 때문에 좋은 실험연구가 되기 위해서는 세밀한 계획과 정교한 절차가 필요하다. 또한 변수의 계량화와 측정이 어려운 인간행동 연구와 같은 분야에서는 그 방법의 적용에 상당한 한계가 있다고 볼 수 있다. 특히 아동을 연구하는 학자는 윤리적인 측면에서 실험과정이 아동에게 미칠 수 있는 영향에 관해서도 사전에 면밀하게 검토해야 할 것이다. 여기서는 실험연구의 개념과 종류에 대해 알아보도록 한다.

1) 실험연구의 개념

실험연구는 아동발달을 설명하는 이론이나 행동의 법칙을 발견하고 그 논리성을 검증하기 위하여 특정 집단의 조건을 엄격하게 통제(control)하고 변수를 조작(manipulation)한 후 이때 나타나는 변화를 관찰하여 분석하는 연구다. 여기서 연구자가 관심을 갖는 사건을 종속변수(dependent variable)라고 하고 연구자가 임의로 조작할 수 있는 조건을 독립변수(independent variable)라고 한다. 또한 실험처치의 효과를 정밀하게 측정하기 위해서 조작되는 독립변수를 제외한 외생변수(extraneous variable)가 줄 수 있는 영향을 제거하는 것을 통제라고 한다. 조작과 통제는 실험연구의 중요한 요소라고 볼 수 있다. 이와 함께 객관성도 실험연구의 필수적인 요소인데 이는 두 가지 의미로 나누어 생각해 볼 수 있다. 측정한 자료가 객관적이라는 것은 한 명 이상의 관찰자에 의해 관찰가능하다는 것을 의미하고, 실험결과가 객관적이라는 것은 실험이 다른 연구자에 의해서 동일하게 반복될 수 있다는 것을 의미한다(Pellegrini & Bjorklund, 1998).

실험연구는 현상의 인과관계(cause-and-effect relationships)에 관한 가설을 검증하기 위해 어떤 행동이 일어나기를 기다리지 않고 통제된 조건하에서 행동을 인위적으로 이끌어 내서 자료를 수집하는 연구방법이다. 보통 연구자는 실험처치(experimental treatment)의 효과를 검증하기 위하여 실험처치를 받는 집단(experimental group)과 그렇지 않은 집단(control group)을 구별하고 그 결과를 비교한다. 연구자는 예측된 결과를 산출하기 위해서 여러 상황을 조작하고, 연구대상을 통제된 상황에서 관찰함으로써 사건을 유발하는 요인을 쉽게 확인할 수 있다. 이렇게 조작된 처치에 의해서 예측된 결과가 나오면 인과관계에 대한 추론이 가능해진다. 그러나 인간은 매우 복잡한 존재이기 때문에 실험결과가 가설을 뒷받침해 준다고 해도 그것이 반드시 실질적인 인과관계를 밝혀 준다고 단언하기 어려운 경우가 많다. 한 실험연구의 결과가 다른 반복연구에서는 나타나지 않을 수도 있고, 실험상황에서 보였던 아동의 행동이 비슷한 실제 상황에서는 보이지 않을 수도 있다. 예를 들어, 아동이 실험상황에서 폭력적인 행동을 했다고 해도 가정이나 어린이집에서 놀이를 할 때는 폭력적인 행동을 보이지 않을 수도 있다. 따라서 '아동의 폭력적인 행동을 유발하는 원인은 무엇인가?'와 같은 문제는 쉽게 그 해답을 찾기 어렵다. 즉, 아동의 폭력적인 행동을 유발하는 조건이 상황에 따라 달라진다면 무엇이 행동의 원인인지 단정하기 힘들다.

2) 실험연구의 종류

(1) 실험실 실험연구

실험실 실험(laboratory experiments)은 자연과학에서 실시하는 실험과 가장 비슷하며 연구자가 연구 상황을 자유롭게 조작할 수 있다는 장점이 있다. 연구자가 관심을 갖는 변수의 조작적 정의가 명확하다면 연구자는 구체적으로 변수를 조작하고 정확하게 측정하는 것이 가능하다. 실험실 실험에서의 최대 목적은 오염되지 않은 상황에서 변수 간의 관계를 밝히는 것이다. 그러나 실험실은 인위적으로 만들어진 상황이므로 조작의 효과가 실제와 다를 우려가 있다. 특히 어린 아동은 낯선 상황에 민감하게 반응하므로 실험환경에서 불안을 느껴 평소와 다른 행동을 하거나 낮은 수행능력을 보일 수 있다.

통제 정도가 심한 실험일수록 실험실에서 이루어진 연구 결과를 실제 생활에도 적용할 수 있는가에 대한 의문의 여지가 높다(Pellegrini & Bjorklund, 1998). 즉, 정교하게 고안된 실험실 놀이 환경에서 아동이 하는 행동은 실제 놀이터에서 아동이 하는 행동과 매우 다를 수 있다. 한 연구자는 이를 두고 실험실 실험은 아동이 할 수 있는 행동이 무엇인지는 말해 주지만 일상생활에서 실제로 어떤 행동을 하는지는 말해 주지 않는다고 강조하였다(McCall, 1977).

(2) 현장 실험연구

현장 실험(field experiments)이란 실험실이 아닌 일상의 상황에서 연구자가 독립변수를 조작하여 행하는 실험을 의미한다. 현장 실험 시 아동은 현실적이고 익숙한 환경에서 행동하므로 실험실에서 하는 실험보다 자연스럽고 일반화 가능성이 높다. 실생활과 동일한 상황에서 수행되므로 이론 검증 및 현실문제 해결에 유용하며, 복잡한 사회적·심리적 영향과 과정변화 연구에 적절하다. 또한 독립변수의 조작 및 측정대상의 무작위 선택이 가능하므로 실제 상황에서도 이론 검증 및 과학적 연구를 가능하게 해 준다. 그러나 현장 실험에서는 독립변수의 조작 자체가 쉽지 않을 뿐 아니라 연구 대상자 선정에서 무선화가 적용되기 어려운 경우가 많다. 실제 상황에서의 실험이므로 실험변수효과와 외생변수효과를 분리해서 파악하기 어렵고 연구결과의 정밀도도 떨어진다. 또한 실험자가 전문연구자가 아닌 경우 정교한 실험적용이 어렵다는 단점도 있다. 예를 들어, 어린이집 보육실에서 영유아를 대상으로 현장 실험을 할 때 교사가 실험을 주관한다면 실험과정에서 일관성이 결여될 우려가 있다.

(3) 자연적 실험

자연적 실험(natural experiments)은 아동의 행동에 영향을 미칠 수 있는 중요한 사건이 자연적으로 발생했을 때 생길 수 있다. 가족이 다른 지역으로 이주함으로써 아동이 겪는 적응 문제나 지진을 목격한 아동의 정서 반응 등을 예로 들 수 있다. 아동 연구자는 실제로 상황이 발생하지 않으면 달리 실험을 할 수 없는 경우에 자연적 실험을 통해서 인과관계를 알아볼 수 있으나, 엄밀한 의미에서 변수의 통제가 불가능한 경우가 많아 학자에 따라 실험연구로 보지 않는 경우도 있다. 대개 다양한 변수의 영향에서 벗어나기가 쉽지 않기 때문에 조심스러운 접근이 필요하다.

2. 실험연구의 절차와 기본조건

1) 실험연구 절차

실험연구는 두 변수 사이에 기대되는 인과적인 관계를 진술하는 가설에 의해 이끌어진다. 실험은 실험가설을 지지하거나 기각하기 위해 행해지는데 연구자는 집단을 선택하고, 어떤 처치를 어떤 집단에 행할 것인가를 결정하며, 외생변수를 통제하여 연구의 마지막에 처치의 효과를 측정한다. 실험연구의 절차는 기본적으로 다른 연구와 다르지 않은데 일반적으로 연구 문제의 설정, 문헌조사, 가설 설정, 측정도구의 선택, 실험 계획의 설계 및 외생변수의 통제, 참가자 선정 및 집단 배치, 실험 실행과 자료수집, 가설 검증 및 분석, 연구결과의 일반화와 같은 과정을 거치게 된다.

2) 실험집단과 통제집단

실험연구는 특정 처치를 했을 때 나타나는 결과를 다른 처치를 했을 때나 혹은 처치가 없었을 때 나타나는 결과와 비교함으로써 이루어진다. 실험처치를 한다는 것은 의도적으로 독립변수를 조작하는 것을 뜻한다. 연구자가 관심을 가진 특정한 처치를 받는 집단을 실험집단(experimental group)이라고 하고, 그 외의 집단은 통제집단(control group)이라고 한다. 집단들이 일정 기간 처치에 노출된 후에 연구자는 집단으로부터 종속변수에 대한 자료를 수집하고 이 자료가 신뢰할 만한지 혹은 이들의 수행 사이에 유의한 차이가 있는지 통계적인 검증을 통하여 알아본다. 이때 연구자는 독립변수를 제외한 다른 조건에서는 두 집단이 가능한 한 동일하도록 해야 한다. 집단들을 동일하게 하는 주요 방법은 무작위 표집(random sampling)이다.

실험연구의 실험집단과 통제집단이 항상 처치집단(treatment group)과 비처치집단(nontreatment group)으로 이루어지는 것은 아니다. 통제집단은 아무런 처치를 받지 않을 수도 있지만 실험집단과 다른 처치를 받는 경우도 있다. 연구자가 새로 개발한 교수법의 효과를 알아보고 싶다면 실험집단은 새로운 교수법으로 가르치고 통제집단은 기존의 교수법으로 가르칠 수 있다. 또한 연구자는 실험처치의 정도나 수준을 조절하여 실험연구를 할 수도 있다. 이를테면, 연구자가 어린이집의 학급당 보육 정원에 따른 아동의 또래관계에 관심이 있을 경우, 각 학급의 보육 인원을 5명, 7명, 10명, 15명으로 정하여 실험연구를 할 수 있다.

3) 실험변수의 조작

실험연구를 다른 연구와 차별화하는 중요하고 유일한 특성은 연구자가 독립변수를 직접 조작(manipulation)할 수 있다는 점이다. 독립변수를 조작한다는 것은 연구자가 관심 있는 결과를 알아보기 위하여 일정한 조건을 의도적으로 만든다는 것을 의미한다. 예를 들어, 연구자가 '컴퓨터 게임은 아동의 인지발달에 어떠한 영향을 미치는가?'에 관심이 있다면 아동들을 대상으로, 한 집단은 컴퓨터 게임을 하고 다른 집단은 컴퓨터 게임을 하지 않도록 처치한다. 이와 같은 처치에 두 집단이 일정 기간 노출된 후 연구자는 두 집단의 인지발달 정도를 측정하여 비교함으로써 컴퓨터 게임과 인지발달 간의 인과관계를 추론해 볼 수 있다.

4) 외생변수의 통제

통제(control)는 연구자의 관심 대상인 독립변수를 제외하고 종속변수의 변화에 영향을 줄 수 있는 다른 변수, 즉 외생변수(extraneous variable)의 영향을 제거하는 것을 말한다. 외생변수가 적절하게 통제된다면 종속

변수에서 나타나는 집단 간 차이점은 독립변수에 의한 것으로 생각할 수
있을 것이다.

가장 원칙적인 방법으로는 조작되는 변수 이외의 종속변수에 영향을
줄 수 있는 외생변수를 물리적으로 제거하는 방법이 있다(Best & Kahn,
2006). 그러나 이 방법을 인간행동 연구에 적용하는 데는 한계가 있고 범
위나 범주를 통제의 목적으로 제한할 경우 연구결과의 일반화가 어려운
단점이 있다. 실험방법을 통해 아동을 연구할 때 실제로 외생변수 통제에
효율적인 방안을 살펴보면 다음과 같다.

(1) 무선화

무선화(randomization)란 연구 참가자가 모집단으로부터 무작위로 선
정되는 것, 선정된 참가자가 실험집단에 무작위로 배치되는 것, 어느 집
단에 실험처치를 할 것인가를 무작위로 결정하는 것을 모두 포함한다. 무
선화는 체계적인 오류를 제거하고 외생변수의 영향을 최소화할 수 있는
가장 효과적인 방법인데, 이는 무선배치(random assignment)를 통해서 실
험집단 간에 생길 수 있는 차이를 표집오차의 범위로 만들기 때문이다.
특히 참가자를 무작위 표집할 수 없다고 해도 그들을 집단에 무선으로 배
치하는 것은 어렵지 않으므로 실험연구에서 무선배치는 외생변수를 통제
할 수 있는 현실적인 방법이다. 따라서 집단 간 동질성에 직접 관련된 무
선배치는 실험연구를 실시하는 데 있어 가장 중요한 개념이라고 할 수 있
다. 무선으로 형성된 처치집단은 실험연구의 독특한 특성으로 볼 수 있는
데 참가자를 실험집단에 무선배치할 때는 난수표를 이용하는 것이 보편
적이다.

(2) 짝짓기

무선배치가 어려울 경우 실험집단 간의 동질화를 위해 짝짓기(matching)
방법을 사용할 수 있다. 짝짓기는 종속변수에 영향을 줄 수 있는 하나 또

는 그 이상의 변수에 대해 집단을 동등하게 하기 위한 기법이다. 즉, 처음부터 비슷한 특성을 갖는 연구 참가자들을 서로 짝지어서 각각 실험집단과 통제집단에 배치함으로써 두 집단을 동질적으로 만드는 것이다(장휘숙, 한건환, 2005). 짝짓기의 구체적인 방법은 세 가지로 나누어 볼 수 있다.

첫째, 모든 실험집단에서 외생변수의 수준을 일정하게 고정시키는 방법이 있는데, 성차가 있는 연구에서 남아 또는 여아로만 연구를 할 수 있다. 이 방법은 통제가 수월하나 연구결과의 일반화가 제한되고 외생변수가 한 개 이상인 경우에는 짝짓기가 어렵다는 단점이 있다. 둘째, 통제변수를 알고 있는 경우 참가자를 통제변수에 따라 사례별로 실험집단 수만큼 짝짓기한 후에 실험집단에 무선배치하는 방법이 있다. 이를테면, 두 집단 간 학업성취도를 연구할 때 아동의 지능이 통제해야 할 외생변수라면 참가자의 지능 수준에 따라서 두 명씩 집단을 만든다. 각 집단의 두 사람은 무선배치를 통해서 실험집단이나 통제집단에 들어가게 된다. 셋째, 특정 외생변수에서 분포가 동일한 집단을 필요한 수만큼 선정하고 그 집단에 속한 사람들을 모두 연구 참가자로 하는 방법이 있다(이은해, 이미리, 박소연, 2006). 예를 들어, 아동의 인지연구에서 지능이 종속변수에 영향을 준다고 생각되면 지능에서 동일한 평균과 표준편차, 분포형태를 보이는 집단을 구성하여 실험집단과 통제집단의 동질성을 높인다. 이 방법을 사용하면 집단으로 짝짓기가 이루어지므로 사례별 짝짓기와 같은 탈락자 발생을 막을 수 있으나 집단 간 동질성의 정도가 불확실하여 정확도가 떨어진다는 단점이 있다.

(3) 공변량 분석

사전에 외생변수의 통제가 불가능한 경우, 실험이 끝난 후에 자료 분석 과정에서 외생변수의 영향을 통계적으로 제거하는 방법이 공변량 분석(analysis of covariance)이다. 공변량 분석은 초기의 차이점에 대한 종속변수의 점수를 조정함으로써 가능하다. 즉, 초기 사전검사에서의 차이만큼 사후검사의 점수를 조절하려는 경우에 사용된다. 공변량 분석은 하나 또는 그 이상의 변수들에 대해 동등하게 무선으로 형성된 집단을 위한 통계적인 방법이다. 그러나 공변량 분석이 보편적으로 유용한 것은 아니며 독립변수와 공변량 변수가 선형적 관계일 때 가능하다.

3. 실험연구의 타당도

이미 언급한 것과 같이, 종속변수의 수행에 영향을 미치는 통제되지 않은 외생변수는 실험의 타당도를 위협한다. 실험연구에서 종속변수의 변화가 실제로 독립변수를 조작하였기 때문에 얻어진 결과라면 내적 타당도가 높은 연구로 볼 수 있고, 그 결과들이 실험적인 장면을 넘어서 개인이나 정황에 일반화될 수 있다면 외적 타당도가 높은 연구로 간주한다.

1) 내적 타당도

내적 타당도(internal validity)는 '두 변수 간의 인과관계를 추론할 수 있는 정도'라고 Cook과 Campbell(1979)은 말하고 있다. 내적 타당도는 종속변수에 영향을 주는 독립변수 이외의 다른 위협이나 요소들과 연관되어 있는데, 다시 말해 실험연구 결과가 어느 정도로 독립변수에 기인한 것인가에 대한 문제다.

실험연구에서 두 변수 간에 인과관계가 있다고 결론짓기 위해서는, 우선 독립변수가 종속변수와 관련되어 있다는 증거가 있어야 하고 시기적으로 독립변수는 종속변수보다 선행되어 발생해야 한다. 그러나 그것은 인과관계의 추론을 위한 충분조건은 아니다. 외생변수에 의해서 영향받지 않은 종속변수의 변화만을 독립변수에 의한 결과로 볼 수 있기 때문이다. 실험의 내적 타당도는 외생변수의 철저한 통제를 통해 형성된다. 따

라서 실험의 내적 타당도를 저해할 수 있는 외생변수의 성격을 파악하여
이를 통제하기 위한 주의를 기울이는 것이 필요하다.

2) 내적 타당도의 저해 요인

(1) 역사

역사(history)는 실험처치의 부분으로 발생하는 사건이 아니라, 연구가
진행되는 동안에 발생하여 종속변수에 영향을 미치는 특수한 외적 사건
을 말한다. 즉, 사전검사와 사후검사 사이에 발생하여 실험처치와 혼합되
어 결과에 영향을 미치는 모든 사건이 역사에 해당된다. 따라서 연구자의
의도와 상관없이 우발적으로 발생하여 종속변수의 변화를 가져오며, 연
구 기간이 길수록 위협요인이 될 가능성이 크다.

한 어린이집에서 읽기지도 프로그램을 통한 문해력 향상 실험을 6개월
간 했다고 하자. 읽기지도 프로그램을 실시하기 전에 사전검사를 하고 6개
월 후에 사후검사를 실시하여 두 검사 결과의 차이를 알아본 후 프로그램
의 효과를 판단한다는 연구 계획을 세웠다. 그런데 실험 기간에 상당수의
아동이 가정에서 방문교사를 통한 읽기 학습을 했다면 문해력 향상이 순
전히 어린이집에서 실시한 읽기지도 프로그램의 효과라고 보기는 어렵
다. 이런 경우 '방문교사를 통한 읽기 학습'이 특수한 외적사건, 즉 역사
요인이 되어 실험의 내적 타당도를 저해하게 된다.

(2) 성숙

성숙(maturation)은 시간이 지남에 따라 실험 참가자들에게 나타나는
자연적인 신체적 · 지적 그리고 감정적인 변화를 말한다. 이러한 변화들
은 종속변수에 대한 참가자들의 수행에 영향을 미칠 수 있다. 특별히 장
기간의 연구에 따른 피로나 지루함, 훈련에 따른 학습효과나 익숙함, 참
가자들의 연령 증가에 따른 생물학적 성장은 아동연구에서 중요한 성숙

요인이다. 성장 속도가 빠른 아동을 대상으로 실험을 하거나 실험 기간이 길어질 때는 항상 성숙요인의 개입을 검토해 볼 필요가 있다.

(3) 검사 효과

검사 효과(testing effect)는 사전검사 민감도(pretest sensitization)라고도 부르는데, 사전검사가 사후검사의 점수변화에 영향을 미친 것을 말한다. 사전검사를 받은 참가자는 기억이나 학습효과로 인해 사후검사에서 좀 더 나은 수행결과를 보일 가능성이 높다. 특히 검사와 검사 사이의 기간이 짧을 때 내적 타당도를 저해하는 요소가 될 수 있고, 기억하기 쉬운 실제의 정보를 측정하는 실험연구에서 검사 효과가 쉽게 나타날 수 있다.

(4) 도구사용

도구사용(instrumentation)이란 종속변수를 측정하는 방법에서 시기에 따라 변화가 생기는 것을 의미한다. 도구사용은 몇 가지 다른 방식으로 나타난다. 사전검사와 사후검사를 위해 각각 다른 검사 도구가 사용되거나 난이도가 동등하지 않은 검사가 실시된다면 이로 인해 내적 타당도가 저해될 위험이 크다. 만일 자료가 관찰을 통해 수집된다면 관찰자의 태도, 육체적·심리적 조건, 관찰 기술, 학습과정 등 관찰자 특성이나 측정 방법상의 변화에 의해 관찰 자료의 신뢰도가 저해될 수 있다. 다시 말하면, 사전검사나 사후검사에 사용되는 측정도구 자체의 특성에 따른 변동이 있을 때는 물론 관찰자의 행동이나 조건이 실험처치 전후에 달라질 때 실험의 내적 타당도가 떨어진다고 할 수 있다.

(5) 통계적 회귀

통계적 회귀(statistical regression)는 연구대상이 점수 분포의 양극단에서 선정되는 경우에 발생하는 하나의 통계 현상을 의미한다. 실험에서 가장 높은 점수를 받은 참가자가 유사한 두 번째 실험에서 더 낮은 점수를 받는 경향이 있고, 실험에서 가장 낮은 점수를 받은 참가자가 유사한 두 번째 실험에서 더 높은 점수를 받는 경향이 있다는 것이다. 즉, 분포의 상위집단에 속하는 참가자의 점수는 평균을 향해 낮아지고 하위집단에 속하는 참가자의 점수는 평균을 향해 높아지는 통계적 회귀 현상이 나타난다. 점수 분포에서 극도로 높거나 극도로 낮은 집단의 참가자들이 선택될 때 통계적 회귀는 내적 타당도를 위협하는 요인이 된다. 예를 들어, 학습부진아, 발달지체아 등 분포의 극단에 속한 아동을 대상으로 하는 중재 프로그램의 효과를 연구하는 경우, 종속변수의 변화가 실험처치에 의한 것인지 통계적 회귀에 의한 것인지 면밀히 검토할 필요가 있다.

(6) 참가자들의 차별적 선정

참가자들의 차별적 선정(differential selection of participants)은 이미 형성된 집단들을 비교할 때 많이 발생한다. 연구의 시작단계에서 참가자 특성에 차이가 있을 경우 내적 타당도를 위협할 수 있다. 예를 들어, 아동의 표현언어능력을 향상시키는 프로그램의 효과를 실험하는 경우, 실험집단에 속한 아동들이 처치 이전에 이미 표현언어 수준이 높은 집단이었다면 이들이 실험 후 표현언어능력이 향상되었다 해도 그것을 순수한 프로그램의 효과라고 보기 어렵다. 즉, 실험집단과 통제집단의 동질성이 연구 초기부터 보장되지 않는다면 실험처치 이전에 이미 차이가 있으므로 종속변수의 변화가 처치에 의한 것이라고 보장할 수 없다. 따라서 이미 형성된 집단의 선택은 가능하면 피해야 한다. 만일 꼭 선택해야 한다면, 집단은 가능한 한 유사한 집단으로 선택해야 할 것이며, 초기의 집단 간 동질성을 알아보기 위한 사전검사가 시행되어야 할 것이다.

(7) 탈락

탈락(mortality)이란 참가자들이 연구로부터 이탈하거나 도태되는 경우를 말한다. 각각의 집단이 다른 이유나 다른 빈도로 탈락될 때, 즉 차별적 탈락의 경우 특히 문제가 되는데, 이는 탈락으로 인한 집단의 특성 변화가 연구결과에 영향을 줄 수 있기 때문이다. 예를 들어, 연구에서 탈락한 참가자들은 남아 있는 사람들보다 연구에 흥미가 없을 가능성이 높다. 자원자들이 활용되었을 때나 기존의 처치에 대한 새로운 처치를 비교하는 연구일 때 이것은 특히 문제가 된다. 일반적으로 부가적인 요구가 적거나 거의 없는 통제집단 혹은 기존 처치집단의 참가자들의 중도 탈락은 드물다. 그러나 실험과제가 어려워서 실험에 참가하기 위해서는 많은 노력이 필요하거나 실험이 장기화될 경우 중도 탈락하는 참가자가 늘어나게 된다.

탈락을 막기 위해서는 연구자가 참가자를 종용하고 설득하는 것뿐 아니라 참가자에게 보상을 제공하는 것도 필요하다. 참가자의 탈락을 막을 수 없을 경우에는 연구가 시작되기 전과 끝난 후에 참가자 집단의 인구통계학적 정보를 알아본다. 그리고 탈락한 참가자의 성향을 규명한 다음 다른 집단으로부터 비슷한 성향의 참가자를 제외하여 집단 간 동질성을 높이는 방법을 사용할 수 있다.

(8) 상호작용

앞서 설명한 외생변수는 단독으로 나타나기도 하지만 복수의 외생변수가 연합하여 문제를 일으키기도 한다. 선정–성숙 상호작용(selection-maturation interaction)은 실험이 진행됨에 따라 참가자의 차별적 선정과 성숙요인이 상호작용하여 일어나는 결과를 의미한다. 연구를 시작하면서 무선배치를 통하여 실험집단과 통제집단을 동질적으로 구성하였다고 해도 일반적으로 한두 가지 주요 요인을 제외하고 모든 점에서 동질적이기는 힘들다. 참가자의 차별적 선정이 성숙요인과 서로 영향을 주고받는 경우가 가장 흔하지만, 역사요인이나 도구사용요인과의 상호작용도 일어날 수 있다. 특히 연구 참가자가 시간 경과에 따라 빠른 성장을 보이는 영유아인 경우 여러 요인의 상호작용에 의해서 내적 타당도가 저해되기 쉽다.

3) 외적 타당도

　실험의 외적 타당도(external validity)는 실험의 대표성(representative)과 관련되는데, 연구결과가 실험참가 집단이나 실험이 이루어진 상황을 넘어선 집단과 상황에 어느 정도 일반화될 수 있는가에 따라 결정된다. 모집단 타당도(population validity)가 실험참가 집단으로부터 얻은 연구결과를 전체 모집단에게 적용할 수 있는가의 문제라면, 생태환경적 타당도(ecological validity)는 실험연구의 결과가 실험 조건과 동일하지 않은 생태환경적 상황에서도 일반적으로 일어날 수 있는가에 대한 문제라고 할 수 있다(Best & Kahn, 2006). 참가자가 모집단을 얼마나 잘 대표하는지뿐만 아니라 독립변수와 종속변수의 대표성 및 실험장면의 대표성도 외적 타당도에 영향을 줄 수 있다(장휘숙, 한건환, 2005). 대체로 연구자는 외적 타당도에 비해서 내적 타당도에 관심과 주의를 기울이는 경향이 있지만, 만일 연구결과가 실험상황 밖에서 일반화될 수 없다면 실험연구의 적절성과 실효성을 의심해야 한다.

4) 외적 타당도의 저해 요인

(1) 사전검사 효과

　사전검사를 받은 경험이 사후검사의 결과에 영향을 줄 수 있다. 사전검사 효과(reactive effect of testing)는 사전검사를 받은 참가자들이 그 실험처치에 대해 다르게 반응할 때 일어난다. 다시 말하면, 사전검사를 받은 참가자는 그렇지 않은 참가자보다 실험처치에 민감하게 반응하거나 빠르게 반응할 수 있다. 따라서 사전검사의 경험이 있는 참가자 집단을 대상으로 한 연구결과를 사전검사의 경험이 없는 일반인 집단에게 적용할 때 문제가 발생할 수 있다.

(2) 중다처치 간섭 효과

중다처치 간섭 효과(multiple treatment interference)는 같은 연구 참가자들이 연속해서 하나 이상의 처치를 받을 때 나타난다. 초기 처치로부터의 이월(carry over) 효과는 나중에 실시한 처치 효과를 평가하기 어렵게 만드는데, 이전에 받은 처치가 나중에 받은 처치에 영향을 미쳐 상호간섭을 일으킬 경우 처치 효과가 축소되거나 확대될 수 있다.

(3) 선정-처치 상호작용

선정-처치 상호작용(selection biases interacting with experimental treatment)은 내적 타당도와 관련된 '참가자들의 차별적 선정'과 유사하다. 연구 참가자가 가지고 있는 특성과 처치 효과가 상호작용하여 실험결과가 나타났다면, 이를 폭넓은 대상에게 일반화하기 어려울 것이다. 예를 들어, 연구에 스스로 지원한 참가자와 그렇지 않은 참가자는 실험처치에 아주 다르게 반응한다는 연구가 많이 있다(Christensen, 2006).

실험 기간이 길고 참가자의 협조가 요구되는 실험에서 끝까지 실험에 남은 참가자들은 그렇지 않은 참가자들과 구별되는 특성을 지녔을 가능성이 높다. 이런 참가자들의 실험결과를 일반화시킬 경우 주의가 필요하다.

(4) 반동 효과

참가자 효과라고도 하는 반동 효과(reactive arrangement)는 연구가 수행되는 방식이나 참가자의 감정 및 태도와 관련되는 요인들에 관한 문제다. 예를 들어, 어린이집에서 실험을 할 경우 아동은 실험을 실시하는 연구자나 실험 도구를 지나치게 의식하여 평소에 하지 않던 방식으로 행동할 수 있다. 이러한 실험상황을 경험한 아동에게서 얻은 결과를 그렇지 않은 아동에게 확대하여 적용하는 것은 어려울 것이다. 내적 타당도를 높이기 위해 연구자가 통제를 강화하면 할수록 실험환경은 더욱 인위적이

되기 때문에 그 결과를 그대로 일반화하는 데는 한계가 따른다. 또 다른 참가자 효과로는 진기성 효과(novelty effect)가 있는데, 이것은 단순히 새로운 것에 대한 관심과 동기 또는 호기심에 따른 실험 참여가 결과에 미치는 영향을 의미한다.

4. 실험설계

실험설계는 실험연구의 청사진이라고 할 수 있다. 실험설계는 실험변수와 실험대상이 되는 실험집단의 선정 및 실험효과의 측정으로 이루어지는데, 이를 간단하게 도식화하면 다음과 같다.

$$O_0 \quad X \quad O_1$$
시간 $\longrightarrow$

여기서 X는 실험변수를 실험대상에 적용하는 것을 나타내고, O_i는 실험변수의 측정을 의미한다. 첨자 i는 측정 시기를 구분하기 위하여 붙이는 숫자다. 즉, O_0과 O_1은 시간의 경과를 두고 측정함을 의미한다. 위 설계에서 O_0은 실험처치를 가하기 전의 결과변수의 수준에 대한 측정이며, O_1은 실험처치를 가한 뒤의 측정이다.

실험설계는 독립변수의 노출 시기와 대상에 대한 통제, 종속변수의 측정 시기와 대상에 대한 통제, 실험대상자 선정의 무선화에 따라 전실험설계(pre-experimental design), 진실험설계(true experimental design), 준실험설계(quasi-experimental design)로 나누어 볼 수 있다.

실험설계는 매우 다양하나(Campbell & Stanley, 1966; Cook & Campbell, 1979) 여기서는 아동연구에 주로 사용되는 실험설계에 대해서만 살펴보기로 한다. 실험설계에 대한 도식은 다음과 같은 기호를 사용한다(Campbell & Stanley, 1966).

> R: 실험집단 또는 통제집단에 무선배치
> X: 독립변수(실험처치)에 노출
> C: 통제 또는 플라시보 상황에 노출
> O: 관찰 또는 측정

1) 전실험설계

전실험설계(pre-experimental design)는 연구자가 연구대상이나 변수에 대한 통제를 할 수 없고 연구대상을 무선화할 수 없는 실험설계다. 이것은 타당도에 대한 위협을 통제하는 데 적절하지 못하기 때문에 실험설계 중에서 가장 비효율적이라고 볼 수 있다. 전실험설계에 기초한 연구결과는 신뢰성이 떨어지기 때문에 가설 검증보다는 본격적인 실험설계를 하기 전에 시험적으로 실시하는 사전조사나 탐색조사의 성격을 지니는 경우가 많다.

(1) 단일사례연구 설계

X   O

단일사례연구 설계(one-shot case study design)는 처치(X)와 그 후의 사후검사(O)로 구성된 단일집단을 의미한다. 이 설계에서는 타당도와 관련된 어떤 저해 요인도 통제되지 않는다.

(2) 단일집단 사전검사–사후검사 설계

O_1　　　　X　　　　O_2

O_1 = 사전검사　　　O_2 = 사후검사

단일집단 사전검사–사후검사 설계(one-group pretest-posttest design)는 사전검사가 실시되고(O_1), 처치가 시행되고(X), 사후검사가 실시된(O_2) 단일집단을 의미한다. 사전검사와 사후검사의 점수 비교에 의해 처치의 성공이 결정된다. 이 설계는 단일사례연구 설계에 비하면 타당도를 위협하는 몇몇 요소의 통제가 가능하지만, 그다지 정교하거나 효율적인 설계라고 보기는 어렵다. 역사와 성숙, 검사와 도구사용, 통계적 회귀 등 내적 타당도를 저해하는 여러 요인이 존재한다.

(3) 정태적–집단 비교 설계

X　　　　　　O
C　　　　　　O

정태적–집단 비교 설계(static-group comparison design)는 적어도 두 집단이 관련되는데, 한 집단은 새로운 실험적 처치를 받고(X), 다른 집단은 전통적이거나 통제적인 처치를 받는다(C). 두 집단은 모두 사후검사(O)를 실시한다. 이 경우 비록 실험집단이니 통제집단이니 하는 용어를 사용하지만, 각 집단은 서로를 비교해 주기 때문에 두 집단 간 비교집단이라 부르는 것이 더 적절할 것이다. 두 집단은 각각 어떤 형태의 독립변수(처치)를 부여받는다. 통제집단의 목적은 실험적 처치를 받지 않았을 때 실험집단이 보여 줄 수행결과를 나타내는 것이다. 물론 이러한 목적은 통제집단이 실험집단과 그 수준이 동등할 때만 실행될 수 있다. 정태적–

집단 비교 설계는 여러 집단을 다룰 때에도 가능하다. 그 경우 집단 간 동등성의 정도가 집단 간 합리적인 비교의 정도를 드러낸다. 이러한 실험설계에서는 성숙, 선정, 선정-성숙 상호작용, 탈락 등의 요인이 통제되기 어려워 내적 타당도가 떨어질 수 있다.

2) 진실험설계

진실험설계(true experimental design)는 내적 · 외적 타당도를 저해하는 거의 대부분의 요소를 통제한다. 모든 진실험설계는 일반적으로 처치집단에 대한 참가자의 무선배치라는 특징을 지닌다. 이상적으로 참가자들은 무선 선발되어 무선배치되어야 하지만, 적어도 무선배치만이라도 되어야 진실험설계라고 할 수 있다. 모든 진실험설계는 통제집단을 갖는다.

(1) 사후검사–등질화 통제집단 설계

$$R \quad X \quad O_1$$
$$R \quad C \quad O_2$$

사후검사–등질화 통제집단 설계(posttest-only, equivalent control group design)는 실험집단과 통제집단의 사후검사 결과를 통해 처치의 효과를 알아보는 방법이다. 참가자들은 집단에 무선배치되어 다른 처치를 받은 후 사후검사를 실시하고 처치효과를 결정하기 위해 사후검사 점수가 비교된다. 무선배치의 조합과 통제집단의 존재가 탈락을 제외한 모든 내적 타당도의 위협요소를 통제한다. 하지만 참가자에 대한 사전검사가 없으므로 탈락은 통제되지 않는데, 그것은 연구의 지속시간에 따라 문제가 될 수도 있고 그렇지 않을 수도 있다. 연구가 지속될 동안 집단의 크기가 일정하게 유지되거나 거의 일정하다면, 탈락이 내적 타당도를 저해하는 요인이라고 볼 수 없다. 선별적 탈락의 가능성이 낮다면 이 설계는 효과적일 것이다.

만약 연구 기간이 짧고, 각 집단의 참가자들이 종속변수와 관련된 어떤 지식도 지니고 있지 않다면 이 설계가 적절하다. 그러나 연구 기간이 길어서 참여자 탈락의 우려가 높거나 두 집단에서 종속변수와 관련된 초기 수준이 다르다면 사전검사–사후검사 등질화 통제집단 설계가 보다 합리적일 것이다.

(2) 사전검사–사후검사 등질화 통제집단 설계

$$R \qquad O_1 \qquad X \qquad O_2$$
$$R \qquad O_3 \qquad C \qquad O_4$$

$O_1, O_3 =$ 사전검사 $O_2, O_4 =$ 사후검사

사전검사–사후검사 등질화 통제집단 설계(pretest-posttest, equivalent control group design)는 최소한 두 집단이 필요한데, 각 집단은 무선배치에 의해 형성된다. 두 집단은 사전검사를 실시하고 각각 다른 처치를 받는다. 그리고 연구의 끝에 사후검사가 실시된다. 사후검사 점수가 처치의 효과를 결정하기 위해 비교된다. 이 설계는 여러 처치집단을 포함하여 확대될 수 있다.

이 설계의 유일한 약점은 사전검사와 처치 간의 상호작용인데, 이 때문에 연구결과의 일반화는 사전검사를 한 집단으로만 한정된다. 사전검사의 속성, 처치의 속성, 연구 기간에 따라 내적 타당도의 저해 정도는 달라질 수 있다. 이 설계를 사용할 때 연구자는 사전검사–처치 상호작용의 가능성을 평가하고 기록해야 한다.

(3) 솔로몬 4집단 설계

R	O_1	X	O_2
R	O_3	C	O_4
R		X	O_5
R		C	O_6

O_1, O_3 = 사전검사 O_2, O_4, O_5, O_6 = 사후검사

사후검사 등질화 통제집단 설계는 탈락이라는 타당도 위협요소가 있고 사전검사-사후검사 등질화 통제집단 설계는 사전검사-처치 상호작용이라는 타당도 위협요소가 있다. 따라서 이 두 설계를 조합하여 두 타당도 위협요소를 통제하도록 고안된 것이 솔로몬 4집단 설계(Solomon four-group design)다.

무선적으로 할당된 네 개의 집단 중에서 두 집단은 사전검사를 하고 두 집단은 하지 않는다. 사전검사를 한 두 집단 중 한 집단과 사전검사를 하지 않은 두 집단 중 한 집단에 실험처치를 한다. 그리고 네 개의 집단 모두에게 사후검사를 실시한다. 이 실험설계는 앞서 설명한 두 실험설계를 합친 형태로 볼 수 있다.

3) 준실험설계

연구자가 통제할 수 없는 어떤 사정으로 인해 참가자를 무선배치할 수 없을 때 준실험설계(quasi-experimental design)가 사용된다. 예를 들어, 어린이집 같은 상황에서는 무선배치가 불가능하고 외생변수에 대한 엄밀한 통제를 할 수 없다. 이 설계를 사용하면 연구자가 임의대로 언제, 누구를 대상으로 처치 결과에 대한 검사를 실시할 것인가에 대한 통제는 가능하나 독립변수의 노출 시기와 대상에 대한 통제는 불가능하다. 따라서 통제집단이 실험집단과 동일한 특성을 갖춘 집단이라고 보는 데는 한계가 있다. 이

러한 한계점을 극복하기 위해 대상을 짝지어 배정하거나 공변량 분석 등의 통계적 분석 절차에 의한 설계 보완을 하는 것이 필요하다(양옥승, 2001).

(1) 사전검사-사후검사 비등질 통제집단 설계

$$
\begin{array}{ccc}
O_1 & X & O_2 \\
O_3 & C & O_4 \\
\end{array}
$$

$O_1, O_3 =$ 사전검사 $O_2, O_4 =$ 사후검사

사전검사-사후검사 비등질 통제집단 설계(pretest-posttest, nonequivalent control group design)는 사전검사-사후검사 등질화 통제집단 설계와 유사한데, 다른 점은 개인의 무선배치가 아니라 처치를 위한 자연(intact)집단의 무선배치와 관련된다는 점이다. 처치를 위해 개인을 무선배치하는 것이 불가능하며, 회귀, 선정-성숙 상호작용, 역사, 검사 등의 타당도 위협요소가 부가된다. 자연집단에 가까울수록 연구는 어려워진다. 그래서 연구자는 가능한 한 동질집단을 활용하려는 노력을 항상 해야 한다. 만약 어떤 주요 외생변수에 대해서 집단 간 차이가 확인되면 설계의 단점을 보완하기 위해서 공변량 분석을 사용할 수 있다.

(2) 시간배열 설계

$$
O_1 \quad O_2 \quad O_3 \quad O_4 \quad X \quad O_5 \quad O_6 \quad O_7 \quad O_8
$$

시간배열 설계(time-series design)는 사실상 단일집단 사전검사-사후검사 설계의 세밀한 형태다. 한 집단에서 검사 점수가 안정적일 때까지 반복적으로 사전검사를 실시한다. 그 후 처치를 하고, 처치 후에 사후검사를 실시한다. 만약 여러 번의 사전검사 점수가 안정적이고 처치에 따른 변화가 뚜렷하다면 연구자는 한 번의 사전검사-사후검사를 했을 때보다

처치의 효과에 대해서 확신을 갖게 될 것이다.

이 설계에서 최후의 사전검사와 최초의 사후검사 사이에 어떤 사건이 발생한다면 역사 효과가 문제가 된다. 연구 중 특정 도구를 바꾼다면 도구사용 역시 문제가 될 수 있고, 사전검사–처치 상호작용도 내적 타당도의 저해 요인이 될 수 있다.

이러한 내적 타당도 저해 문제를 해결하기 위해 통제집단을 부가한 다중 시간배열 설계도 가능한데, 특히 역사나 도구사용의 문제를 처리하는 데 효율적이다.

(3) 평형화된 설계

평형화된 설계(counterbalanced design)에서는 모든 집단이 모든 처치를 부여받지만 그 순서만 다르다. 집단이 처치를 받는 순서는 무선으로 결정된다. 이 설계에는 대체로 자연집단을 활용하고, 사전검사 실시가 불가능할 때 사용한다.

표 4-1 평형화처치의 예

반복실험	O_1 X_1	O_2 X_2	O_3 X_3	O_4 X_4
1	집단 A	집단 B	집단 C	집단 D
2	집단 B	집단 D	집단 A	집단 C
3	집단 C	집단 A	집단 D	집단 B
4	집단 D	집단 C	집단 B	집단 A

처치의 효과를 결정하기 위해 각 처치에 대한 집단의 평균 성적을 계산하고 비교한다. 모든 집단에 대한 첫 번째 처치의 사후검사 점수를 모든 집단에 대한 두 번째 처치의 사후검사 점수와 비교하고, 또 그다음과 비교하는 방식이다.

이 설계의 독특한 약점은 같은 집단이 하나 이상의 처치를 받을 때 잠재적 중다처치 간섭이 생길 수 있다는 것이다. 따라서 이 설계는 실제로 하나의 처치가 다른 처치의 효과에 영향을 주지 않을 때 사용해야 한다.

4) 요인 설계

요인 설계(factorial design)는 두 개 이상의 독립변수, 그중에 최소한 하나가 연구자에 의해 조작된 경우와 관련된다. 요인 설계는 기본적으로 두 개의 변수가 개별적으로 작용하거나 또는 상호작용하는 것을 조사하도록 허용된 단일변수 진실험설계의 정교한 형태다.

요인 설계는 하나의 독립변수의 효과가 모든 수준에 두루 일반화될 수 있는지 아니면 특정 수준에 구체화되는지를 결정하기 위해서 사용된다. 요인 설계는 또한 단일변수 설계가 설명하지 못하는 것을 설명할 수 있다. 이론적으로는 독립변수의 수나 그 수준의 결합에 따라 다양한 요인 설계가 가능하지만, 실제로 세 개 이상의 요인을 사용하는 경우는 드물다. 이는 요인의 수가 늘어나는 만큼 필요로 하는 참가자의 수가 늘어나기 때문이다.

5) 단일-대상 실험연구

(1) 단일-대상 대 집단 설계

대부분 전통적인 실험연구는 집단 설계(group designs)를 사용한다. 이것은 바라는 결과가 다른 집단에도 일반화되기를 의도하고 있기 때문이다. 단일-대상 설계(single-subject designs)는 개인에게 초점을 두고 전 연구과정에 걸쳐 복잡한 측정을 요구하기 때문에 일반화를 위한 연구에는 적절하지 못하다.

반면, 전통적인 실험연구 설계를 적용하기에 적절하지 않은 연구 문제들이 있다. 우선, 집단 설계는 실험처치를 받지 않은 통제집단을 포함하

고 있기 때문에 때때로 윤리적이거나 철학적인 바탕과 대립된다. 둘째,
집단 설계는 관심의 대상이 되는 모집단의 크기 문제 때문에 참여자 선정
이나 연구 절차상에 불리한 점이 있다. 단일-대상 설계는 연구 기초에 기
여하는 것이 아니라 치료적인 효과에 일차적 강조를 두는 임상적인 연구
에 많이 사용된다. 이러한 연구에서는 우선시되는 목표가 특정한 개인의
행동을 변화시킬 중재 전략을 찾아내는 것이다.

(2) 외적 타당도

단일-대상 설계에 대한 주요 비판점은 낮은 외적 타당도에 있다. 즉,
연구결과를 관련된 모집단에 일반화할 수 없다는 것이다. 그러나 집단 설
계를 이용한 연구의 결과도 집단 내의 어느 개인에게 직접적으로 적용할
수는 없다. 즉, 집단 설계와 단일-대상 설계는 각각 고유한 일반화 문제를
가지고 있다고 볼 수 있다. 만일 연구 목적이 개인의 기능을 향상시키는
방법이 무엇인지 알아보는 데 있다면 집단 설계는 적절하지 않다.

단일-대상 설계에서 일반화의 핵심은 반복연구다. 만일 연구자가 같은
연구 설계를 사용하여 같은 처치를 참가자 각자에게 개별적으로 적용하
고, 대부분의 경우에 동일한 결과를 얻는다면 조사결과를 일반화할 수 있
다는 확신을 가질 수 있다.

(3) 측정

시간-배열 설계에 있어서, 사전검사는 처치의 실행 이전에 여러 번 측
정된다. 단일-대상 설계에 있어서 유사한 사전검사의 측정을 기초선
(baseline) 측정이라고 부른다. 일련의 시간이 지난 후 기초선 측정을 실
시함으로써 성숙과 같은 내적 타당도의 위협요소들을 시간-배열 설계에
서와 같은 방식으로 통제할 수 있다. 그러나 시간-배열 설계와는 달리,
단일-대상 설계는 처치가 적용되는 동안 다양한 관점에서 수행을 측정한
다. 이로 인해 시간-배열 설계에서 생기는 역사라는 내적 타당도의 위협

요소는 매우 감소될 수 있다.

단일-대상 설계의 내적 타당도에 대한 가장 큰 위협 중에 하나는 도구 사용, 즉 측정도구의 비신뢰성과 비일관성이다. 반복 측정이 모든 단일-대상 설계의 특성이기 때문에, 가능한 한 일관성 있는 참가자의 수행 측정은 특히 중요하다. 단일-대상 설계는 종속변수로서 관찰된 행동의 어떤 형태에 의존하는 경우가 많기 때문에, 관찰 조건(장소, 시간 등)이 표준화되는 것이 중요하다. 만일 단일 관찰자가 모든 관찰을 한다면 관찰자 내(intraobserver) 타당도가 보장되어야 하고, 여러 관찰자가 관찰을 한다면 관찰자 간(interobserver) 타당도가 보장되어야 한다. 또한 처치상황에서 기초선 상황으로 옮길 때 측정의 일관성이 특히 중요한데, 만일 측정 과정의 변화가 새로운 국면이 시작하는 것과 동시에 일어난다면, 그 결과는 처치 효과의 평가를 무색하게 할 수 있다.

처치의 성격과 조건은 반복할 수 있을 만큼 충분히 세밀하게 구체화되어야 한다. 단일-대상 설계에서 일반화를 가능하게 하는 요인은 반복에 있기 때문에, 다른 연구자가 기존의 연구를 적용할 수 있도록 처치를 표준화하는 것이 필요하다.

(4) 기초선 안정

기초선과 처치 단계의 길이는 단일-대상 설계의 내적 타당도에 영향을 줄 수 있다. 기초선 측정의 목적은 처치가 적용되기 전에 자연스럽게 발생하는 대상행동에 대한 설명을 제공하는 것이다. 기초선은 처치의 효과를 결정하기 위한 비교로서 제공되는데, 대부분의 행동이 매우 안정적이라면 기초선 단계에는 문제가 없을 것이다. 즉, 자료에서 어떤 경향성이 나타나지 않고, 분산이 작아야 안정적인 기초선이라고 할 수 있다. 그러나 인간의 행동은 다양하고 때로는 변화무쌍하다. 만일 기초선 자료에서 증가나 감소의 경향이 보이면, 처치 이후 이 경향이 반대 방향으로 나타나지 않는 한 명료한 결론을 얻기 어렵다.

(5) 단일-대상 설계의 형태

단일-대상 설계는 기본적으로 3단계 또는 4단계로 실시된다. 보통 A-B-A 또는 A-B-A-B 설계로 불리는데, A는 기초선, B는 처치의 단계 변환을 의미한다. 그 외에도 중다-기초선 설계와 처치 변환 설계가 있다. 중다-기초선 설계는 한 번 처치가 도입되면 기초선이 회복될 수 없는 사례나 한 번 처치가 적용되면 철회되지 않는 사례에 주로 유용하다. 처치 변환 설계는 단일 대상을 위한 비교적 빠른 처치의 변환을 의미한다. 그 목적은 두 개 이상의 처치 조건에 대한 상대적인 효과를 평가하는 데 있다.

(6) 자료분석과 해석

단일-대상 설계의 자료분석은 전형적으로 가시적 검사나 도식화된 결과의 분석이다. 첫째, 평가는 설계의 적절성과 관련된다. 둘째, 처치의 효과를 인정하려면 타당한 설계가 필수적이다. 여기서 효과의 일차적 기준은 임상적 중요성이지 통계적 유의미성이 아니다.

처음에 나타나는 결과는 대체로 한 사람 내지 소수의 참가자에 기초한 것이기 때문에, 반복은 모든 연구, 특히 단일-대상 설계에서 극히 중요한 부분이다. 많은 연구가 반복될수록 그러한 결과가 산출된 절차를 신뢰하게 된다. 또한 반복은 참가자들의 행동, 결과가 적용될 수 있는 장면에 관한 정보를 제공함으로써 결과의 일반화를 확립하는 데 기여한다. 단일-대상 설계의 세 가지 기본적 유형을 살펴보면 직접적, 체계적 그리고 임상적 반복이 있다.

직접적(direct) 반복은 동일한 연구자에 의해 동일하거나 다른 참가자들을 대상으로 특정 상황(예: 교실)에서 실시하는 것이다. 체계적(systematic) 반복은 직접적 반복에 이어 다른 연구자에 의해 다른 행동을 다른 상황에서 실시하는 것이다. 임상적(clinical) 반복은 개인에게 효과가 있다고 판명된 두 개 이상의 처치로 구성된 처치 패키지의 개발을 의미한다. 이는 복합적 문제를 지닌 아동의 중재 프로그램 개발에 특히 효과적이다.

 참 고 문 헌

양옥승(2001). 유아교육연구방법. 서울: 양서원.

이은해, 이미리, 박소연(2006). 아동 연구방법의 이해. 서울: 학지사.

장휘숙, 한건환(2005). 아동연구방법(제2판). 서울: 창지사.

홍대식(1997). 심리연구법. 서울: 청암미디어.

Best, J. W., & Kahn, J. V. (2006). *Research in education* (10th ed.). Needham Heights, MA: Allyn & Bacon.

Campbell, D. T., & Stanley, I. C. (1966). *Experimental and quasi-experimental designs for research*. Chicago, IL: Rand McNally.

Christensen, L. B. (2006). *Experimental methodology* (10th ed.). Needham Heights, MA: Allyn & Bacon.

Cook, T. D., & Campbell, D. T. (1979). *Quasi-experimentation: Design and analysis issues for field settings*. Chicago, IL: Rand McNally.

Leary, M. R. (2011). *Introduction to behavioral research methods* (6th ed.). Upper Saddle River, NJ: Pearson Education.

McCall, R. B. (1977). Challenges to a science of developmental psychology. *Child development, 48*, 333-344.

Pellegrini, A. D., & Bjorklund, D. F. (1998). *Applied child study: A developmental approach* (3rd ed.). Mahwah, NJ: Lawrence Erlbaum.

제5장

조사연구법

1. 조사연구법의 개념

조사연구는 사람들에게 자신의 태도, 감정, 지각, 행동, 사회인구학적 특성에 대해 질문함으로써 자료를 수집하여 수행하는 연구다. 다양한 연구방법 중에서 조사연구법은 질문지나 전화면접과 같은 방식으로 누구나 한두 번은 접해 봤을 법한 친숙한 방법이다. 보육시설에 자녀를 보내는 부모에게 보육 서비스에 대한 만족도를 알아보는 질문지를 배부하여 응답을 얻거나 6세 미만 자녀를 둔 취업모를 대상으로 자녀 양육 스트레스에 대해 면접을 하는 것을 예로 들 수 있다. 또는 아동에게 같은 반 아이들 중에서 제일 친한 친구가 누구인지를 물어보거나 아동이 경험할 수 있는 다양한 문제 상황을 나타내는 그림카드를 보여 주고 그런 상황에서 어떻게 대처할 것인지를 물어보는 것도 조사연구의 예가 된다.

2. 질문지법과 면접법

조사연구는 사람들에게 질문을 하기 위해서 질문지나 면접을 사용한다. 질문지법(questionnaires)은 종이에 인쇄된 질문에 참여자(응답자)가 자신의 응답을 기재하게 하는 것이고, 면접법(interviews)은 면접자와 응답자 간의 면 대 면 또는 전화를 통한 일대일의 언어적 상호작용을 통해 면접자가 질문사항을 물어보고 응답자가 응답하게 하여 그 내용을 기록하는 것이다.

질문지법은 한 장소에 있는 집단을 대상으로 다수의 응답자에게 일시에 실시할 수 있고, 우편이나 이메일로 질문지를 보내고 받을 수도 있다. 따라서 일대일의 상호작용을 필요로 하는 면접법에 비하여 비용이 적게 든다는 장점이 있다. 게다가 질문지법은 응답자의 익명성이 보장되므로 민감한 내용을 다루는 조사를 할 때 특히 유용하다. 그러나 독해력이 없는 사람은 응답할 수 없다는 점과 사람들은 대체로 조사에 참여하려는 자발적 동기가 없다는 점이 질문지법을 사용할 때 부딪히게 되는 어려움이다.

면접법을 사용하면 면접자와 응답자 간에 라포 형성 기회가 있으므로 응답자가 조사에 더 깊이 참여하게 되는 장점이 있다. 또한 응답자는 면접자와 대화하는 것이 즐거울 수도 있고 질문이 명확하지 않을 때 추가로 물어 질문을 제대로 이해하고 응답할 수도 있다. 면접자는 필요에 따라서 질문과 응답에 대한 이해를 높이고 응답을 용이하게 하는 데 도움이 될 수 있는 사진, 그림, 실물 등 시각적인 장비를 사용할 수도 있다. 이런 특징은 아동을 대상으로 하는 면접에서 특히 도움이 된다. 한편, 전화면접은 면 대 면 면접보다 비용이 저렴하며, 특히 녹음된 질문을 듣고 응답자가 전화기 버튼을 눌러 응답한 것이 컴퓨터에 저장되도록 하는 전화면접은 노동력과 자료분석 비용을 낮춤으로써 더욱 적은 비용으로 실시가 가능하다.

면접법은 면접자의 사소한 행동에 의해서도 응답자의 협조나 진실성이 달라질 수 있으므로 다음과 같은 주의사항들을 염두에 두고 충분한 훈련과 연습 후에 실시해야 한다.

- 조사의 목적, 응답자가 선정된 이유, 응답이 분석되고 사용되는 방식 등 응답자가 궁금해할 사항에 대한 대답을 사전에 준비한다.
- 일반적인 질문을 먼저 하고 세부적이고 구체적인 질문은 나중에 한다. 응답한 내용에 대해 추가 질문을 하여 깊이 있는 응답을 얻도록 한다.
- 응답자가 답할 수 있는 시간을 넉넉히 준다.
- 응답자에게 집중하고 응답자의 말을 경청한다.
- 면접과 관련된 자료들은 응답자의 눈에 띄지 않도록 한다.
- 면접을 녹음하더라도 응답자의 응답을 있는 그대로 기록한다. 이는 응답에 대한 관심을 보여 주는 것이기도 하며 녹음한 것에 문제가 생겼을 때에 대한 대비도 된다.
- 말의 속도를 적절히 하고 명확하게 말한다.
- 면접자의 개인적인 의견을 말하거나 응답자와 의견 충돌을 일으키지 않도록 한다.
- 단정한 복장을 하되 지나친 정장 차림은 라포 형성에 도움이 되지 않는다. 응답자들의 옷차림과 비슷하게 하는 것이 라포 형성에 좋다.

3. 표집

1) 모집단, 표본, 표집

인구주택 총조사와 같은 경우를 제외하고 대부분의 연구는 연구대상이 되는 사람 전원을 대상으로 조사할 수는 없으므로 그중에서 일부를 선정하여 조사하고 거기서 얻은 결과를 전체에 해당되는 것으로 가정한다. 연구자가 관심을 가지고 있는 사람들 전체를 모집단(population)이라고 하며 그중에서 연구대상으로 선정된 일부 집단을 표본(sample)이라고 한다. 예를 들어, 만 6세 미만 자녀를 둔 어머니의 양육방식을 조사하려고 할 때, 모집단은 만 6세 미만 자녀가 있는 우리나라의 모든 어머니로 이루어진다. 이들 중에서 연구자가 일부를 선정하여 조사를 실시한다면 조사에 참여하는 어머니들로 이루어진 집단이 표본이다. 또한 모집단에서 표본을 선정하는 것을 표집(sampling)이라고 한다. 적절한 표집을 통해서 선정된 표본을 대상으로 한 연구결과는 모집단 전체에 해당하는 것으로 간주할 수 있다. 따라서 표집은 연구결과를 모집단에 일반화하는 데 있어서 매우 중요한 과정이다(Brown, Cozby, Kee, & Worden, 1999; Graziano & Raulin, 2000).

2) 표집방법

표집방법은 크게 비확률표집(nonprobability sampling)과 확률표집(probability sampling)으로 구분된다. 비확률표집법에서는 모집단에 속해 있는 사람들 중 특정 구성원이 표본의 일원으로 선정될 확률이 얼마나 되는지 모른다. 즉, 모집단 구성원들은 조사대상으로 선정될 확률이 동일하지 않다. 반면에 확률표집법에서는 모집단 구성원들이 조사 대상 표본의 일원으로 선정될 확률이 동일하다. 따라서 표본에서 얻은 연구결과를 모집단에 일반화할 수 있으려면 확률표집법을 사용해야 한다.

(1) 비확률표집법

비확률표집법을 통해 표집할 때는 표본이 모집단을 정확하게 대표하는지에 대해서 그다지 관심을 기울이지 않는다. 따라서 비용이 적게 들며 편리하다. 비확률표집법에는 편의표집(convenience sampling)과 할당표집(quota sampling)이 있다.

편의표집은 비확률표집의 가장 흔한 형태로서 접근하기 쉬운 사람들을 표본으로 선정하는 것이다. 영유아의 어머니를 대상으로 면접을 하기 위해 연구자가 사는 아파트 단지의 놀이터에 나가 거기서 만난 어머니들을 표본으로 하는 것을 예로 들 수 있다. 이런 경우에 모집단인 영유아를 둔 우리나라 어머니 전원이 표본으로 뽑힐 확률은 각자 다르다. 즉, 연구자와 같은 아파트 단지에 살고 아이를 데리고 놀이터에 나가서 시간을 보내는 소수의 어머니만이 표집될 가능성이 높다. 따라서 편의표집을 사용하면 특정 시간에 특정 장소에 있지 않으면 표집 대상에서 제외된다. 그러므로 편의표집을 대상으로 하여 이루어진 조사연구의 결과를 모집단 전체에 해당하는 것으로 일반화하는 데에는 무리가 있다.

할당표집은 모집단을 이루는 하위집단들의 구성비율에 맞춰 표본을 선정하는 방법이다. 우리나라 전체로 볼 때 만 6세 미만 자녀를 둔 어머니의 48%가 직장에 다니고 52%가 전업주부라면, 조사대상 표본도 이 비율에 맞게 구성하는 것을 예로 들 수 있다. 할당표집도 편의표집과 마찬가지로 표본을 구성하는 개개인이 선정되는 방법에 대한 원칙은 없다. 할당표집을 통해 선정된 표본이 구성비율에 있어서는 모집단과 같지만 구성원들이 선정된 방식은 편의표집과 같다. 따라서 할당표집도 일반화에 있어서는 편의표집과 같은 제한점을 갖는다.

대부분의 조사연구에서는 참여자를 모집하기 위해 비확률표집법을 사용한다. 이 방법의 장점은 특정한 집단을 선정하기 위해 많은 시간과 비용을 들이지 않고서도 조사대상을 모집할 수 있다는 점이다. 가까운 보육시설에 다니는 아동이나 아동의 부모들을 조사대상으로 선정하여 연구하는 것은 흔한 일인데, 이런 경우는 연구결과를 모집단에 일반화하는 것보다는 편리함을 우선으로 하여 표집한 것이다.

연구결과를 모집단 전체에 일반화하는 것이 문제가 되는데도 편의표집에 의해 조사대상을 선정하는 이유는 연구 목적이 모집단을 정확히 기술하는 것보다는 변수들 간의 관계를 알아보기 위한 것이기 때문이다. 즉, 확률표집법을 사용하여 대표성 있는 표본을 얻기 위해 많은 시간과 노력을 들이기보다는 조사 자체에 시간과 노력을 들이는 것이 더 중요한 경우다. 한 집단에서 얻은 연구결과가 다른 집단에는 해당되지 않는다고 할 만한 뚜렷한 증거가 없는 경우에는 일반화할 수 있는 것으로 가정할 수 있으며, 일반화에 문제가 있을 것으로 의심될 때는 그것 자체를 하나의 연구가설로 삼아 연구를 수행할 수도 있다.

(2) 확률표집법

확률표집법에는 단순무선표집(simple random sampling), 층화무선표집(stratified random sampling), 군집표집(cluster sampling)이 있다.

단순무선표집은 모집단의 모든 구성원이 표본으로 선정될 확률이 동일한 경우다. 모집단 구성원이 1,000명이라면 구성원 각각이 뽑힐 확률은 1,000명 모두 1/1,000이다. 이것은 모집단을 구성하는 모든 사람의 명단을 가지고 거기에서 무작위로 선정하는 방식이다.

층화무선표집은 모집단을 하위집단(층)으로 나누고 각 층에서 무작위표집법을 사용하여 표본 구성원을 뽑는 방법이다. 이때 층은 연구문제와 관련 있는 것이다. 예를 들어, 현재의 보육정책에 대한 영유아 부모의 태도를 알아보는 조사를 할 때 부모의 연령대, 소득 수준, 맞벌이 여부로 하위집단을 나눌 수 있다. 이러한 요인들은 보육정책에 대한 부모의 태도와 관련이 있는 것들이다. 층화무선표집은 다양한 하위집단의 구성비율이 모집단과 동일하다는 측면에서 장점을 갖는다. 특히 모집단에서 매우 작은 비율을 차지하는 집단의 의견도 조사에 포함된다는 점에서 의의가 있다.

군집표집은 모집단의 규모가 매우 클 때 사용할 수 있는 방법으로, 행정구역이나 특정 기관 등 이미 존재하는 집단에서 표집하는 방법이다. 예를 들면, 서울시에 거주하는 모든 유치원생이 모집단일 때 먼저 서울시를 이루는 구 중에서 몇 개 구를 무작위로 뽑는다. 그리고 각 구에 속한 유치원을 몇 개씩 무작위로 선정한다. 그 후 선정된 유치원에 다니고 있는 아동 전원의 명단을 확보하여 이들 중에서 무작위로 표집한다.

3) 표집 관련 고려 사항

표집과 관련해 고려할 사항으로 응답률, 표본 크기, 표본 편향이 있다.

(1) 응답률

조사연구에서 응답률은 표본에 속한 사람들 중에서 실제로 조사에 응답한 사람들의 비율이다. 1,000명에게 질문지를 우편 발송했는데 500부의 응답지가 회수되었다면 응답률은 50%다. 이러한 응답률은 표본의 편향 정도와 관계되므로 중요하다. 즉, 응답하지 않은 사람들은 응답한 사람들과 연령, 소득, 학력 등 특정한 측면에서 다를 가능성이 있으므로 최종적으로 얻은 응답 자료들 역시 특정한 방향으로 치우칠 수 있는 것이다. 응답률이 낮을수록 그러한 표본 편향이 연구결과를 왜곡하고 결국은 모집단 전체로 결과를 일반화하기가 어려워지게 된다. 응답률 50%는 일반적으로 보통 수준이고, 60%는 양호한 수준이며, 70%는 매우 양호한 것으로 간주된다(Babbie, 1995). 특히 우편으로 질문지 조사를 하는 경우에는 응답률이 낮다. 우편 질문지 조사의 응답률을 높이기 위해서는 질문지를 발송하기 일주일 전쯤에 미리 안내문을 보내고 질문지를 보낸 후 다시 협조를 요청하는 편지를 보내거나 응답이 없는 대상자에게 질문지를 한 번 더 보내는 방법도 도움이 된다. 질문지를 보낼 때 연구자의 신분을 밝히고 연락처를 명시하여 연구에 대한 신뢰도를 높이고 연구의 중요성을 강조하는 것도 응답률 향상에 도움이 될 수 있다. 또한 응답자가 응답한 후 질문지를 보내는 데 불편함이 없도록 글자 크기나 질문 문항 배열 등 시각적인 측면을 고려하여 질문지를 작성하고 우표를 붙인 반송 봉투를 같이 보내는 것도 잊지 않아야 한다.

(2) 표본 크기

표본 크기는 얻은 연구결과를 일반화할 수 있는지를 가늠하는 근거가
될 수 있다. 일반적으로 표본이 작다면 대표성이 낮고, 표본 오차가 생길
가능성이 크며, 표본이 크면 모집단에 대한 대표성이 높아진다. 그러나
몇 명을 대상으로 조사를 해야 하는지에 대해서는 명확한 답이 없으며,
연구마다 적절한 표본 크기는 다르다. 우선 비용과 시간이 표본 크기를
결정하는 요인이 된다. 그리고 모집단의 동질성도 표본 크기를 정하는 데
고려해야 할 요인이다. 구성원들이 서로 유사하다면 그런 모집단은 동질
적이라고 할 수 있고, 작은 표본으로 연구하는 것이 가능하다. 반면에 모
집단이 이질적이라면 모집단의 다양한 특성을 대표할 수 있는 표본을 추
출해야 하므로 표본 크기가 커져야 한다.

(3) 표본 편향

표본 편향은 표집과정에서 모집단을 구성하는 특정 집단의 사람들이
간과되었을 때 발생한다. 예를 들어, 집으로 전화를 걸어 전화면접을 한
다면 집에서 많은 시간을 보내는 사람들이 그렇지 않은 사람들보다 표집
될 가능성이 더 크다. 따라서 모집단의 특성을 파악하는 것이 연구 목적
이라면 철저한 표집과정을 통하여 대표성 있는 표본을 추출해야 한다. 그
러려면 모집단을 명확하게 정의하고, 표본을 선정할 때는 무선 표집을 사
용하며, 응답률을 최대화해야 한다.

4. 질문 작성

조사연구를 하기 위한 질문을 작성하는 것은 세심한 사고를 요하는 작
업이다. 질문이 적절하지 않다면 신뢰할 만한 자료를 얻을 수 없으며 타
당도에도 문제가 생기게 된다. 따라서 질문을 작성할 때 다음과 같은 사

항들을 고려해야 한다(Brown et al., 1999).

1) 연구 문제 정의

조사연구용 질문을 만들기 위해서는 가장 먼저 연구 문제를 분명하게 정의해야 한다. 연구 문제와 일치하는 질문이 좋은 질문이므로 조사용 질문을 만들기 전에 연구가설을 먼저 명확히 만들어야 하며, 질문을 통해 어떤 정보를 얻을 것인지를 고려하면서 질문을 작성해야 한다.

2) 폐쇄형 질문과 개방형 질문

조사연구에서 사용되는 질문은 폐쇄형이거나 개방형이다. 폐쇄형 질문은 사지선다형 시험문제처럼 주어진 응답 보기들 중에서 선택하여 응답하는 형식이며 개방형 질문은 응답자가 원하는 방식으로 자유롭게 응답하는 형식이다. 따라서 응답은 응답자가 만들어 내며 이때 연구자가 생각하지 못했던 매우 흥미로운 응답이 나올 수도 있다.

폐쇄형 질문을 사용하는 것은 보다 구조화된 접근이다. 폐쇄형 응답은 코딩하기 쉬우며 응답 대안들이 모든 사람에게 동일하다. 그러나 주어진 응답 보기들이 다양하지 않을 때 응답하기 곤란해지는 문제가 있다.

개방형 질문은 응답을 얻은 후에 유형별로 나누고 코딩해야 하므로 시간이 더 걸리고 그만큼 비용도 더 든다. 개방형 질문은 탐색적인 연구를 하는 단계에서 나중에 폐쇄적 질문에 들어갈 응답 대안들을 파악하는 데 유용하다.

폐쇄형 질문과 개방형 질문 중 어떤 것을 사용하는가는 궁극적으로 조사연구의 결과에 영향을 미친다. 개방형 질문에 대해서는 그다지 많이 나오지 않는 응답이 폐쇄형 질문의 응답 대안으로 제시되면 응답된 비율이 높을 수 있고 연구의 결론이 전혀 다르게 도출될 수 있기 때문이다.

3) 질문 작성

질문을 작성한 후에는 문장을 다듬고 예비조사를 하는 것이 중요하다. 의미가 분명하지 않은 질문으로 조사를 하면 오류가 개입되기 쉽다. 또한 구조가 복잡한 문장이나 어려운 단어를 사용하면 응답자가 혼동할 수 있으니 될 수 있으면 쉽고 평이하게 작성한다. 학술적인 용어의 사용도 피하도록 한다. 문장은 가능한 한 짧은 것이 명확한 의미 전달에 도움이 된다. 한 문항에 한 가지 질문만 담도록 작성하는 것이 좋다. 하나의 문항에 두 가지 이상의 질문이 들어가 있다면 분리하도록 한다. 부정문은 긍정문보다 이해하기 어려우므로 가능하면 질문은 긍정문으로 작성한다. 문장에 사용한 단어의 사소한 차이도 매우 다른 응답을 끌어낼 수 있으며, 감정이 깔려 있는 용어는 편향된 응답을 유도할 수 있다. 특히 어린 아동들의 응답은 질문에 사용된 단어에 의해 쉽게 영향을 받는다(Ceci & Bruck, 1993).

예비조사를 하여 응답자들이 각 질문과 주어진 응답 대안들을 어떻게 해석했고 어떻게 반응했는지를 알아보는 것이 중요하다. 그것을 통해 얻은 정보는 최종 질문지를 작성하는 데 매우 중요한 자료가 된다.

4) 질문 순서

질문하는 순서도 중요하다. 일반적으로는 가장 흥미롭고 중요한 질문을 먼저 하여 응답자의 주의를 끄는 것이 최선이다. 그러나 응답하기 쉬운 질문들을 처음에 배치하여 응답자가 긴장하지 않고 편안한 마음으로 끝까지 조사에 참여할 수 있도록 하는 것도 좋다.

첫째 질문이 그 이후 질문들에 대한 응답에 영향을 미칠 수도 있다. 그런 현상이 발생하는 것을 최소화하려면 같은 내용에 관련된 질문 중 일반적인 것을 먼저 묻고 구체적인 것을 나중에 묻는 것이 좋다. 또한 민감한 주제에 관한 질문도 나중에 하는 것이 좋은데 그런 질문에 대한 응답이 연구에 반드시 필요한 자료인지를 고려하여 그렇지 않다면 질문 목록에서 제외하도록 한다.

5. 평정척도

평정척도는 행동을 측정하기 위해 가장 흔히 사용되는 방법이다. 사용하기 쉽고 점수를 산출하는 것도 쉽다. 평정척도는 숫자 척도, 도식 척도, 의미 분화 척도, 리커트 척도 등 형태도 다양하다. 조사 도구로서 평정척도를 사용할 때 어떤 형태의 척도를 채택할지 결정하는 것은 알아보려는 변수의 성격에 따라서 다르다.

1) 숫자 척도

숫자 척도(numerical scale)는 질문에 대한 응답 범주들에 일련의 번호를 부여하여 응답자가 번호 중 하나를 선택함으로써 질문에 응답하게 하는 형태다. 숫자는 명시되어 있는 경우도 있고, 그렇지는 않지만 단계적으로 정도가 다른 응답을 단어, 문구, 그림으로 나타내어 그중에서 응답자의 생각과 가장 일치하는 것을 선택하도록 하는 경우도 있다. 예를 들면, '매우 그렇다-그렇다-보통이다-그렇지 않다-전혀 그렇지 않다'로 응답을 제시하고 응답자가 그중에서 선택하게 하는 것이다.

어린 아동들은 문자와 숫자로 제시된 척도를 이해하기 어려우므로 단순화된 그림으로 작성된 척도를 사용하는 경우가 많다. 예를 들면, 활짝 웃는 표정, 살짝 웃는 표정, 중립적인 표정, 살짝 찡그린 표정, 많이 찡그린 표정의 그림을 보여 주고 그중에서 아동의 기분을 나타내는 표정을 고르도록 할 수 있다.

2) 도식 척도

도식 척도(graphic rating scale)는 양극단에 서로 반대되는 응답만 표시되어 있는 연속체상에 응답자가 자신의 응답을 표시하도록 하는 형태다. 응답에 대한 점수는 자를 사용하여 길이를 측정함으로써 산출한다. 예를 들면, 부모에게 아동용 만화 영화를 보게 하고 그에 대해 다음과 같은 척도에 평가하도록 할 수 있다.

별로 폭력적이지 않다.   매우 폭력적이다.
_____

별로 교육적이지 않다.   매우 교육적이다.
_____

별로 현실성이 없다.   매우 현실성이 있다.

3) 의미 분화 척도

의미 분화 척도(semantic differential scale)는 개념의 의미를 측정하도록 개발된 것이다. 이 척도는 어떤 대상에 대해 평가하는 상반되는 두 개의 형용사 사이에 놓인 7점 척도상에 평정하도록 되어 있다. 상반되는 형용사 쌍의 예는 '좋다-나쁘다', '강하다-약하다' 등이다. 예를 들어, 아동에게 '담배 피우기'라는 개념을 의미 분화 척도로 평정하게 할 수 있다. 이때 긍정적 형용사와 부정적 형용사를 왼쪽과 오른쪽 어느 한쪽으로 치우쳐서 배치하지 않고 무작위로 적당히 섞어 배치한다.

담배 피우기

좋다	___ ___ ___ ___ ___ ___ ___	나쁘다
강하다	___ ___ ___ ___ ___ ___ ___	약하다
밉다	___ ___ ___ ___ ___ ___ ___	예쁘다
똑똑하다	___ ___ ___ ___ ___ ___ ___	바보같다

4) 리커트 척도

리커트 척도(Likert scale)는 어떤 주제에 관해 작성된 다양한 진술문에 응답자가 답하게 되어 있는 형태다. '매우 동의한다.' 부터 '매우 반대한다.' 까지 다섯 개 응답 범주를 제시하는 것이 가장 전형적인 리커트 척도다. 진술문들은 무작위로 배열되며 응답자는 각 진술문에 대해 자신의 의견과 가장 가까운 응답을 선택한다. 예를 들어, 새롭게 발표된 '육아지원정책'에 대한 태도를 알아보려고 한다면, 먼저 육아지원정책에 대한 다양한 문항을 만들고 각 문항에 대해 찬성하거나 반대하는 정도를 영유아의 부모들에게 응답하게 한다.

다음의 문항들에 대하여 찬성 또는 반대하는 정도를 보기에서 골라 응답하세요.
〈보기〉
　1＝매우 찬성, 2＝찬성, 3＝찬성도 반대도 아님, 4＝반대, 5＝매우 반대

1. 새로운 육아지원정책은 출산율을 높일 것이다.	1 2 3 4 5
2. 새로운 육아지원정책은 현실성이 있다.	1 2 3 4 5
3. 새로운 육아지원정책은 기존의 것보다 효과적일 것이다.	1 2 3 4 5
4. 새로운 육아지원정책은 부모들의 요구를 반영하고 있다.	1 2 3 4 5
5. 새로운 육아지원정책은 개선의 여지가 많다.	1 2 3 4 5

6. 면접의 유형

면접은 질문과 면접 진행 방법이 사전에 정해져 있는 정도에 따라서 구조화(structured) 면접, 반구조화(semi-structured) 면접, 비구조화(unstructured) 면접으로 구분할 수 있다(백욱현, 2006).

1) 구조화 면접

질문과 면접자가 따라야 할 면접 요령이 사전에 세세하게 준비되어 있으며 같은 질문을 모든 응답자에게 미리 계획한 동일한 방식으로 묻는다. 질문자는 질문하는 말투도 최대한 동일하게 유지하도록 한다. 면접자가 응답자를 직접 만나서 응답을 얻는다는 점 이외에는 질문지법과 거의 같다. 질문지처럼 가능한 응답의 보기를 제시하고 그중에서 선택하도록 할 수도 있다. 미리 정해진 좁은 영역의 주제에 대한 자료를 조사할 때 사용한다.

2) 반구조화 면접

면접 진행 방법과 질문 내용이 대략 정해져 있으며 질문 목록도 사전에 작성하여 준비해 둔다. 그러나 면접을 진행하는 과정에서 상황에 따라 어떤 것은 질문하지 않기도 하고 필요하다고 판단되면 어떤 것은 보다 깊이 있는 내용까지 알아보기도 한다. 즉, 면접의 구조가 어느 정도는 사전에 정해져 있지만 응답자가 자유롭게 정보를 제공하도록 융통성 있게 진행되는 면접 방식이다.

3) 비구조화 면접

면접의 목적과 면접에서 다루어질 주제만 정해 놓고 질문 목록은 미리 정해 놓지 않는다. 응답자는 면접자가 제시한 주제에 대해 자신이 중요하다고 생각하는 내용을 자유롭게 이야기한다. 면접자는 수동적이고 비지시적인 입장에서 면접을 진행하며 응답자에 따라 다른 방식으로 면접을 진행할 수도 있다. 비구조화 면접에서는 풍부한 질적 자료를 얻을 수 있으나 자료의 형태가 다양하므로 정리하여 분석하는 데 많은 시간이 걸린다. 비구조화 면접에서 수집된 자료는 좀 더 구조화된 면접이나 질문지 문항을 제작하기 위한 기초 자료로 사용될 수 있다.

7. 조사연구에서 발생할 수 있는 문제점

질문지와 면접을 활용할 때는 면접자 편향, 반응 유형(response set)에 의해 문제가 발생할 수 있다(Brown et al., 1999).

1) 면접자 편향

면접자의 특성에 의해 발생하는 모든 편향을 면접자 편향이라고 한다. 면접자의 어떤 특성이 응답자의 특정한 응답에 대해 미묘하게 수용적이거나 거부하는 반응으로 보여 응답을 특정한 방향으로 치우치게 할 수 있다는 것이다. 면접자 편향은 성인에게 쉽게 영향을 받는 아동의 특성상 아동 대상 면접에서 특히 유의해야 할 사항이다. 특히 면접자가 여러 명일 때는 면접자 간에 외모, 연령, 성별 등이 다르므로 어떤 면접자와 면접을 하는가에 따라서 응답이 다르게 나올 가능성이 있다.

한편, 면접자가 사전에 어떤 기대를 가지고 면접에 임하거나 면접에서 특정 내용을 발견하고자 하는 마음이 있다면 응답을 해석할 때나 추가적인 질문을 할 때 편향이 생길 수 있다. 즉, 자신이 원하는 방향으로 응답을 해석할 가능성이 있으며 일부의 응답자에게만 추가적인 질문을 하게 되기도 한다.

이상과 같이 면접자의 특성에 의해 면접으로 얻은 자료가 특정한 방향으로 치우치는 것을 최소화하기 위해서는 면접자를 선발하고 훈련하는 과정이 철저해야 한다. 또한 면접자 편향은 어떤 면접 연구에서도 발생할 가능성이 있음을 인식해야 한다.

2) 반응 유형

반응 유형(response set)은 조사연구에서 응답자가 주어진 질문에 대한 응답을 하는 것이 아니라, 모든 문항에 대해 특정한 관점에 입각하여 응답하는 경향을 말한다. 즉, 응답자가 솔직하게 사실대로 응답하는 것이 아니라 어떤 유형이나 개인적인 편향에 따라서 응답하는 것이다. 일반적으로 반응 유형을 사용하는 것은 의도적이지만, 아동의 경우는 의도적이지 않을 수도 있다. 가장 흔히 볼 수 있는 반응 유형은 사회적으로 바람직한 방향으로 응답하는 것, 같은 응답을 반복하는 것, 응답 보기 중 첫 번째 것을 선택하는 것 등이다.

(1) 사회적 바람직성

일반적으로 사람들이 바람직하다, 좋다고 생각할 것 같은 응답만 선택하는 반응 유형이다. 사회적 바람직성은 많은 연구 영역에서 문제가 되지만 폭력, 공격성, 약물사용, 편견, 성적인 문제 등 민감한 주제일 때 가장 심각하다. 아동도 성인과 마찬가지로 사회적으로 바람직한 방향으로 응답한다. 예를 들면, 거짓말이나 물건 훔치기와 같은 행동에 대한 질문에 솔직한 응답을 얻기는 어렵다. 면접을 하는 경우에는 사회적 바람직성이 솔직한 응답을 얻는 데 더욱 큰 장애가 된다. 따라서 민감한 주제에 대해 조사를 하려면 익명성이 보장되는 질문지나 전화면접을 하는 것이 면 대면 면접보다 정확한 자료를 얻는 데 도움이 된다. 그리고 연구의 목적을 명확하게 설명하고 연구결과에 대해 추후에 알려 줄 것과 익명성 보장을 약속하는 것도 솔직한 응답을 이끌어 내는 데 도움이 된다.

(2) 같은 응답 반복

어떤 응답자는 모든 질문에 대해 '예' 또는 '아니요'나 '찬성한다' 또는 '반대한다' 등 한 가지 응답만을 하기도 한다. 이런 반응 유형이 의심되는 경우에는 같은 내용을 긍정적인 문장과 부정적인 문장으로 반복하여 질문하고 거기에 대해 모두 같은 응답을 하는지 확인할 필요가 있다. 하지만 아동의 경우는 이런 방법도 그다지 효과적이지 않을 수 있다. 부정적인 문장이 긍정적인 문장보다 이해하기 어렵기 때문에 어린 아동이나 독해력이 낮은 아동은 질문을 잘못 이해하고 응답하기도 하기 때문이다.

(3) 첫 번째 응답 선택

응답 보기가 주어지고 그중에서 선택하도록 되어 있는 폐쇄형 질문의 경우에 주의집중이나 단기기억이 제한적인 응답자는 가장 먼저 제시된 보기만 선택하는 경향을 보인다. 가장 먼저 주어진 보기에만 관심을 두고 그 이후에 제시된 것에는 주의를 기울이지 못하기 때문이다. 특히 어린 아동에게서 이런 반응 유형이 나올 가능성이 높다.

 참 고 문 헌

백욱현(2006). 면접법. 서울: 교육과학사.

Babbie, E. (1995). *The practice of social research* (7th ed.). Belmont, CA: Wadsworth.

Brown, K. W., Cozby, P. C., Kee, D. W., & Worden, P. E. (1999). *Research methods in human development* (2nd ed.). Mountain View, CA: Mayfield Publishing.

Ceci, S. J., & Bruck, M. (1993). The suggestibility of the child witness. *Psychological Bulletin, 113*, 403–439.

Graziano, A. M., & Raulin, M. L. (2000). *Research methods: A process of inquiry* (4th ed.). Needham Heights, MA: Allyn & Bacon.

제6장

아동심리검사

1. 심리검사의 정의

심리검사는 아동의 발달을 과학적이고 객관적으로 밝히기 위한 측정 방법이다. 심리검사의 검사(test)는 원래 라틴어의 'testium'에서 유래되었다. 이 말은 금속정련기에서 금속을 정련하는 일련의 과정을 말한다. 즉, 광물을 금속정련기에서 용해시켜 금속을 찾아내는 것처럼 심리검사는 인간의 행동을 통해서 심리적 특성을 알아내고 평가하는 것이다.

아동발달의 심리적 특성을 알아내기 위해서 검사라는 말을 처음 사용한 사람은 미국의 James Cattell(1890)이다. 그는 금속정련기 속에서 광석을 용해시켜 금속의 양을 밝혀내듯이 인간의 정신능력도 측정해 낼 수 있다는 의미에서 정신검사(mental test)라는 말을 사용했다. 그 후 인간의 정신 능력이나 행동 경향을 측정하는 방법으로서 심리검사가 사용되었다.

심리검사는 인간의 능력과 성향 등 개인이 가지고 있는 심리적 특성과 그 정도를 밝히기 위해서 시행하는 절차와 방법을 말한다. 인간의 능력은 지적 능력, 판단 능력 등이 있으며, 이를 밝히는 심리검사로는 지능검사가 대표적이다. 인간의 심리적 성향은 흥미, 정서, 사회성, 성격 등이 있으며, 이를 밝히는 심리검사로는 정서검사나 성격검사가 있다. 그 외에도 인간의 사회적 성향을 드러내는 가치나 태도를 측정하는 검사들이 있다. 예전에는 능력검사만을 검사라고 부르고 성향검사는 체크리스트(checklist), 인벤토리(inventory), 조사(survey), 프로그램(program), 프로파일(profile), 설문지(questionnaire) 등으로 불렀다. 그러나 두 개 이상의 검사를 묶거나 능력검사와 성향검사를 묶어 종합적으로 파악하는 종합검사(battery)가 사용되면서, 능력검사와 성향검사 모두 '검사'라는 명칭으로 구분 없이 사용하는 경향이 나타났다.

검사는 기능상으로 측정, 평가, 사정, 진단 등과 동의어로 사용되는 경우가 흔히 있다(김영환, 문수백, 홍상황, 2006). 먼저, 측정(measurement)은 어떤 사물이나 그 속성에 대해 일정한 규칙에 따라서 수치를 부여하는 것이다. 아동의 몸무게나 신장을 수치화하는 것은 물론이고 아동의 지적 능력이나 적성을 수치화하는 것, 수를 이용해서 등수를 매기는 것 등이 측정에 포함된다. 평가(evaluation)는 사물과 그 속성에 대한 가치판단으로서, 가치판단에는 준거나 표준이 있어야 한다(김영환 외, 2006). 예를 들어, 아동의 체중을 측정한 후에 비만이라고 평가하려면 '그 연령대 보통 아동의 평균 체중'이라는 준거가 필요하다. 사정(assessment)은 어떤 개인이 가지고 있는 특성의 질적·양적 수준을 풍부한 자료를 이용하여 다각적이고 객관적으로 추정하고(estimating), 감식하고(appraising), 평가하는(evaluating) 것이다(Aiken, 1989). 사정할 때에는 관찰법, 면접법, 조사법, 심리검사법 등의 모든 방법을 동원하여 정보를 수집한다. 이처럼 사정은 모든 방법을 동원하여 개인에 대한 정보를 수집하고 개인의 신체적·심리적·사회적 특성을 평가할 뿐 아니라 그의 능력을 예언하기 위해 사용

하는 일련의 총체적이고 포괄적인 의미다(김영환 외, 2006). 마지막으로
진단(diagnosis)은 개인의 심리 특성을 밝혀 일정 수준을 기준으로 발달이
상이나 정신질환 등을 판단하는 것이다. 지금까지 살펴본 다양한 용어는
각각 그 특성과 의미가 다르므로 심리검사의 의미를 보다 정확하게 이해
하기 위해서는 각 용어를 구분할 필요가 있다.

2. 심리검사의 종류

심리검사는 크게 객관적 심리검사와 주관적 투사검사로 나눌 수 있다.
객관적 심리검사는 검사과제가 구조화되어 검사의 목적에 따라 평가하는
내용이 정해져 있으므로 수검자는 일정한 형식에 따라서 반응하게 된다.
반면, 주관적 투사검사는 검사과제가 비구조적이며 연구자가 개인의 독
특한 심리 특성을 밝혀내고자 할 때 모호한 자극을 주어 실시한다. 주관
적 투사검사에서는 검사자극이 모호할 때 그 자극을 지각하고 해석하는
과정에서 개인의 심리적 상태, 즉 관심, 흥미나 욕구 등이 더 영향을 주기
도 한다. 이 때문에 모호한 검사자극에 대한 개인의 반응이 의외로 특별
한 반응을 나타내기도 한다.

객관적 심리검사는 표준화 여부에 따라 다시 표준화된 심리검사와 표
준화되지 않은 심리검사로 나뉜다. 표준화된 심리검사는 대규모의 표본
조사를 통해서 구성한 항목별 측정값을 측정값의 평균과 비교할 수 있도
록 한 검사다. 표준화되지 않은 심리검사는 그 검사의 내용별로 항목을
구성했지만 실제로 다른 검사값에 견주어 수준을 비교할 수 없는 검사다.
즉, 아직 검사를 표준화하는 과정을 거치지 않은 검사다.

표준화는 하나의 측정을 전체 표본을 구성하는 측정과 비교해서 그것
이 타당성을 가지는지를 통계적으로 검증한 것이다. 예를 들어, 표준화된
지능검사라고 하면 지능검사를 구성하는 여러 하위검사별 수치가 그 연

령대 모집단의 수치와 비교해서 우월한지, 열등한지, 중간인지를 가늠할 수 있는 것이다. 한 예로 철수에게 지능검사를 실시해서 언어, 수리, 기하, 문제해결력 등 여러 하위 검사항목을 합한 검사값이 100이라고 하고 그 연령대 아동의 지능지수가 100이라고 하면, 철수의 지능은 보통 수준이라고 할 수 있다. 마찬가지로 철수의 언어능력을 측정한 값이 20점인데 철수 나이 또래 아동의 언어능력 평균점수가 10점이라고 하면, 철수의 언어능력은 그 연령대 아동에 비해서 우월하다고 평가할 수 있다. 만일 철수의 언어능력 점수가 그 연령대 아동들의 평균점수인 10점이라고 하면 철수는 중간 수준의 언어능력을 가지고 있는 것으로 평가된다. 이처럼 표준화된 검사는 개인의 능력을 전체 집단에 견주어 그 수준을 평가하는 데 사용된다는 장점이 있다.

3. 아동용 심리검사의 종류

아동용 심리검사에는 많은 유형이 있으나 이 장에서는 그중에서도 발달검사 및 선별검사, 시지각검사, 지능검사, 언어발달검사를 소개한다.

1) 발달검사 및 선별검사

아동의 전반적인 발달을 평가하고 선별하기 위한 심리검사 도구들은 매우 다양하다. 이 중 한국 베일리 영유아 발달검사 II나 한국형 덴버 발달검사 II는 이미 국내에서 표준화 과정을 거쳐 널리 사용되고 있으며, 이 외에도 게젤 발달검사(GDS), 학습준비발달평가검사(DIAL-R), 초기 선별검사(ESP), 취학전 아동 발달 척도(PDI), 영아선별·교육진단검사 등 다양한 검사가 사용된다. 취학 전 유아의 초기 운동능력, 인지능력, 언어능력에 관심을 두고 추후 유아의 능력을 평가하고 선별하고자 한 주요 선별

표 6-1 취학전 아동 선별검사도구의 비교

구분	장소	시간	연령/ 학년범위	평가영역	표준화
브리건스 선별검사 BRIGANCE Screens Overview(1995)	큰방	10~ 20분	유치원 2~6세	언어, 감각운동 기술, 수리, 학습준비, 읽기 기술, 쓰기 등	미국 전역에서 영재유아를 선별하는 데 사용
덴버발달선별검사 Denver Developmental Screening Test-Revised (DDST, 1975)	작은방	20분	출생에서 6세까지	개인적-사회적 기능, 소근육-적응 기능, 언어기능, 대근육 운동	덴버 지역에 거주하는 아동(백인, 흑인, 중남미계 아동 포함. 장애아동, 입양아, 거꾸로 낳은 영아, 쌍둥이, 미숙아 제외)
학습준비발달평가검사 Developmental Indicator for the Assessment of Learning- Revised(DIAL-R, 1983)	큰방	20~ 30분	만 2~ 5세	운동, 개념, 언어	범국가적인 표준화. 백인, 유색인종, 중남미계 아동 포함. 장애아동 포함
초기 선별검사 Early Screening Inventory (ESI, 1998)	작은방	15분	만 4.0~ 5.1세	시각-운동 기능, 적응기능, 언어기능, 인지기능	국가적 차원의 표준화 진행 중. 도시지역 한곳에서 465명 선택, 모두 백인
유아발달선별검사 Early Screening Profiles (ESP, 1990)	중간 크기 방	20~ 25분	만 2.5~ 6.5세	인지, 동작, 적응행동	1990년 통계 자료에 기초한 범국가적인 표준화 실시, 1987~1988년에 표준화됨. 장애아동 포함
맥카시 선별검사 McCarthy Screening Test (MST, 1978)	중간 크기 방	20분	만 4~ 6.5세	좌우 인식, 언어 기억, 도안 그리기, 수기억, 개념 분류, 다리 통합	MSCA 국가적인 표준이 MST에 적용됨. 백인, 흑인, 미국원주민, 인종별로 분류한 중남미계 아동 포함. 장애아동 제외
밀러 유아발달평가 Miller Assessment for Preschoolers (MAP, 1982)	중간 크기 방	20~ 30분	만 2.0~ 5.8세	감각/동작 능력, 인지 능력	204명의 정상 아동이 국가적인 표준화에 참여(86%는 백인, 12%는 흑인, 2%는 기타). 추가적인 90명의 초기 학업 문제를 지닌 아동 포함
취학전 아동 발달 척도 Preschool Development Inventory (PDI, 1984)	어머니가 가정에서	시간 제한 없음	만 3~ 6세	일반적인 발달, 증상, 행동	미네소타 정규 공립학교 선별검사 프로그램에 참석한 220명의 아동들
영아선별·교육진단검사 (2008)	생활 공간 내에서	시간 제한 없음	0~ 36개월	대근육/소근육 운동기술, 의사소통, 사회정서, 인지, 기본생활	대한민국 서울, 경기, 대전, 대구, 광주, 부산지역 861명의 영아

출처: 곽금주, 2002: 219를 수정.

검사 도구를 살펴보면 〈표 6-1〉과 같다.

발달검사 및 선별검사에 대한 보다 구체적인 이해를 위해 게젤 발달검사와 학습평가를 위한 발달검사인 학습준비발달평가검사 그리고 영아선별·교육진단검사를 소개한다.

(1) 게젤 발달검사

게젤 발달검사(Gesell Development Schedules: GDS)는 Gesell과 Amatruda가 영유아의 신체발달을 평가하기 위해 1941년에 개발했다. 이 검사를 실시할 영유아의 연령은 출생 후부터 60개월까지다. 이 연령대에서는 4주, 16주, 28주, 40주, 52주와 18개월, 24개월, 36개월이 주요한 발달이 이루어지는 시기로 보았다.

[그림 6-1] 게젤 발달검사 사례

게젤 발달검사는 적응행동, 대근육운동, 소근육운동, 언어, 개인-사회행동의 5개 발달 영역으로 구성된다. 적응행동(adaptive behavior)은 사물을 다루는 행동을 통한 감각운동의 성숙, 손발의 협응, 문제해결, 간단한 추론기술 등이 해당된다. 문항의 사례로는 시각 따라가기, 컵에 입방체 넣기, 모양판 맞추기, 따라 그리기, 블록 쌓기 등이 포함된다. 대근육(gross motor)운동영역에는 자세 취하기 반응, 머리의 균형 잡기, 앉기, 서기, 기기, 걷기 등이 해당한다. 문항의 예로는 엎드려서 몸 돌리기, 돌아다니기, 달리기, 점프하기, 계단 오르기 등이 포함된다. 소근육(fine motor)운동영역에는 손과 손가락을 사용하는 조작활동이 해당한다. 문항의 예로는 물건 들기, 작은 콩알 잡기, 공 던지기, 입방체 쌓기, 말판 놓기 등이 포함된다. 언어(language)영역에는 표정, 제스처에서 발성, 소리모방, 말하기, 언어수용 기술을 포함하는 언어적 · 비언어적 의사소통 능력이 해당한다. 개인-사회행동(personal-social behavior)영역에는 식사습관, 배변훈련, 놀이, 대인관계 등 개인적 · 사회적 상황에 대한 아동의 반응이 해당한다. 문항의 예로는 사회적 미소, 놀이행동, 거울 반응, 먹기, 옷 입기 기술 등이 포함된다.

앞에서의 발달 상태를 144개 문항으로 평가하여 각 연령마다 발달지수를 계산한다. 발달지수는 성숙연령/생활연령×100으로서 발달지수가 75 이하이면 발달장애, 76~85이면 발달장애 의심, 86 이상이면 정상발달로 평가된다.

(2) 학습준비발달평가검사

학습준비발달평가검사(DIAL-R[1])는 Mardall-Czudnowski와 Goldenberg가 1983년에 개발했으며 1990년에 개정했다. 만 2세부터 5세까지 유아를 대상으로 한 검사로서 생애 초기 운동발달과 개념발달, 언어발달을 측정하

---

[1] Developmental Indicator for the Assessment of Learning-Revised.

도록 표준화한 검사다. 이 검사를 통해 학교 수업 현장에서 뒤떨어질 것으로 예상되는 위기아동과 소수의 영재아동을 판별해 왔다.

이 검사는 운동·개념·언어영역으로 구성된다. 운동영역은 잡기, 뛰어오르기, 한 발 뛰기, 쌓기, 자르기, 조화시키기, 베끼기, 이름 쓰기를 포함한다. 개념영역은 색깔/모자이름 대기, 신체부위/개념 판별하기, 세기, 자세 취하기, 구별 짓기 등을 포함한다. 언어영역은 분명하게 발음하기, 개인자료 말하기, 기억하기, 동사/명사 명명하기, 분류, 문제해결, 문장 길이 등을 포함한다.

검사의 신뢰도와 타당도 면에서, 1983년에 연구자들은 처음 실시한 검사와 한 달 후에 실시한 재검사의 신뢰도가 .87로 매우 높게 나타났으며 125명의 아동 중에 103명이 스탠퍼드-비네 지능검사와 지능지수가 일치했다고 보고함으로써 검사의 신뢰성과 타당성을 입증했다.

(3) 영아선별·교육진단검사

영아선별·교육진단검사는 국내 연구진에 의해 우리나라의 실정에 적합하도록 개발된 검사다. 이 검사는 생후 0개월부터 36개월 사이에 있는

표 6-2 영아선별·교육진단검사 발달영역별 측정 내용

발달영역	측정 내용
대근육운동 기술	고개 들기, 앉기, 기기, 서기, 계단 오르내리기, 달리기, 점프하기, 균형 잡기 등
소근육운동 기술	눈동자의 움직임, 손과 손가락의 사용, 눈과 손의 협응 등
의사소통	발성, 옹알이, 듣기, 이해하기, 말하기, 의문어, 부정어, 시제의 사용 등
사회정서	양육자와의 상호작용, 또래와의 상호작용, 자아개념, 다양한 감정 표현 등
인지	대상영속성, 인과관계, 모방, 상징, 문제해결, 수 개념, 분류 등
기본생활	음식 먹기, 배변훈련, 손 씻기, 옷 벗고 입기 등

출처: 장혜성, 서소정, 하지영, 2008.

발달지체 영아나 장애 가능성이 있는 영아의 여섯
가지 발달영역을 평가하는 데 사용할 수 있다(〈표
6-2〉 참조).

　영아선별·교육진단검사는 행동관찰법으로, 예
측 가능한 행동을 기록한 체크리스트로 구성되어
있으며 교사, 부모 또는 양육자가 직접 관찰을 통해
서 수행 여부를 판단하여 검사지를 작성한다. 검사

[그림 6-2] 영아선별·교육진단검사
출처: www.kops.co.kr

지는 월령 단계별로 0~3개월, 4~6개월, 7~9개월, 10~12개월,
13~18개월, 19~24개월, 25~30개월, 31~36개월의 총 8개의 단위로
구성되어 있으며 각 문항에 대해 성공하면 '예(10점)', 부분적으로 성공하
면 '가끔(5점)', 실패하면 '아니요(0점)'로 수행 여부를 기록하도록 되어
있다. 검사 결과는 백분위 점수에 의해 발달 정도가 '매우 빠름', '빠름',
'보통', '느림(관찰요망)', '매우 느림(2차 전문가 평가 필요)'으로 평가된다.

2) 시지각검사

　시지각검사는 시각과 지각의 정확성과 성숙성을 측정하기 위한 검사
로, 주로 그림카드를 모사하는 방법으로 실시한다. 영유아의 시지각검사
에 대한 보다 구체적인 이해를 위해 벤더게슈탈트 검사와 시각운동 통합
발달검사, 시지각 발달검사를 소개한다.

(1) 벤더게슈탈트 검사

　벤더게슈탈트 검사(Bender Gestalt Test: BGT)는 인간의 시지각검사로
서 그 이론적 기초는 형태심리이론에 두고 있다. Wertheimer가 형태이론
에 토대를 두고 그림의 형태를 이용하여 시지각을 연구하였는데, 그의 연
구에서 사용되던 그림 중에서 몇 장으로 Bender가 시지각검사를 만들어
보급했다.

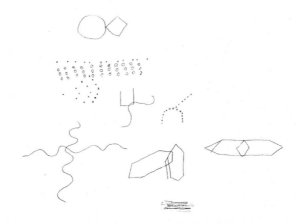

[그림 6-3] 벤더게슈탈트 검사 사례(11세 아동)

출처: Merrell, 1999: 197.

이 검사는 비교적 간단해서 BGT 그림카드 9장과 그림을 모사할 종이 (A4 용지) 그리고 연필이 검사 도구의 전부다. 그림카드는 가로 10cm 세로 15cm의 종이 카드이며, 이 카드에 인쇄된 도형을 한 번에 하나씩 제공하면 아동이 빈 종이에 연필로 그 그림을 따라 그린다. 종이는 한 장 이상 사용할 수 있고 시간은 제한되지 않는다. 때로 그림 그리기에 걸린 시간을 측정해서 유용한 자료로 사용하기도 한다.

모사된 그림은 일정한 기준에 따라서 평가하는데 주로 Elizabeth Koppitz의 평가방법을 따른다. 구체적으로 도형을 모사한 그림이 원래 형태보다 왜곡되었는지, 균형이 잡히지 않았는지, 회전을 시켰는지, 곡선을 직선으로 그렸는지, 점 대신 선을 그렸는지 등에 따라서 평가한다.

Bender의 시지각검사는 시각운동 협응능력을 측정해 시지각능력의 성숙을 검사하기 위한 것이었다. 초기에 5세에서 10세 아동용 검사는 주로 지각 성숙도와 지각발달을 측정하기 위한 것이었으나 최근에는 지각 성숙도뿐 아니라 정서 문제나 신경 손상 등 두뇌 기능을 파악하기 위해서도 사용된다.

이 검사의 장점은 사용하기 쉽고 아동들이 쉽게 다가가 검사에 응할 수

있다는 점이다. 이 검사를 받는 아동은 위협을 느끼거나 위축될 필요가
없다. 종이에 연필로 따라 그리기는 아동들이 흔히 하는 활동이기 때문이
다. 이에 반해 이 검사의 단점은 그림을 보고서 직관적인 해석과 객관적
인 해석을 동시에 해야 하는데 그것이 쉽지 않다는 점이다.

(2) 시각-운동통합발달검사

시각-운동통합발달검사(The Developmental Test of Visual-Motor
Integration: VMI)는 Beery와 Buknetica가 아동의 시지각능력 측정을 위
해 1967년에 개발한 검사다. 이 검사는 만 2세부터 15세 아동용으로, 아
동이 학습에 필요한 시지각능력을 갖추었는지를 평가하기 위해서 개발되
었다. 검사는 기하도형 24개를 제시해 그 기하도형을 모사한 그림을 평가
하는 것인데, 간편형 검사는 도형 15개를 모사하는 것이다.

10분에서 15분 정도 걸리는 검사이지만 이 검사를 통해서 뇌손상, 경
도정신지체, 약시 아동들의 시지각 발달을 진단할 수 있다.

(3) 시지각 발달검사

시지각 발달검사(Developmental Test of Visual Perception: DTVP)는 유
아기와 초등학교 1학년 아동의 학습준비도를 진단하고 뇌손상을 입은 환
자의 시지각능력을 평가하기 위해서 개발된 검사다. 이 검사는 문자학습
준비와 시지각 발달상의 장애를 진단하고 확인하기 위한 것이다.

시지각 발달검사의 세부 평가영역은 다섯 개로서 시각운동 협응검사,
도형배경 변별검사, 형의 항상적 지각검사, 공간위치 지각검사, 공간관계
지각검사다. 시각운동 협응검사에서는 폭이 넓거나 좁은 길을 따라서 직
선, 곡선, 꺾은선 등을 자유롭게 따라 그릴 수 있는가를 측정한다. 도형배
경 변별검사에서는 복잡한 배경 속에서 특정한 형태를 지각하고 찾아낼
수 있는가를 측정한다. 형의 항상적 지각검사에서는 모양이나 크기가 다
른 도형 가운데에서 특정한 도형의 기본 속성을 알고 이와 비슷한 도형

속에서 그 차이를 찾아낼 수 있는가를 측정한다. 공간위치 지각검사에서는 일련의 그림 속에서 거꾸로 놓인 그림과 회전해 있는 그림을 변별해 낼 수 있는가를 측정한다. 공간관계 지각검사에서는 이미 제시한 형태의 패턴을 보고 그와 같도록 점과 점을 이을 수 있는가를 측정한다. 상세한 내용은 〈표 6-3〉과 같다.

　이 검사는 유아와 초등학교 1학년 아동이 문자학습이 가능한지를 평가하고 시지각훈련을 효율적으로 시키기 위해서 고안된 것이다. 검사의 장점은 간편하게 실시할 수 있다는 점이지만, 단점은 시지각의 다섯 영역이 독립적으로 측정되지 못한다는 점, 그리고 이 검사에서 높은 점수를 받는다고 해서 문자학습이 확실히 이루어진다고 보장할 수 없다는 점이다.

표 6-3 시지각 발달검사(K-DTVP)의 평가영역별 세부 내용

시지각 평가영역	세부 내용
시각운동 협응검사	폭이 넓은 길과 좁은 길을 따라 직선이나 곡선 혹은 꺾은선 등을 다양하게 긋게 하며, 점과 점을 보조선 없이 곧게 연결하도록 하여 눈과 손의 협응능력을 측정
도형배경 변별검사	점점 복잡해지는 배경 속에 들어 있는 특정한 형태(도형)를 지각하여 찾아내게 하는 검사
형의 항상적 지각검사	크기, 모양, 위치가 다른 여러 가지 도형 가운데서 특정한 기하도형의 기본적인 속성을 바르게 인지하여 그와 비슷한 도형과의 차이를 변별하는 능력을 측정
공간위치 지각검사	제시해 놓은 일련의 그림들 중에서 거꾸로 된 그림(역전)과 회전해 있는 그림들을 변별해 내는 위치지각 능력을 측정
공간관계 지각검사	이미 제시해 놓은 형태(패턴)를 보고 그와 같도록 점과 점을 연결하게 함으로써 간단한 형태를 분석하는 능력을 측정

출처: 곽금주, 2002: 226.

3) 지능검사

지능검사는 아동의 지적 능력을 평가하는 검사로서 미래 학업능력이나 문제해결능력을 예측하는 데 사용된다. K-ABC, K-WISC, K-WPPSI 등 이미 다양한 지능검사 도구가 한국에서 표준화되어 사용되고 있다.

지능검사에 대한 보다 구체적인 이해를 위해 스탠퍼드-비네 지능검사, 웩슬러 지능검사, 카우프만 지능검사, 그림 지능검사를 소개한다.

(1) 스탠퍼드-비네 지능검사

일찍이 Alfred Binet가 1905년에 인간의 지적 능력을 평가하는 지능검사(Binet-Simon Intelligence Scale)를 개발했다. 이 검사는 단순한 감각기능검사에서부터 복잡한 언어적 추론을 묻는 검사까지 난이도가 점점 높아지는 순서로 배열된 문항 30개로 구성되어 있었다. 이 검사는 3세부터 11세까지의 정상아동 50명의 수업을 참관하고 소수의 정신지체 아동과 성인을 대상으로 경험적으로 검사를 실시해서 지능을 평가했다. 이 검사가 감각이나 지각능력이 포함된 동작성 검사보다 언어성 검사에 치우친 것은 학교 수업 현장에서 학습을 잘하는 아동과 그렇지 못한 아동의 차이가 어휘력과 언어유창성에 있는 것을 관찰한 후 척도를 개발했기 때문이다. 이 검사는 난이도에 따라 문항을 배열하던 것에서 벗어나 1908년에 연령 수준별로 문항을 묶어서 개정되었다. 이때 처음으로 임상연령대 정신수준을 비교해 지능지수화하기 시작해서 오늘날까지도 다른 지능검사에서 사용하고 있다.

비네 지능검사의 지능지수는 임상연령을 분모로 하고 정신연령을 분자로 한 분수식에 100을 곱한 것이다. 개인이 해결한 문제 수를 해당 연령 집단이 해결한 평균 문제 수로 나눈 값, 즉 정신연령 대 임상연령의 비율을 환산하여 산출한다.

$$지능지수 = 정신연령/임상연령 \times 100$$

스탠퍼드-비네 지능검사(Stanford-Binet Intelligence Scale)는 미국 스탠퍼드 대학교 교수이던 Lewis Madisn Terman이 비네-사이몬 지능검사(Binet-Simon Scale of Intelligence)를 수정·보완해 스탠퍼드-비네 지능검사로 명명한 것이다. 이 검사는 1916년, 1937년, 1960년, 1972년에 네 차례에 걸쳐 개정되었다.

스탠퍼드-비네 지능검사는 언어형 검사지로 4영역의 15개 하위검사로 구성되었다. 이 4영역은 언어 추리, 양적 추리, 추상/시각 추리와 단기기억이다. 우리나라에서는 전용신이 1970년 고대-비네 지능검사를 개발했다. 고대-비네 지능검사는 1937년판 스탠퍼드-비네 지능검사(2판)를 이용하여 개발한 것이다.

(2) 웩슬러 지능검사

1939년에 David Wechsler가 개발한 지능검사다. Wechsler는 지능을 개인의 주변 환경을 이해하고 적응하는 데 사용하는 능력으로 정의하였다. 또한 지능을 단일능력이 아니라 다차원적이고 총체적인 능력으로 보았다. 따라서 그는 지능검사를 몇 개의 영역으로 나누어 각각 소검사를 구성했으며 이 소검사들을 합해서 총체적 지능검사를 구성했다.

웩슬러 지능검사(Wechsler Intelligence Scale)는 비네의 정신연령을 사용하지 않고 각 연령집단별 상대적 위치를 나타내는 방법을 사용했다. 즉, 검사를 실시하여 얻은 원점수를 기초로 각 개인이 얻은 점수의 상대적 위치를 가지고 표준점수를 만들어 지능지수로 표시했다.

이 검사는 유아용, 아동용, 성인용으로 나뉜다. 한국에서도 이 지능검사가 표준화되어 사용되고 있으므로 3세부터 성인까지 지능검사를 실시하여 개인의 지능을 그 연령대의 다른 사람들과 비교할 수 있다. 여기에서는 아동용과 유아용 지능검사에 대해서 살펴보고자 한다.

① 아동용 웩슬러 지능검사

아동용 웩슬러 지능검사(Wechsler Intelligence Scale for Children-Revised: WISC-R)는 Wechsler가 1949년에 제작한 아동 개인용 지능검사다. 원래 1946년에 제작한 성인용 지능검사를 토대로 소검사를 아동발달에 적합한 문항으로 수정하여 구성한 검사로서, 이 검사는 1974년에 개정되었다.

이창우와 서봉연은 Wechsler의 1949년판 아동용 웩슬러 지능검사(WISC)를 한국 아동에 적합하게 수정해서 한국판 아동용 웩슬러 지능검사(K-WISC)를 개발했다. 그 후에 한국교육개발원에서 1974년 웩슬러 지능검사 개정판(WISC-R)을 수정해서 1991년 한국판 아동용 웩슬러 지능검사(KEDI-WISC[2])를 개발했다. 이 검사는 동작성 소검사나 언어성 소검사로 분류될 수 있는 총 12개의 소검사로 구성되어 있다. 소검사는 빠진 곳 찾기, 차례맞추기, 토막짜기, 모양맞추기, 기호쓰기, 미로찾기, 상식, 공통성, 산수, 어휘, 이해, 숫자외우기로 구성되어 있다. 동작성 소검사는 빠진 곳 찾기, 차례맞추기, 토막짜기, 모양맞추기, 기호쓰기, 미로 찾기로, 언어성 소검사는 상식, 공통성, 산수, 어휘, 이해, 숫자외우기로 구성되어 있다.

검사를 실시할 때는 동작성 소검사와 언어성 소검사를 교대로 실시한다. 보충검사는 검사 후에 시간이 많이 남았거나 검사 도중 시끄러워서 검사를 잘 하지 못한 경우 등 검사수행에 지장이 초래된 경우에 실시한다.

동작성 소검사와 언어성 소검사 간에 점수 차이가 12점 이상이면 주의를 기울여야 하고, 25점 이상이면 신경학적 역기능을 의심할 수 있다. 이러한 점수 차이에 대한 해석에는 신중을 기해야 한다. 정상아동의 지능검사에서도 동작성 검사 점수와 언어성 검사 점수에 차이가 클 수 있기 때문이다(신민섭 외, 2005).

[그림 6-4]는 5세 9개월 된 유아의 동작성 지능지수와 언어성 지능지수의 차이를 보여 주는 사례다. 언어성 지능지수는 70인데 동작성 지능지수

---

2) Korean Educational Development Institute Wechsler Intelligence Scale for Children.

남아/5세 9개월/유치원(KEDI-WISC 프로파일)

언어성 소검사	평가치	동작성 소검사	평가치
상식	8(3)	빠진 곳 찾기	7(6)
공통성	8(0)	차례맞추기	6(2)
산수	6(3)	토막짜기	18(30)S**
어휘	1(0)W**	모양맞추기	7(5)
이해	3(0)W*	기호쓰기	8(20)
(숫자)	9(5)		

언어성 지능 = 70   동작성 지능 = 94   전체 지능 = 79   ( ) = 원점수
S: Strong(강점)   W: Weak(약점)   *p<.05   **p<.01

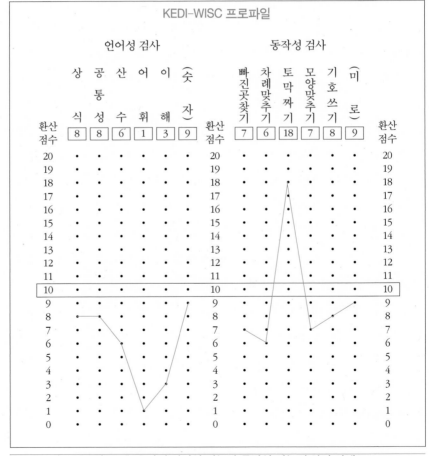

[그림 6-4] 유아의 언어성 지능과 동작성 지능의 차이 사례
출처: 신민섭 외, 2005: 104.

는 94이며 전체 지능지수는 79다. 유아는 언어성 지능보다는 동작성 지능이 더 높은데, 특히 언어성 지능에 속하는 어휘와 이해에 약하며 동작성 지능인 토막짜기에 강한 것을 알 수 있다.

　　한국판 아동용 웩슬러 지능검사인 KEDI-WISC는 1990년에 표준화되어 계속 사용되어 왔다. Wechsler의 1991년 웩슬러 아동용 지능검사 4판(WISC-IV)은 2012년에 곽금주, 오상우, 김청택에 의해서 한국 아동용 K-WISC-IV로 개발되었다. 이 지능검사는 만 6세부터 16세까지를 대상으로 하며, 15개의 소검사(토막짜기, 공통성, 숫자, 공통그림찾기, 기호쓰기, 어휘, 순차연결, 행렬추리, 이해, 동형찾기, 빠진곳찾기, 선택, 상식, 산수, 단어 추리)로 구성되어 있다.

[그림 6-5] K-WISC-IV
출처: 곽금주 외, 2012.

　② 한국 유아용 웩슬러 지능검사(K-WPPSI[3])

　　Wechsler는 만 3세부터 7세까지의 유아를 대상으로 하는 지능검사 WPPSI를 1989년에 개정했다(WPPSI-R). 한국에서 이 검사를 가지고 한국 아동을 대상으로 각 소검사를 실시하여 보다 적합하다고 생각된 문항을 첨가해 한국 유아용 웩슬러 지능검사를 만들었다(박혜원, 곽금주, 박광배, 1996). 이 검사는 유아를 대상으로 교육이 필요한 발달지체아동이나 영재아동을 찾아내는 데 사용할 수 있다. 이 검사는 만 3세부터 만 7세 3개월까지의 아동을 대상으로 그들의 지적 능력을 평가하는 데 사용되고 있다.

　　K-WPPSI는 동작성 소검사나 언어성 소검사로 분류될 수 있는 총 12개 소검사로 구성되어 있다.

[그림 6-6] K-WPPSI
출처: 박혜원 외, 1996.

---

3) Korean Wechsler Preschool & Primary Scale of Intelligence.

그 소검사는 모양맞추기, 도형, 토막짜기, 미로찾기, 빠진 곳 찾기와 동물 짝짓기(보충 검사), 상식, 이해, 산수, 어휘, 공통성, 문장(보충 검사)으로 구성되어 있다. 그중에서 동작성 소검사는 모양맞추기, 도형, 토막짜기, 미로찾기, 빠진 곳 찾기와 동물 짝짓기(보충 검사)이고 언어성 소검사는 상식, 이해, 산수, 어휘, 공통성, 문장(보충 검사)이다.

(3) 카우프만 지능검사

카우프만 지능검사(Kaufman Assessment Battery for Children: K-ABC)는 Wechsler의 제자인 Kaufman 부부가 아동의 지능과 습득도를 사정하기 위하여 만든 종합 지능검사를 1997년에 문수백, 변창진이 한국판으로 표준화한 것이다. 대상 연령은 만 2세 6개월부터 12세 5개월까지이고 총 16개의 하위검사로 구성되어 있으며, 각 하위검사는 인지처리과정척도(순차처리척도, 동시처리척도)와 습득도척도로 구분된다.

실제로 아동에게 실시되는 하위검사의 수는 연령에 따라 [그림 6-7]에서 보는 것과 같이 달라지며 최대 13개 하위검사가 실시된다. 하위검사 중 어떤 것은 2세 6개월~12세 5개월의 전 연령에 걸쳐 실시되기도 하고, 어떤 하위검사는 일부 연령에만 실시되기도 한다. 따라서 검사실시에 소요되는 시간은 아동의 연령에 따라 다르며 평균적으로 볼 때 2세 6개월 아동은 약 35분, 5세 아동은 약 50분, 7세 이상의 아동은 약 75분 정도가 소요된다.

K-ABC 검사는 4개의 하위척도로 구성되어 있다. 첫째, 인지처리과정척도는 순차처리척도와 동시처리척도를 통합한 것으로 총체적 지능을 의미한다. 둘째, 순차처리척도는 문제를 해결할 때 정보를 한 번에 한 개씩 시간적인 순서로 연속적으로 분석·처리하는 과정을 측정하는 것으로, 들어오는 정보를 순차적으로 또는 차례로 조작하여 풀어야 하는 하위검사들이 포함된다. 셋째, 동시처리척도는 가장 효율적으로 문제를 해결하기 위해 자극의 전체적인 통합(대부분의 경우 형태적 또는 공간적인 통합)을

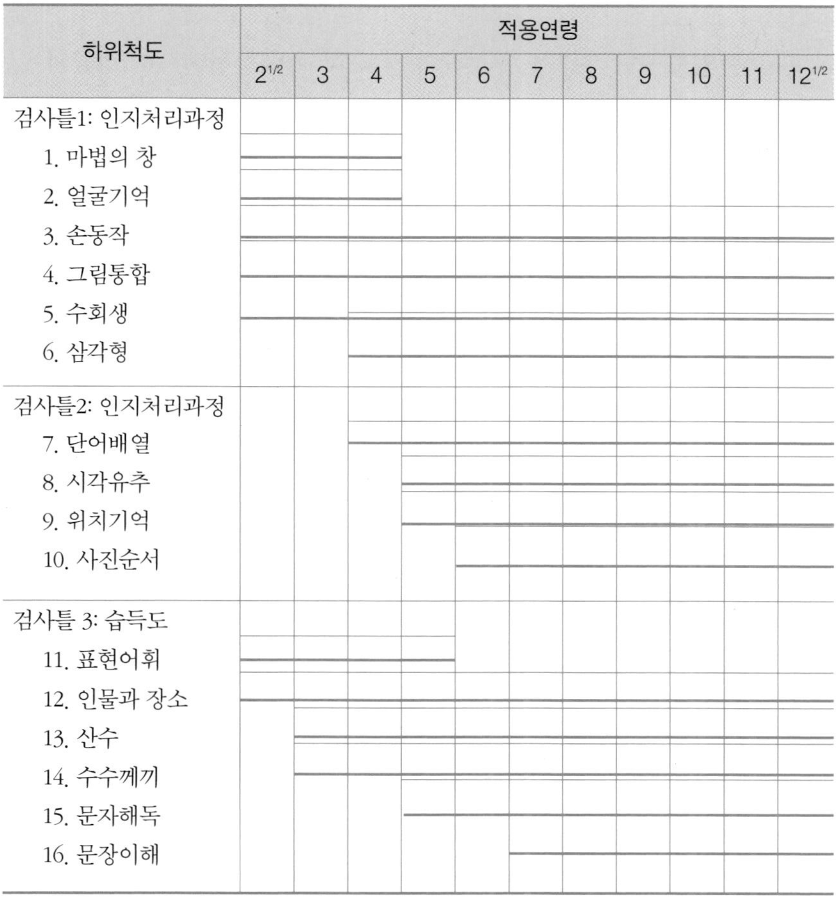

하위척도	적용연령										
	$2^{1/2}$	3	4	5	6	7	8	9	10	11	$12^{1/2}$
검사틀1: 인지처리과정											
1. 마법의 창											
2. 얼굴기억											
3. 손동작											
4. 그림통합											
5. 수회생											
6. 삼각형											
검사틀2: 인지처리과정											
7. 단어배열											
8. 시각유추											
9. 위치기억											
10. 사진순서											
검사틀 3: 습득도											
11. 표현어휘											
12. 인물과 장소											
13. 산수											
14. 수수께끼											
15. 문자해독											
16. 문장이해											

[그림 6-7] K-ABC 하위척도

출처: www.kops.co.kr

하는 과정을 측정한다. 폭넓은 다양한 정보원으로부터 얻어진 정보를 통합하고 무관계한 자극을 개관해서 정리하는 능력이기 때문에 고차적인 많은 지적기능과 밀접하게 관련되어 있다. 마지막으로 습득도척도는 문화적 환경 및 학교환경 속에서 아동이 정보를 찾아내고 습득한 여러 가지 내용을 다룬 하나의 통합된 과제로 구성된다. 지능과 마찬가지로 평균 100, 표준편차 15의 표준점수를 사용하며, 검사자에게 인지처리과정척도만으로는 얻을 수 없는 진단적이고 처방적인 정보를 제공해 주고 아동의 현재 학업도달도 수준을 측정하며 장차 학교의 학업에서의 성공과 실패를 예측한다.

K-ABC는 단축판 보조검사 기능으로서의 비언어성 척도를 포함하고 있다. 이것은 인지처리과정척도의 하위검사 중에서 동작에 의해 검사를 실시하고 반응할 수 있는 하위검사만을 특별히 선택해서 편성한 것으로 청각적·언어적 취약성을 가진 아동 혹은 한국어를 잘하지 못하는 아동들의 지능을 신뢰할 수 있게 측정하기 위해 특별히 편성된 척도다. 언어표현에는 문제가 있어도 알아들을 수 있는 능력은 충분히 갖고 있다면 그 아동에게 언어로 의사를 전달할 수 있다. 따라서 언어검사가 검사실시를 위한 표준화 절차로 인정되며, 이에 대한 별도의 규준이 마련되어 있다.

카우프만 아동지능검사 II는 2014년에 문수백에 의해 한국 카우프만 아동지능검사(K-ABC-II)로 개발되었다. 이 지능검사는 만 3~18세를 대상으로 하며, 18개의 소검사(수회생, 단어배열, 손동작, 블록세기, 관계유추, 얼굴기억, 형태추리, 빠른길찾기, 이야기완성, 삼각형, 그림통합, 이름기억, 암호해독, 언어지식, 수수께끼, 표현어휘 이름기억-지연, 암호해독-지연)로 구성되어 있다.

[그림 6-8] K-ABC-II
출처: www.kops.co.kr

(4) 그림 지능검사

유아기 발달수준을 고려했을 때 문자를 사용한 지능검사의 문제가 지적되곤 했다. 실험자가 검사지의 지시문을 읽어 준다고 해도 유아가 문자체계를 이해하기 어렵기 때문에 실제 알고 있는 것을 표현하지 못해서 결국 지적 능력이 낮게 평가될 수 있기 때문이다. 따라서 그림 지능검사(Pictorial Testing of Intelligence)는 유아의 발달수준에 적합한 측정방식을 생각해서 말이나 동작으로 반응할 필요 없이 눈빛이나 손가락으로 그림 네 개 중에서 하나만 고르면 되도록 고안한 검사다.

미국의 French(1964)는 지능이란 일상생활에서 환경에 적응하기 위해서 정신능력을 효율적으로 활용하는 것이라고 정의했다. 그리고 환경에 효율적으로 적응하기 위해서 필요한 정신능력은 상징인 언어나 수 기호를 알고 필요한 지식을 획득하여 이를 생활에 적용하는 능력이라고 간주한다. 이 능력은 어휘력, 수 계산능력, 지각적 조직능력, 기억력, 추리력 등이며 여섯 개 소검사로 분류될 수 있다. 각 소검사는 첫째, 어휘검사, 둘째, 형태변별검사, 셋째, 상식 및 (인과) 이해 검사, 넷째, 유사성 찾기 검사, 다섯째, 크기와 수개념 검사, 여섯째, 회상능력 검사다.

한국에서 그림 지능검사는 서봉연, 정보인, 최옥순(1986)에 의해 개발되었다. 미국의 그림 지능검사 중에서 한국문화의 실정에 맞지 않는 문항을 수정 · 보완해 한국판 그림 지능검사를 개발했다. 한국판 그림 지능검사는 만 5세부터 6세까지의 한국 아동을 대상으로 표준화를 시도해 이 검사의 타당성과 신뢰성을 입증했다.

4) 언어발달검사

언어발달검사는 인지적 발달의 기초 평가로서, 음운, 어휘, 문법 및 구문, 의사소통, 문해발달 등 다양한 언어발달 능력을 평가하는 데 사용된다. 영유아 언어발달 검사 도구의 예로서 ITPA(언어학습능력진단검사), ELMS(초기언어 지표 검사), REEL(수용-표현언어검사), PLS(취학전 아동의 수용-표현 언어검사), PPVT-R(개정판 Peabody 그림 어휘력 검사) 등을 들 수 있다.

언어발달검사에 대한 보다 구체적인 이해를 위해 ITPA와 PPVT-R을 소개한다.

(1) 언어학습능력 진단검사

미국 일리노이 대학교의 임상연구팀이 1961년 언어학습능력진단검사 (Illinois Test of Psycholinguistics Abilities: ITPA)를 만들어 사용하기 시작했으며, 1968년 Kirk와 McCarthy 등이 이 검사를 개정했다. 이 검사는 만 2세부터 만 10세까지를 위해 표준화된 아동용 개인 검사지로서 여러 나라에서 정신지체아와 학습지체아를 진단하는 데 사용되고 있다.

ITPA는 10개의 검사영역으로 구성된다. 검사영역은 언어이해, 그림이해, 언어유추, 그림유추, 언어표현, 동작표현, 문장구성, 그림찾기, 숫자기억과 형태기억이다. 각 영역별 구성 내용은 〈표 6-4〉와 같다.

표 6-4 언어학습능력진단검사(ITPA)의 검사영역별 세부 내용

검사영역	세부 내용
언어이해	청각적으로 제시된 말의 의미를 이해하는 능력을 측정
그림이해	시각기호, 즉 그림과 문자의 의미를 이해하는 능력을 측정
언어유추	청각적으로 제시된 그림을 유의미하도록 관련짓는 능력을 측정
그림유추	시각적으로 제시된 개념을 유의미하도록 관련짓는 능력을 측정
언어표현	생각을 말로 표현하는 능력을 측정
동작표현	생각을 동작으로 나타내는 능력을 측정
문장구성	불완전한 문장을 완전한 것으로 받아들이는 능력을 측정
그림찾기	불완전한 그림에서 공통의 사물을 찾아내는 능력을 측정
숫자기억	숫자의 순서를 정확하게 복창하는 능력을 측정
형태기억	기억을 토대로 시각적 자극의 배열을 재생하는 능력을 측정

출처: 곽금주, 2002: 288.

(2) 개정판 Peabody 그림 어휘력 검사

개정판 Peabody 그림어휘력 검사(Peabody Picture Vocabulary Test-Revised: PPVT-R)는 1959년에 Dunn 부부에 의해 개발되어, 1965년과 1981년에 개정되었다. 이 검사는 아동의 수용어휘 능력을 평가하는 것을 목적으로 만 2세 6개월부터 4세까지를 대상 연령으로 한다.

　검사는 검사자가 말하는 단어에 대해 아동이 해당하는 그림을 선택하는 방식으로 이루어진다. 규준화가 잘 이루어져 있고, 10～20분 정도의 빠른 시간 안에 검사를 실시할 수 있어 사용하기 쉽다는 장점이 있다. 반면, 한 단어 어휘만을 검사하므로 이 점수만으로 아동의 수용언어를 높게 평가할 수 없고, 그림 항목에 대한 사회경제적, 문화적 경험의 차이가 나타날 수 있다는 단점이 있다.

4. 심리검사의 실시

1) 검사자의 자격

　심리검사를 실시하는 사람, 즉 검사자가 자격을 갖추는 일은 중요하다. 왜냐하면 검사자가 전문가로서의 자격을 제대로 갖추지 못했을 경우에 그 검사의 실시, 채점과 해석에 오류를 범하여 엉뚱한 사실을 말하는 등의 심각한 잘못을 저지를 수 있기 때문이다. 그리고 검사지를 잘 간수하지 못해 검사지가 유출된 경우 검사가 악용될 수 있으며, 유출된 검사지는 더 이상 검사자료로서의 효능이 없어진다. 따라서 훈련받은 전문가만이 검사를 실시하고 자료를 해석해야 한다.

2) 검사실시 방법

　검사를 실시하는 방법으로 개인검사와 집단검사가 있다. 개인검사는 검사자와 수검자가 일대일로만 검사하는 것이며, 집단검사는 한 명의 검사자가 한 명 또는 여러 명의 수검자를 검사하는 것이다.
　검사를 실시할 때는 표준화검사를 한다. 표준화란 누가, 언제, 어디서 검사를 실시하든 엄격하게 통제된 절차와 동일한 채점절차가 이루어지도록 하는 것이다. 실시요강에 적힌 대로 하는 검사가 표준화된 절차이며, 표준화된 절차로 검사를 실시하는 것을 표준실시라고 한다(Merrell, 1999). 표준실시 검사는 개인 간에 검사결과를 비교하는 상대평가를 가능하게 한다.

검사는 실시요강을 읽고 표준실시 절차를 안 후에 실시해야 한다. 실제로 검사를 표준실시할 때에는 지시사항, 검사시간, 문항제기, 반응형식, 검사지와 답안지, 장치, 비품 등까지도 모두 동일해야 한다. 대부분의 경우에 표준실시가 가능하지만 때로는 어려울 때가 있다. 그때에는 검사자가 모든 사실을 면밀하게 살펴 신중하게 결정해야 한다.

3) 라포 형성

검사자와 수검자는 짧은 시간 동안이라도 상호 신뢰와 라포를 형성하도록 해야 한다. 라포는 근본적으로 인간 간의 긍정적 관계를 형성해 주는 핵심요소다. 일단 라포가 형성되면 수검자는 검사자를 신뢰하여 긴장을 풀고 편안한 마음으로 검사에 임할 수 있다. 따라서 자신의 상태가 검사에 충분히 반영될 수 있으므로 그 검사결과를 더 신뢰할 수 있다. 반면에 라포가 형성되지 못하고 상호 긴장하는 경우에는 수검자가 심리적 긴장으로 인해 검사 시 자기를 충분히 노출시켰다고 할 수 없다. 따라서 그 검사결과가 수검자의 발달 현상을 충실히 반영했다고 보기 어렵다.

4) 검사자와 수검자의 특성

검사자와 수검자의 특성이 검사에 영향을 미칠 수 있는데, 특히 검사자의 특성이 크게 영향을 미친다. 구체적으로 살펴보면 검사자의 인종, 배경, 성별, 연령, 경험, 외모, 성격과 같은 인구 배경뿐 아니라 검사에 대한 기대, 수검자의 반응에 대한 강화 등이 검사과정에 영향을 미칠 수 있다.

수검자의 특성도 마찬가지로 검사에 영향을 미칠 수 있는데 검사일의

건강과 심리적 상태, 검사 불안, 수검 능력, 수검 동기, 검사 경험, 위장 반응, 반응 자세와 반응 양식 등이 영향을 미친다(김영환 외, 2006).

5. 심리검사 자료 분석과 해석

1) 채점과 자료 분석

검사는 표준실시해야 하는 것은 물론이고 검사의 채점도 표준과정을 거쳐야 한다. 즉, 검사의 표준절차는 표준실시, 표준채점, 표준해석을 의미한다. 다시 말하면, 개인이나 검사일에 따라서 채점기준이 변하거나 해석이 달라져서는 안 된다는 것이다. 언제, 누가 채점을 하든 채점의 과정이나 채점점수는 동일해야 한다.

2) 해석

검사자료의 해석 시 상기해야 할 몇 가지 관점이 있다. 첫째, 타당한 검사를 했는가? 검사는 어떤 특성을 직접 관찰하고 측정하는 것이 아니라 간접적으로 측정하는 것이 대부분이어서 과연 그 검사가 연구자가 원하는 내용을 검사했는지 검사의 타당성이 문제가 될 수 있다.

둘째, 검사결과가 연구대상의 특성을 전체적으로 측정했는가? 어떤 검사든 내용을 부분적으로 측정했을 가능성이 있기 때문에 검사하려는 내용을 부분적으로만 측정하지 않았는지, 전체적이고 포괄적으로 측정했는지에 주목해야 한다.

셋째, 검사결과가 개인의 독특성을 측정했는가? 심리검사는 개인의 독특한 특성을 측정해서 개인차를 밝히기 위해 실시한다. 한 예로 발달지체나 심리적 문제를 밝히고자 심리검사를 실시한다. 실제로 심리검사가 개인의 차이를 드러내기보다는 연구대상 전체의 공통적 특성만을 드러내는 경우가 있는데, 연구대상의 공통적 특성은 개인의 차별성을 드러내지 못하므로 실제 검사결과를 개인의 문제 발견에 활용하기 어렵다.

넷째, 검사결과가 상대적 분포를 잘 드러내고 있는가? 심리검사는 절대 영점이 없고 동일한 간격을 드러낼 수 없다. 개인의 검사점수인 원점수를 가지고 통계적 조작을 해서 그 원점수 사이의 상대적 우열, 양적 과다를 드러낼 뿐이다. 이러한 이유로 검사점수가 절대적으로 높거나 낮거나 동일하다고 말할 수 없다. 웩슬러 지능검사에서 보듯 원점수를 가지고 표준화된 점수로 전환했다고 해도 이는 표준점수를 규준에서 찾아 기계적으로 전환한 것이므로 양적인 상대적 해석이 가능할 뿐이다. 다시 말하면, 지능지수 100은 그 연령대 집단 사람들의 지능지수와 비슷한 보통사람들의 지능지수라는 것이지 100이라는 점수가 지니는 특별한 의미는 없다.

3) 해석의 주의점

검사결과를 해석할 때 주의할 점은 우선, 검사결과를 상대적으로 해석해야 한다는 것이다. 예를 들어, 지능지수 100은 그 연령대 보통사람들의 지능에 속함을 의미한다. 지능지수 100이 지능지수 95나 105와 숫자상 차이가 있는 만큼 상대적으로 능력의 서열이 있다고 말할 수는 있어도 그 5점이 어떤 차이를 구체적으로 의미하지는 않는다. 그뿐 아니라 지능지수 100인 민수가 지능지수 95인 철수보다 지능이 더 뛰어나다고 말할 수도 없다. 마찬가지로 지능지수 100인 민수가 105인 영수보다 지적으로 뒤진다고도 말할 수 없다. 왜냐하면 지능지수 95, 100이나 100, 105는 측정오차의 범위 내에 들어 있기 때문이다.

비록 지능지수가 측정오차의 범위를 넘어서는 차이를 보이더라도 개인의 지능지수를 해석하는 데에는 조심해야 한다. 인간의 무한한 지적 능력을 몇 개의 문항으로 측정해서 판별하는 것은 측정 문항에 없는 다른 능력이나 잠재력을 간과하게 하기 때문이다. 흔히 에디슨이나 아인슈타인의 초등학교 시절 지능이 얼마인지는 의미가 없는 것처럼 어린 아동의 지능지수를 측정해 해석하는 것은 조심스럽게 접근해야 하는 부분이다.

특히 연령이 낮은 아동의 지능이나 기타 능력을 검사해서 판별하고 진단하는 것은 매우 신중하게 접근해야 한다. 자기의 능력을 드러낼 수 있을 만큼 성장하지 못했고, 측정검사가 그의 잠재능력을 드러낼 수 있을 만큼 정교하지 못하기 때문이다. 한 예로 유아기 지능검사 결과와 몇 년 후 초등학교나 중학교 때 실시한 지능검사 결과 사이에 상관성이 낮다는 사실을 들 수 있다. 유아기에 영재라고 판별된 유아가 몇 년 후에 보통 아이로 판별되거나 유아기에 보통 수준 미만으로 판별된 유아가 훗날 영재로 밝혀지기도 한다. 이는 유아기의 지적 능력을 제대로 측정하는 검사도 없거니와 있다고 해도 연령이 증가하면서 잠재되었던 능력이 드러나는 경우를 찾아낼 수 없기 때문이다.

참 고 문 헌

곽금주(2002). 아동심리평가와 검사. 서울: 학지사.

김영환, 문수백, 홍상황(2006). 심리검사의 이론과 실제. 서울: 학지사.

문수백, 변창진(1997). K-ABC 실시 · 채점요강. 서울: 학지사.

박혜원, 곽금주, 박광배(1996). 한국판 웩슬러 유아지능검사 지침서. 서울: 도서출판 특수교육.

서봉연, 정보인, 최옥순(1986). 유아아동용 그림지능검사. 서울: 중앙적성출판사.

신민섭, 김미연, 김수경, 김주현, 김지현, 김혜숙, 류명은, 온싱글(2005). 웩슬러 지능검사를 통한 아동정신병리의 진단평가. 서울: 학지사.

장혜성, 서소정, 하지영(2008). 영아선별 · 교육진단검사 전문가 지침서. 서울: 학지사.

Aiken, L. R. (1989). *Assessment of personality*. Needham Heights, MA: Allyn & Bacon.

Cattell, J. M. (1890). Mental tests and measurement. *Mind, 15,* 373-380.

French, J. L. (1964). *Manual: Pictorial Test of Intelligence*. Chicago, IL: Riverside Publishing.

Merrell, K. W. (1999). *Behavioral, social, and emotional assessment of children and adolescents*. London: Lawrence Erlbaum Associates.

www.kops.co.kr

제7장

사례연구

1. 사례연구의 의의

아동연구에서 사례연구(case study)라는 용어가 자주 사용되고 있지만 그것이 무엇을 말하는가에 대해서는 다양한 견해가 있다. 이는 사례연구가 여러 가지 의미로 사용되기 때문이다. 학문의 여러 분야에서 하나의 대상을 보다 심층적으로 연구하기 위하여 사례연구가 널리 활용되고 있는데, 각각의 학문 영역에 따라 사례분석, 판례연구, 추적조사 등 서로 다르게 불리고 있으나 모두 사례(case)를 대상으로 연구한다는 공통점을 지니고 있다.

사례연구는 특정 개인이나 집단 또는 기관을 대상으로 어떤 문제나 특성을 심층적으로 조사·분석하는 연구로서, 개별적인 것에 대한 구체적인 사실을 밝히고, 그 사례의 모든 측면을 철저히 분석하는 데 목적이 있다. 사례연구를 질적 연구의 한 유형으로 보면, 대상에 대한 상세한 특성을 나타내기 위하여 이야기체(narrative) 형태를 취하게 된다(Pellegrini & Bjorklund, 1998).

그러나 사례연구가 항상 질적 연구만을 의미하지는 않는다. 특정 사례에 대한 양적 자료를 수집하여 분석한다면 양적 연구가 될 수도 있다. 때로는 양적 자료와 질적 자료를 함께 수집하여 사례연구를 하는 경우도 있다(이은해, 이미리, 박소연, 2006). 그러나 사례연구는 문화기술적 연구(ethnographic research)와 함께 질적 연구의 대표적 유형의 하나이므로 이 장에서는 질적 연구의 관점에서 사례연구를 살펴보고자 한다.

1) 사례연구의 개념

어떤 학자들은 사례연구를 하나의 상황이나 단일 대상 또는 특정한 사건에 대한 상세한 조사라고 하고(Merriam, 1998; Stake, 2010; Yin, 2013), 어떤 학자들은 단일 주제에 대한 조사로서 문화기술적 연구의 일부 또는 단독 연구로 수행될 수 있다고 한다(Pellegrini & Bjorklund, 1998). 사례연구에서 사례는 개별 아동, 부모, 학교, 사건 또는 다른 형태의 단일한 실체가 될 수도 있다. 예를 들어, 연구자가 사회적으로 위축된 고립아동에 대하여 관심이 있다면 이를 위한 사례는 고립아동 한 명이 될 수 있다. 한편, 또래관계에서 나타나는 사회적 상호작용 현상에 관심이 있다면 친밀한 관계를 지닌 소집단의 아동들이 사례가 될 수 있다. 또한 소집단을 이루는 다수의 아동을 대상으로 연구를 해도 단일 주제에 대한 하나의 사례연구라고 할 수 있다.

연구하고자 하는 주제에 따라 사례연구의 유형은 매우 다양하고 이에 따라 적절한 사례의 선정이나 자료수집 방법이 달라진다(이은해 외, 2006). 사례연구는 대개 어떤 특정 사례에 초점을 두고 자연적인(naturalistic) 상황에서 이루어진다. 어떤 사례를 연구대상으로 선택할 것인가를 결정할 때는 연구자 개인의 관심도 중요하지만 연구결과가 학문적 의의를 지니고 있는지 또는 이론적 발전에 도움이 될 수 있는지에 대해 고려하는 것도 필요하다.

다시 말하면, 특정한 사례에 대하여 매우 상세하고 다양한 정보를 얻고자 할 때 사례연구를 사용한다는 점이 중요하다. 따라서 사례연구는 실험연구와 같은 비교 또는 통제 집단이 없고, 모집단이 직접적인 연구의 대상이 된다고 할 수 있다. 이와 같이 질적인 사례연구의 과정은 표본의 결과를 모집단에 적용하는 양적 연구의 경우와 다르기 때문에 연구결과가 다른 사례에서도 적용될 것인가에 대한 일반화의 문제를 염려할 필요는 없다. 사례연구의 목적은 명제나 가설을 검증하는 데 있지 않고, 관심 있는 대상에 대한 기술과 탐구를 통해서 얻은 결과를 토대로 다른 사례들을 이해하는 데 있기 때문이다(Bogdan & Biklen, 1998, 2006).

2) 사례연구의 기원과 발전과정

사례연구의 기원은 모든 학문 분야에서 찾을 수 있으나 이 연구가 체계화된 것은 100여 년 전이다. 초기에는 의학 분야, 특히 정신의학 분야에서 사용되기 시작하였으며 법학 분야에서도 널리 활용되었다. 의학 분야에서 크게 발전했던 이유는 환자를 대상으로 병력을 조사하고 추적하여 진단과 치료에 활용하는 데 유용하기 때문이다. 한편, 법학 분야에서는 유사한 사건에 대하여 형량이 어떻게 결정되었는가를 발견하기 위한 개별적인 판례분석을 의미하는 경우가 많았다.

사례연구가 체계화되어 심리학과 교육학에서 연구방법으로 관심을 끌게 된 것은 비교적 최근의 일이다. 심리학의 초기 사례연구로서 가장 널리 알려진 것은 정신분석이론으로 유명한 프로이트에 의해 성립되었다고 볼 수 있다. 한편, 발달심리학자인 게젤과 피아제는 아동연구를 위하여 관찰법과 함께 사례연구를 시도하였다(장휘숙, 한건환, 2005). 모든 아동은 서로 다른 능력과 특성을 가지고 있기 때문에 그들이 가지고 있는 문제도 매우 상이하다. 개별 아동이 가진 독특성 또는 개인차를 이해하기 위한 방법으로서 사례연구는 아동발달의 중요한 연구방법으로 인식되고 있다.

[그림 7-1] 개별 아동의 사례연구

3) 사례연구의 종류

사례연구는 다양하게 이루어지고 있기 때문에 그 유형을 몇 가지 기준에 의하여 분류하는 것이 쉽지 않다. 또한 각 유형에 따라 연구의 가능성이나 연구 절차가 달라질 수 있다. Bogdan과 Biklen(1998)은 특정 사례를 중심으로 질적 자료를 분석하는 경우를 대부분 포함하여 사례연구를 분류하고 있다. 이들에 따르면 특정 기관의 역사적 사례연구, 관찰 사례연구, 생의 역사 사례연구, 문서분석 사례연구뿐만 아니라 커뮤니티 연구와 상황분석 등 기타 유형의 사례연구까지 폭넓게 포함한다. 한편, Pellegrini와 Bjorklund(1998)는 연구의 목적에 따라 본질적 사례연구, 수단적 사례연구, 집단적 사례연구로 나누고 있다. 사례연구의 유형을 연구의 목적이라는 측면과 방법이라는 측면에서 분류해 보면 다음과 같다.

(1) 연구 목적에 따른 분류

① 본질적 사례연구(intrinsic study)

사례연구에서 어떤 특별한 대상을 보다 심층적으로 이해하고자 하는 연구형태다. 어떤 사례가 다른 사례를 대표하거나 독특성을 가지기 때문에 대상으로 선택되는 것이 아니라 대상 그 자체에 관심이 있는 경우를 말한다. 즉, 연구자가 대상에 대한 본질적인 흥미를 가지고 자발적으로 진행되는 연구를 의미하며, 이론을 형성하거나 일반적인 경향을 알고자하는 것이 아니다. 문화기술적 · 인류학적 연구는 모두 그 연구 자체의 목적에 따라 수행되므로 본질적 사례연구에 속한다고 할 수 있다.

② 수단적 사례연구(instrumental study)

어떠한 쟁점을 해결하거나 이론을 정립하기 위한 목적으로 이루어지는 사례연구가 여기에 해당된다. 즉, 사례 자체보다는 특정한 내용에 대한 일반적 이해를 목적으로 이루어진다. 생활지도나 상담을 목적으로 이루어지는 사례연구가 이러한 유형에 속한다.

③ 집단적 사례연구(collective study)

특별한 사례에 관심을 가지기보다 일반적 상태나 모집단의 형상을 파악하고자 할 때는 많은 사례를 연구할 필요가 있다. 그러한 연구는 하나의 사례가 제공하는 정보보다 여러 개의 사례를 통하여 좀 더 일반적인 상황을 묘사할 수 있는 특징이 있다.

(2) 연구 방법에 따른 분류

① 서술적 사례연구(narrative study)

연구되는 현상에 대해 상세하게 설명하는 연구다. 사건의 순서를 연대기적으로 엮는 역사적 사례연구를 예로 들 수 있다. 서술적 사례연구는 기존의 가설이나 일반화된 설명에 구애되지 않기 때문에 연구가 많이 되어 있지 않은 아동학 분야에 대한 기초정보를 제공하는 데 유용하다. 가설을 만드는 작업이나 이론 검증을 위해서는 연구대상에 대한 기본적 서술이 반드시 필요하기 때문이다.

② 해석적 사례연구(interpretive study)

풍부하고 상세한 서술을 담고 있다는 점에서는 서술적 사례연구와 다를 바가 없다. 그러나 해석적 사례연구에서 서술적 자료는 단순한 설명뿐아니라 개념적 범주들을 발전시키거나 자료수집에 앞서 갖고 있던 이론적 가정들을 지지하기 위하여 사용된다. 이론이 빈약하다거나 현존이론이 현상을 적절히 설명해 주지 못한다면 연구조사를 구조화하기 위한 가설들이 개발될 수 없다. 사례연구자는 현상을 해석하거나 이론화할 목적으로 그 문제에 관해 가능한 한 많은 정보를 모은다. 예를 들어, 연구자가 아동이 어떻게 도덕성을 발전시켜 나가는지 알고 싶다면 관찰 시에 아동이 보여 주는 행동이나 면접에서 아동이 이야기한 것을 서술하기만 해서는 안 된다. 모든 자료를 모아 귀납적 분석을 통해서 하나의 유형화(typology) 혹은 범주화를 시도해야 한다. 해석적 사례연구에서 추상성과 개념화의 수준은 변수들 간의 관계를 제시하는 정도부터 이론을 만들기까지에 걸쳐 다양하게 나타난다. 해석적 사례연구는 분석적 연구로 불리기도 하는데 복합적이고 깊이 있고 이론적이라는 측면에서 단순하게 서술적인 연구들과 구분된다.

③ 평가적 사례연구(evaluative study)

서술과 설명, 판단을 포함한다. Guba와 Lincoln(1981)은 사례연구가 "상세하고 풍부한 서술을 제공하고, 근거에 기초하고 있으며, 총체적이고, 인위적이지 않기 때문에 평가연구에 적절하다."라고 결론짓는다. 그러나 무엇보다도 이런 종류의 사례연구는 판단(judgment)을 가능하게 하는 양질의 정보를 얼마나 많이 수집하느냐에 성패가 달려 있다.

2. 사례연구의 절차와 방법

1) 사례연구의 절차

연구하고자 하는 주제에 따라 사례연구의 유형은 매우 다양하다. 하지만 사례연구를 하고자 하는 경우에는 대체로 다음과 같은 단계를 거치게 된다.

우선, 연구 문제를 결정해야 하는데 어떤 개체나 단체를 대상으로 할 것인지, 그 개체나 단체의 어떤 특성이나 문제를 기술·분석할 것인지를 정해야 한다. 연구 문제가 결정되면 이를 기술·분석하는 데 도움이 된다고 여겨지는 모든 자료를 수집해야 한다. 가능한 방법을 모두 동원하여 되도록이면 많은 자료를 수집하는 것이 좋다. 다음에는 수집한 자료를 놓고 연구대상이 지닌 특성이나 문제를 종합적으로 진단·분석해야 한다. 이때 외적 자료에 의존하여 피상적으로 분석하기보다는 맥락을 고려하여 심층적으로 고찰함으로써 숨겨져 있는 근본적인 특성이나 문제를 찾아내야 한다. 이를 위해서는 단번에 자료수집을 마치는 것보다 연구 과정에서 자료 수집과 분석을 반복해서 병행하는 것이 바람직하다.

개체의 특성이나 문제의 진단·사정이 사례연구의 목적이면 이상으로 연구를 마쳐도 되지만 문제해결 방법을 찾아내는 것이 연구의 목적일 경우에는 개체의 문제를 해결하는 데 사용할 수 있는 방법을 검토하여야 한다. 예를 들어, 아동이 보이는 문제행동의 특성과 원인을 찾아내서 그에 대한 치료적 대책을 강구하기 위한 사례연구라면 적절한 문제해결 방법을 제시하는 것이 필수적이다.

2) 사례연구의 방법

사례연구의 방법은 매우 다양하여 표준화된 방법은 사실상 없다고 할수 있다. 즉, 사례연구는 자료수집이나 자료분석을 위해 어떤 방법을 반드시 사용해야 한다고 주장하지 않기 때문에 검사부터 면접에 이르기까지 모든 방법이 사례연구에 사용된다(Best & Kahn, 2006; Bogdan & Biklen, 1998, 2006).

사례연구는 학문의 영역에 따라 특징적인 모습을 보이기도 한다. 특히 문화인류학 분야에서는 연구자가 주로 면접, 문서 분석, 생활사 기록, 조사자 일지, 참여 관찰을 통해서 자료수집을 하고, 수집된 자료를 사회문화적으로 해석하는 방식으로 연구를 하게 된다. 연구자는 수집된 자료를 분석하여 사회적 상호작용에 대한 상징적 의미를 서술하고 설명의 틀을 재구성한다. 또한 역사학 분야에서는 연구자가 1차 자료들을 분석하여 시간의 경과에 따른 기관, 프로그램, 사회적 관행들의 변화를 서술하거나 한 사건을 연대기적으로 기술하는 방식을 취한다. 이때 연구자는 한 사건을 이해하기 위해서 그 사건의 전후 맥락, 사건의 배경, 사건이 주는 영향력 등을 종합적으로 고찰해야 한다. 한편, 심리학 분야에서는 개인에 초점을 맞추고 한 개인에 대한 자료를 수집하는 경우가 많다(양옥승, 2001).

아동에 대한 사례연구에서 많이 쓰이는 자료수집 방법은 문서 분석, 관찰, 면접 등이 있다. 문서 분석 시에는 가급적 1차 자료를 수집하여 자료의 신뢰도를 높이는 것이 중요하다. 1차 문서 자료에는 근무 기록, 관리 기록, 일지, 리스트, 각종 차트 등이 포함되는데 연구자는 문서가 만들어진 경위와 정확성을 확인하는 것이 필요하다. 예를 들어, 아동발달을 위한 사례연구를 위해서 문서 자료를 수집할 경우 연구자는 각종 기록서 및 검사지, 교사가 기록한 일지, 부모와의 면담 기록 등을 포함할 수 있다. 한편, 관찰을 통해서 자료수집을 할 때는 현장을 방문하여 관련 행동이나 환경을 관찰하면서 기록하거나 영상물로 자료를 수집하게 된다. 경우에 따라서는 참여 관찰이 필요하기도 하다(관찰에 대한 자세한 내용은 3장 참조). 면접을 통해서 자료수집을 할 경우 대개는 비구조적인 면접을 실시하여 다양하고 포괄적인 내용을 입수하지만 연구대상에 따라서 구조적인 면접을 실시할 수도 있다. 아동이 어릴 경우에는 면접으로 얻을 수 있는 자료가 제한적일 수 있기 때문이다(면접에 대한 자세한 내용은 5장 참조).

자료를 어떻게 분석할 것인가는 사례연구를 포함한 질적 연구에서 핵심적인 문제이지만 구체적이고 정형화된 설명은 매우 드물다. 이는 그만큼 개별 연구의 특성이 두드러지고, 다양한 방법이 사용되며, 연구자의 통찰력이나 안목이 중요하다는 의미가 될 수 있다.

3. 사례연구의 특징

사례연구는 정보를 조직화하여 아동을 하나의 독특한 존재로 이해할 수 있도록 도와준다는 점에서 가치 있는 연구방법이다(장휘숙, 한건환, 2005). 사례연구는 아동이 보이는 복잡한 행동을 맥락적으로 이해하는 데 유용하며, 아동의 발달상황과 문제행동을 인식하는 데 도움을 주므로 한 명의 아동을 대상으로 연구했다 하더라도 일반적인 아동을 이해하는 계기가 될 수 있다.

사례연구는 수집한 자료에 의거하여 사례를 기술·해석·논의한다. 따라서 해석이나 논의는 연역적 추리가 아닌 귀납적 추리에 의존해서 하게 되는데, 양적 연구나 실험적 연구에서는 선행연구의 고찰이나 기초이론이 연구문제 설정 과정에서 중요한 역할을 하지만 사례연구에서는 선행연구 결과나 기초이론의 영향을 받지 않고 새로운 통찰을 하는 경우가 많다. 또한 사례연구의 대상은 개인, 집단 또는 기관이 당면하고 있는 문제로서, 특수성과 개별성의 특징을 지니고 있다. 보편성을 띠는 것이 아니어서 일반적인 원리나 보편적인 사실을 이끌어 내지 않고 특정 개체나 단체의 특성 혹은 문제를 구체적으로 기술·분석할 뿐이다. 따라서 사례연구로 밝혀진 것은 특정 개체나 단체에 관한 것이므로 일반화하는 데 한계가 있다. 사례연구는 특정 방법만을 고집하지 않으며, 어떤 특정 측면만을 연구하는 것이 아니라 모든 요인을 조사하고 이를 토대로 그 사례가 당면한 문제를 포괄적으로 고찰한다.

다수 사례를 연구해야 할 경우에는 사례연구보다는 계량적 연구방법을 사용하는 경우가 많다. 사례연구는 개별 사례를 하나의 독립된 실체로서 취급하여 이들을 하나하나 이해하는 데 많은 시간과 노력이 들고, 이들 사례 간에 존재하는 유사점과 차이점을 분석하는 것이 쉽지 않기 때문이다.

1) 사례연구의 장단점

사례연구는 우선 조사대상의 독특한 성질을 구체적이고 상세하게 연구하는 데 유용하다. 또한 대상의 특성을 포괄적으로 파악하여 전면적인 인과관계를 파악할 수 있고, 비교적 소수의 대상을 시간적인 변화에 따라 조사함으로써 현상을 동태적으로 파악할 수 있다. 비교적 알려지지 않은 분야에 대한 탐색적 조사를 할 때도 유용하게 사용될 수 있고, 인간의 내면 생활이나 사회적 욕구, 관심, 동기 또는 집합적 행동의 실체를 문화적·사회적 배경하에서 연구하려고 할 때 역시 가장 적절한 연구방법이라고 볼 수 있다.

이러한 장점에도 불구하고, 사례연구는 선택된 사례에 대한 집중적인 연구로서 한정된 수의 사례를 연구하기 때문에 그 이론적인 의미가 크지 않다고 할 수 있다. 또한 실증주의적 입장에서 볼 때, 어떤 연구가 과학적 지식이 되려면 일반화할 수 있어야 하고 연구결과가 신뢰성이 있어야 하며 타당성이 확보되어야 한다. 그런데 사례연구는 사례의 수가 제한되기 때문에 일반화하기 어렵고, 연구방법이 엄격하지 않기 때문에 연구결과의 신뢰성이나 타당성이 낮으며, 조사자의 주관이나 가치가 개입되므로 객관성이 결여되어 과학적인 연구로서 부적절하다는 비판을 받고 있다.

2) 사례연구의 제한점

사례연구는 사례 안에 있는 개별적 구체성과 관계가 있는 일반적 보편성을 파악한다는 특징이 있다. 그러나 통계연구 방법보다는 보편성과 법칙성을 발견하는 것이 그렇게 쉽지 않다. 관찰할 만한 사례의 수가 적다는 점, 사례 안에 있는 여러 가지 속성이 지나치게 세분화되어 개별적인 내용으로 되어 있다는 점, 개별적인 구체적 사례에서 보편적 요소를 발견하기가 어렵다는 점, 모든 사례를 수량적으로 분석한 다음 객관적으로 검증할 방법이 없다는 점 등은 사례연구가 지니고 있는 한계성이다. 또한 사례연구는 연구 절차가 표준화되어 있지 않아 연구의 시도가 어렵다는 견해도 있다.

참 고 문 헌

양옥승(2001). 유아교육연구방법. 서울: 양서원.

이은해, 이미리, 박소연(2006). 아동 연구방법의 이해. 서울: 학지사.

장휘숙, 한건환(2005). 아동연구방법(제2판). 서울: 창지사.

Best, J. W., & Kahn, J. V. (2006). *Research in education* (10th ed.). Boston, MA: Allyn & Bacon.

Bogdan, R. C., & Biklen, S. K. (1998). *Qualitative research for children: An introduction to theory and methods* (3rd ed.). Boston, MA: Allyn & Bacon.

Bogdan, R. C., & Biklen, S. K. (2006). *Qualitative research for educaion: An introduction to theories and methods* (5th ed.). Upper Saddle River. NJ: Pearson Education.

Guba, E., & Lincoln, Y. (1981). *Effective evaluation: Improving the usefulness of evaluation results through responsive and naturalistic approaches.* San Francisco, CA: Jossey-Bass.

Merriam, S. B. (1998). *Qualitative research and case study applications in education: Revised and expanded from Case study research in education* (2nd ed.). San Francisco, CA: Jossey-Bass.

Pellegrini, A. D., & Bjorklund, D. F. (1998). *Applied child study: A developmental approach* (3rd ed.). Mahwah, NJ: Lawrence Erlbaum Associates.

Stake, R. E. (2010). *Qualitative research: Studying how things work.* NY: The Guilford Press.

Yin, R. K. (2013). *Case study research: Design and methods* (5th ed.). Newbury Park, CA: Sage.

제3부

아동 관찰 및 행동 연구의 적용

제8장

운동발달

1. 영유아기 운동발달 연구의 목적

　운동발달은 인지, 정서 등 인간의 다양한 발달 영역과 마찬가지로 인간의 가장 기본적인 발달 영역 중 하나다. 운동발달은 인간의 전 생애에 걸쳐 일어나는 운동행동에서의 지속적인 변화(Gallahue & Ozmun, 2006), 운동행동이 연령에 따라 계열적·연속적으로 변화해 가는 과정(김선진, 2003) 등으로 정의될 수 있다. 따라서 운동발달에 대한 연구는 인간의 전 생애에 걸친 운동행동 변화와 이런 변화의 과정, 변화에 영향을 미치는 요인들에 대한 연구(Payne & Isaacs, 2005)라 할 수 있다.

　인간의 운동발달 능력은 생애 초기에 가장 기본적으로 나타나는 반사운동을 시작으로, 스스로 자신을 조절하는 안정운동, 자유롭게 움직이는 이동운동, 주위의 물체를 조작할 수 있는 조작운동에 이르기까지 매우 다양하다. 이러한 인간의 운동발달에 대한 연구는 1930년대 여러 학자에 의해 과학적인 연구들이 시도된 것을 시작으로, 현재에는 영아기부터 성인기에 이르기까지 전 생애에 걸쳐 활발하게 이루어지고 있다(Gallahue & Ozmun, 2006).

인간의 발달은 운동발달뿐 아니라 여러 가지 영역의 상호작용을 통해 이루어지므로, 운동발달 연구를 통해 인간의 움직임 변화와 과정, 요인 등에 대해 탐색하는 것은 인간의 다른 발달 영역에 대한 이해에 필수적이다. 운동발달 연구를 통해 얻은 지식은 개인의 움직임 기술을 지도하고 학습활동을 향상시키는 데 도움이 된다는 점에서 중요할 뿐만 아니라, 비정상적인 발달 진단에 활용될 수 있다는 점에서 큰 의의를 가진다(Payne & Isaacs, 2005). 특히 영유아기 동안에 다양한 기본적 운동능력이 급속히 발달하고, 6세경에 이르면 대부분의 기본운동 기술이 성숙에 이르게 되므로(Gallahue & Ozmun, 2006), 이 시기 운동발달에 대한 이해는 전 생애 발달 양상 이해에 대한 기본적 토대를 제공한다는 점에서 매우 중요하다.

앞서 살펴본 운동발달 연구의 중요성을 토대로 영유아기 운동발달 연구의 목적을 정리해 보면 크게 두 가지로 요약할 수 있다. 먼저, 이론적 측면에서 운동발달을 이해하는 것은 개인의 전인적 발달 측면에서 매우 중요하므로, 운동발달 연구를 통하여 운동발달의 변화와 운동발달 관련 변인, 운동발달과 다른 발달 영역과의 상호작용 등에 대한 지식을 규명하고 이론을 정립할 필요가 있다. 실제적 측면에서 다양한 운동발달 지식과 이론은 개인의 운동수행을 증진시키는 데 도움을 줄 수 있으며, 특히 유아교육 현장에서 교사가 영유아의 운동발달 양상을 이해하고 이를 바탕으로 발달을 향상시킬 수 있는 교육 프로그램을 구성하는 데 필요하다. 또한 발달장애를 가진 유아들을 진단하여 이들의 신체 및 운동 발달을 촉진시킬 수 있는 치료방법을 개발하는 기초 자료로도 중요한 의미를 지닌다.

2. 영아기 운동발달 연구의 이론 및 실제

영아기는 운동조절 능력이 가장 급속도로 발달하는 시기로 알려져 있다. 특히 생후 1년까지의 시기는 이후 인간의 운동능력 발달을 결정하는 가장 중요한 시기라 할 수 있다. 신생아는 거의 스스로를 조절할 수 없으며 중력과 같은 환경 요인에 적응하기 어렵지만, 영아는 12개월 즈음이 되면 자세를 유지하고 물체를 조작하며 혼자 걸을 수 있게 된다(Piek, 2006).

이 시기의 연구들은 출생 후 무의식적으로 발현되는 반사행동과 그 이후에 안정·이동·조작 운동 영역에서 서서히 나타나는 의식적인 행동을 중심으로 이루어진다.

1) 영아기 운동발달 연구의 이론적 측면

(1) 반사운동의 발달

반사(reflex)는 일반적으로 특정 반사나 반응에 한정된 외부자극에 의해 유발되는 비자발적 움직임으로 정의된다(Piek, 2006). 반사행동은 갓 태어난 영아의 생존을 돕고, 이후에 나타나는 의식적 움직임들의 기초를 형성하며, 영아 및 유아 운동발달의 진단적 지표가 되어 준다는 점(황덕호, 고재곤, 2005)에서 중요한 의미를 갖는다.

영아의 반사운동은 크게 원초반사(primitive reflexes), 자세반사(postural reflexes), 이동반사(locomotion reflexes)의 세 가지로 구분할 수 있다(김선진, 2003; Piek, 2006). 먼저, 원초반사는 영아의 생존이나 보호와 관련된 비자발적 반응으로, 모로반사(moro reflex), 놀람반사(startle reflex), 찾기반사(search reflex), 빨기반사(sucking reflex), 손바닥쥐기반사(palmar grasp reflex), 손바닥-턱벌리기반사(palmar mental reflex), 손바닥-턱다

물기반사(palmar mandibular reflex), 바빈스키반사(babinski reflex), 발바닥오므리기반사(plantar grasp reflex), 대칭목경직반사(symmetric tonic neck reflex), 비대칭목경직반사(asymmetric tonic neck reflex) 등이 이에 해당한다. 자세반사는 영아가 머리를 들거나, 앉거나, 몸을 뒤집는 행동

표 8-1 영아의 반사행동 발달 시기

반사행동 \ 개월	0	1	2	3	4	5	6	7	8	9	10	11	12
원초반사													
모로반사	■	■	■	■	■	■	■						
놀람반사							■	■	■	■	■	■	■
찾기반사	■	■	■	■	■								
빨기반사	■	■	■	■	■								
손바닥쥐기반사	■	■	■	■	■								
손바닥-턱벌리기반사	■	■	■	■	■								
손바닥-턱다물기반사	■	■	■	■	■								
바빈스키반사	■	■	■	■	■	■	■						
발바닥오므리기반사					■	■	■	■	■	■	■	■	■
대칭목경직반사							■	■	■				
비대칭목경직반사	■	■	■	■	■	■	■						
자세반사													
미로반사	■	■	■	■	■	■	■	■	■	■	■	■	■
낙하반사	■	■	■	■	■	■	■	■	■	■	■	■	■
턱걸이반사					■	■	■	■	■	■	■	■	■
머리-정향반사			■	■	■	■	■	■	■	■	■	■	■
신체-정향반사			■	■	■	■	■	■	■	■	■	■	■
이동반사													
기기반사	■	■	■	■	■								
걷기반사	■	■	■	■	■	■							
수영반사	■	■	■	■	■	■							

출처: Gallahue & Ozmun, 2006; Payne & Isaacs, 2005; Piek, 2006.

등의 자세를 유지하도록 하기 위해 나타나는 반사로서, 미로반사(labyrinthine reflex), 낙하반사(parachute reflex), 턱걸이반사(pull-up reflex), 머리-신체정향반사(head and body righting reflex) 등이 있다. 마지막으로 이동반사는 영아가 기거나 수영을 하는 등의 행동을 보이는 반사로서, 기기반사(crawling reflex), 걷기반사(stepping reflex), 수영반사(swimming reflex) 등이 이에 해당한다.

　이러한 영아의 반사행동들은 종류에 따라 나타나는 시기에 차이가 있는데, 일반적으로 출생 4개월 전 태내에서부터 나타나 생후 1년 정도면 사라진다. 각각의 반사행동이 나타나는 시기를 구체적으로 살펴보면 〈표 8-1〉과 같다.

　생후 1년이 지나면서 이런 반사행동들은 점차 사라지며, 영아들은 중력의 힘으로부터 자세를 유지하고(안정) 움직이는(이동) 기본적 능력들을 발달시키고, 뻗기·잡기·만지기 등(조작)의 초보적인 능력들을 발달시킨다(Gallahue & Ozmun, 2006).

(2) 안정운동(자세조절 능력)의 발달

　안정성 또는 자세를 조절하는 능력은 다른 운동발달 능력들의 기본 요소이며, 모든 자발적인 움직임은 안정성과 관련되므로, 영아가 다양한 운동기술을 습득하기 위해서는 적절하게 자세를 조절하는 능력이 선행되어야 한다(Gallahue & Ozmun, 2006; Piek, 2006). 머리와 목, 몸통의 조절, 앉기와 서기, 자세 취하기 등 영아의 초보적인 안정운동 발달 양상을 살펴보면 다음과 같다(김선진, 2003; Gallahue & Ozmun, 2006).

　갓 태어난 영아들은 머리나 목 근육을 거의 통제할 수 없지만 1개월쯤 지나면 근육에 대한 조절력을 갖게 되어 머리나 목을 지지할 수 있게 된다. 그리고 5개월이 되면 누운 자세에서 머리를 들어 올릴 수 있을 정도로 머리와 목의 조절능력이 발달하게 된다. 머리와 목 근육을 조절할 수 있게 된 후 영아는 자신의 몸(몸통)에 대한 조절능력을 획득하게 된다. 몸

통에 대한 조절은 생후 2개월 즈음부터 가능해지는데, 이때 영아는 엎드
린 자세에서 가슴을 들어 올릴 수 있게 된다. 생후 6개월 즈음이면 누운
자세에서 엎드린 자세로 몸을 돌리는 것도 가능해진다.

영아가 자신의 몸통을 완전히 조절할 수 있게 되면 혼자 앉는 것도 가
능해지는데, 4개월 즈음의 영아는 몸통의 아랫부분을 조절할 수 없으므
로 허리 부분을 지지해 주면 앉을 수 있다. 5~6개월이 되면서 점차 몸통
아랫부분에 대한 조절력을 획득하여 상체를 앞으로 굽히는 자세를 보이
다가, 7개월 즈음이 되면 보호자의 도움 없이 혼자 앉을 수 있게 된다.

앉기에 이어 영아가 서는 자세를 취할 수 있다는 것은 영아의 안정운동
능력에서 대표적인 발달 지표라 할 수 있다. 생후 5개월 즈음이 되면 영아
는 주변의 지지대를 잡고 혼자 서 보려는 시도를 하는데, 점차 외부에 대
한 지지를 줄이고 균형을 찾으려는 시도를 하면서 11~13개월이 되면 혼
자서 설 수 있게 된다.

(3) 이동운동(이동운동 능력)의 발달

초보적인 안정운동 능력이 발달함에 따라 영아들은 자유롭게 움직이는
이동운동 능력을 획득하게 된다. 영아의 초보적 이동운동 능력은 이후 정
교한 운동기술을 익히는 데 중요한 역할을 한다(Gallahue & Ozmun,
2006). 영아의 초보적 이동운동 능력인 기기와 걷기의 발달 양상을 살펴
보면 다음과 같다(김선진, 2003;
Gallahue & Ozmun, 2006).

[그림 8-1] 생후 5개월 된 영아가 배를
대고 기는 모습

영아의 기는 행동은 배를 대고
기는 것(crawling)과 무릎을 대고
기는 것(creeping)으로 구분할 수
있는데, 배를 대고 기는 움직임은
영아가 머리, 목, 몸통 근육에 대한
조절을 하면서 나타난다. 생후 6개

월, 빠르면 4개월이 지나면 영아는 두 팔을 지지해서 상체를 들고 기는 움직임을 보이며, 생후 9개월 즈음이 되면 무릎을 대고 기는 모습을 볼 수 있다.

기기 동작을 거쳐 영아는 10~15개월 사이에 일반적으로 혼자서 걸어 보려는 시도를 한다. 생후 10개월 즈음에는 주변의 물체를 이용하여 옆으로나 비스듬히 걸을 수 있으며, 12~13개월 즈음이 되면 불완전하지만 스스로 걸을 수 있게 된다.

(4) 조작운동(물체조작 능력)의 발달

안정운동, 이동운동과 함께 영아의 조작운동 역시 발달하는데, 이 시기에 발달하는 조작운동은 뻗기, 쥐기, 놓기의 가장 기초적인 것들이다. 초보적인 조작능력이 발달함에 따라 영아는 자신의 주변에 있는 물체에 대해 의미 있는 탐색을 할 수 있게 된다(Gallahue & Ozmun, 2006). 뻗기, 쥐기, 놓기의 영아의 초보적인 조작운동 능력의 발달 양상을 살펴보면 다음과 같다(김선진, 2003; Gallahue & Ozmun, 2006).

생후 4개월 즈음이 되면 영아는 눈과 손의 협응을 통해서 사물을 향해 손을 뻗을 수 있게 된다. 초기의 뻗기 동작은 매우 느리고 서투르며 주로 팔꿈치나 어깨의 움직임을 통해 이루어지는데, 6개월 즈음이 되면 동작을 어느 정도 조절할 수 있다. 생후 4~5개월에는 주로 양손을 사용한 뻗기 동작을 보이는데, 이후 양손을 사용하는 동작이 점차 한 손을 사용하는 동작으로 변하다가, 생후 7개월이 지나면 물체의 특성에 따라 한 손을 사용할 것인지 양손을 사용할 것인지 선택할 수 있다. 생후 8개월 즈음에는 양팔을 독립적으로 움직일 수 있으며, 12개월이 지나면 각각의 팔을 서로 다른 물체를 향하여 독립적으로 뻗을 수도 있다. 24개월이 지나면 양손의 협응도 가능해져 두 손을 상호보완적으로 움직일 수 있다.

쥐기는 뻗기 동작과 거의 동시에 이루어진다. 신생아가 손에 물체가 닿을 때 쥐는 행동을 보이는 것은 반사적인 행동에 속하며, 생후 3개월 즈음이 되어야 자발적인 쥐기 동작이 이루어진다. 처음에는 손바닥을 이용하여 쥐는 것만이 가능하지만 생후 9개월 즈음이 되면 엄지손가락과 다른 손가락을 이용하여 집게모양처럼 쥐는 것이 가능해지며, 이후 쥐기 동작이 점차 정교해지면서 18개월이 지나면 다른 사람의 도움 없이 혼자서 밥을 먹는 것도 가능해진다.

놓기 동작은 뻗기나 쥐기에 비해 늦게 발달되는데, 생후 14개월이 지나야 자신이 쥐었던 것을 놓는 초보적인 동작이 완전히 발달하게 되며, 18개월이 지나면 이러한 동작이 좀 더 정교해진다.

2) 영아기 운동발달 연구의 실제

출생 후 초보적인 운동능력을 발달시켜 나가는 영아기에는 영아들이 운동기술을 습득해 나가는 과정과 운동발달 기제가 중요시되며, 이에 초점을 둔 관찰 및 실험 연구가 많이 이루어진다. 또한 영아의 정상적인 발달 여부를 진단하기 위한 조사 도구나 검사 도구들 역시 영아 운동발달 연구에서 중요한 부분을 차지한다. 따라서 여기에서는 관찰연구, 실험연구, 조사연구, 심리검사를 통해 영아기 운동발달 연구에 대해 구체적으로 살펴보고자 한다.

(1) 관찰연구

영아의 운동발달 연구는 영아의 동작과 행동을 관찰하는 것을 기본으로 한다. 전반적인 운동발달 양상은 자연스러운 상황에서 행동관찰을 통해 이루어지지만, 각각의 특정 운동능력의 발달 양상에 대한 연구는 연구자가 설계한 특수 조건하에서 실험관찰을 통해 이루어진다. 자연관찰이나 실험관찰에서는 비디오카메라나 CCTV를 통한 녹화 방법이 일반적으로 많이 사용되지만, 영아의 외부 동작에 대한 관찰보다 운동을 가능하게 하는 내부 기제나 운동 시의 각 신체 기관의 작용에 초점을 둔 연구에서는 영아의 몸에 마커(marker)를 부착하여 컴퓨터를 통해 동작을 분석하는 새로운 방법들을 사용하기도 한다.

① 반사운동 발달

영아의 반사행동은 불수의적인 반응으로서 유아의 생존이나 보호와 관련되는 가장 기본적인 반응이다. 그중 원초반사는 아동신경학자들이 영유아의 중추신경체계를 평가하기 위해 가장 이른 시기에, 간단히 그리고 빈번하게 사용하는 도구 중 하나다. 이 반사행동은 영아의 중추신경계가 성숙되면서 점점 사라지기 때문에 특정 시기에만 볼 수 있는 운동 레퍼토리로 간주된다. 이에 연구자들은 원초반사를 유발할 수 있는 특정 자극들을 주어 영아의 원초반사와 신경학적 발달에 대해 연구해 왔다(Zafeiriou, 2004).

Zafeiriou(2004)는 영아의 신경발달 연구에서 원초반사를 사용한 연구들을 검토하여, 기존 연구에서 영아의 반사행동을 어떻게 유발하여 반응을 판단하는지 간단히 정리하였다. 기존 연구에서 영아의 원초반사를 유발하기 위해 사용한 방법들 중 몇 가지를 살펴보면 〈표 8-2〉와 같다.

특히 Futagi, Suzuki와 Goto(1999)는 원초반사 중 발바닥오므리기반사의 신경학적 중요성을 검증하였는데, 〈표 8-2〉의 방법으로 영아의 반사

표 8-2 연구에서 사용된 원초반사 유발 방법의 예

반사	자세	방법	반응
손바닥쥐기반사	누운 자세	영아의 손바닥을 손가락으로 건드림	손가락 구부림(손바닥 쥐기)
발바닥오므리기반사	누운 자세	영아의 발가락 뒤쪽 바닥을 엄지손가락으로 누름	발가락 오므림
비대칭목경직반사	누운 자세	영아의 머리를 15초 정도 한쪽 방향으로 돌림	턱 쪽(머리가 돌아간 방향과 같은 방향)의 팔과 다리는 펴지고, 뒷머리 쪽(반대 방향) 팔과 다리는 굽혀짐

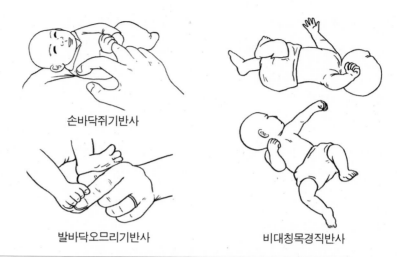

손바닥쥐기반사

발바닥오므리기반사

비대칭목경직반사

[그림 8-2] 연구에서 사용된 원초반사 유발 방법의 예

반응을 관찰한 후 추후 7~8년 후까지 수차례 이 영아들의 발달 정도를 측정하였다. 그 결과 생후 6개월 이내에 반사반응을 보이지 않았던 영아들에게 신경학적 기형이 발견되어, 영아기 동안 나타나는 발바닥오므리기반사가 신경학적 발달을 잘 예견하는 것으로 나타났다.

② 안정운동 및 이동운동 발달

영아가 어떻게 걷는 법을 배우는가에 대한 연구는 운동발달 연구자들에게 특별한 관심영역이었다(Piek & Gasson, 1999). 영아가 혼자서 앉고 서고 걷는 능력, 즉 안정운동과 이동운동에 대한 연구는 운동능력 발달을 가능하게 하는 신체 작용과 기제에 중점을 둔다. 최근에는 컴퓨터나 첨단화된 장비를 사용하여 동작 그 자체뿐 아니라 동작을 가능하게 하는 신체협응과 조절 등 내부 기제에 대해 '동작분석(motion analysis)'과 같은 입체적인 분석이 가능해졌다.

동작분석은 Thelen과 동료들이 영아의 움직임을 조사하기 위해 처음 사용한 것으로, 그들은 영아가 차기를 하는 동안 발목, 무릎, 엉덩이 관절들이 어떠한 관계를 가지는지 조사하였다(Piek, 2001). Piek과 Gasson(1999),

Piek, Gasson, Barrett과 Case(2002) 등의 연구에서도 영아의 손과 발, 몸통(허리), 발목, 무릎, 엉덩이, 어깨, 팔꿈치, 손목의 아홉 군데의 좌우 지점 총 18군데 지점에 마커(marker)를 부착하여 누운 자세나 차기 자세에서 영아의 팔, 다리 협응을 3차원 동작분석을 통해 살펴보았다. Haehl, Vardaxis와 Ulrich(2000)는 차기뿐 아니라 서기 자세에서 영아의 신체 제어 방식을 밝히고자 영아의 피부 표면에 둥근 마커(marker)를 부착하여 봉을 잡고 서서 움직이는 모습을 관찰하였다.

영아의 서기 자세 연구

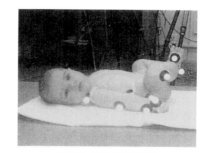

영아의 차기 자세 연구

[그림 8-3] 마커를 사용한 3차원 동작분석의 예
출처: Piek, 2006: 96, 140.

이와 비슷하게 Hallemans, Dhanis, De Clercq과 Aerts(2007)는 영아가 걸음을 시작한 5개월 동안 일어나는 운동역학 조절 변화를 관찰하기 위해 The Helen-Hayes marker set를 이용하였다. 영아가 [그림 8-4]와 같은 마커 세트(marker set)를 입고 나무로 만든 길을 걷도록 하여 이를 관찰하였으며, 3차원적으로 관절 각도와 변화에 대한 자료

[그림 8-4] 전신 운동(kinematics)을 측정하기 위해 사용된 The Helen-Hayes marker set
출처: Hallemans et al., 2007.

를 분석하였다.

③ 조작운동 발달

뻗기는 영아기에 발달하는 가장 기본적인 조작운동 능력으로, 발달 양상, 발달에 영향을 미치는 요인, 다른 운동능력과의 관계 등을 중심으로 많은 연구가 이루어졌다.

영아의 뻗기 행동에 관한 중요한 연구 중 하나는 두 대의 카메라 시스템을 사용하여 영아의 손 움직임 경로를 관찰한 von Hofsten(1982)의 연구다. 그는 신생아(생후 5~9일) 14명의 눈과 손 움직임을 관찰하기 위해 영아가 적절한 자세를 취할 수 있는 의자와 밝은색 털실공이 매달린 장치를 고안하였다. [그림 8-5]와 같이 영아를 앉히고 물체를 제시하였다가(제시할 때는 물체를 앞뒤로 움직였다 멈추게 한다) 사라지게 하는 세션을 반복하며 두 대의 카메라를 통해 영아의 행동을 녹화하여 분석하였다. 그 결과 영아가 물체를 응시하지 않을 때보다 물체를 응시할 때 뻗기 동작이 많이 나타났다.

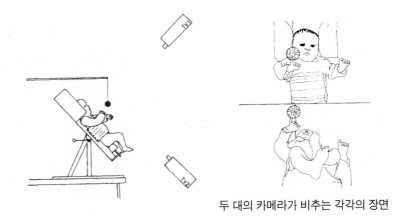

두 대의 카메라가 비추는 각각의 장면

[그림 8-5] 영아의 뻗기 연구에서 사용된 실험 장치
출처: von Hofsten, 1982.

(2) 실험연구

영아의 운동발달 관찰연구에서와 마찬가지로 실험연구에서도 비디오나 CCTV를 통해 영아의 행동을 관찰하거나 마커와 같이 특수한 장치 또는 컴퓨터를 이용하여 영아의 행동을 관찰한다. 대신 관찰연구와 달리 실험연구에서는 연구자의 보다 의도적인 조작에 의한 실험상황에서 영아의 행동을 관찰·분석한다.

① 안정운동 및 이동운동 발달

20세기 초반부터 이어 온 성숙론적 관점에서 볼 때 운동발달은 내적 충동과 내부의 고유 기제에 의해 발현되는 것이다. 그러나 최근 등장한 다이내믹 시스템(dynamical systems) 관점에서 운동발달은 복잡한 다이내믹 시스템 내에서의 변화 과정이며, 다양한 요인에 의해 진화되는 것으로 간주된다(Hallemans et al., 2007).

이러한 관점을 바탕으로 운동발달에 대한 수많은 연구가 이루어져 왔는데, 대표적으로 트레드밀(treadmill) 실험을 통해 영아의 자발적인 다리 움직임을 분석한 Thelen과 Ulrich(1991)의 연구를 들 수 있다. 이 연구에서는 13명의 영아를 대상으로 생후 9개월까지 매 개월 실험을 실시하였으며, [그림 8-6]과 같이 영아의 양쪽 발에 적외선 방출 다이오드(infrared emitting diodes: IREDs)를 연결하여 성인이 몸을 지지한 후 트레드밀의 속도를 다르게 조정하면서 다리의 움직임을 관찰·분석하였다. 실험 결과, 영아의 속도에 대한 적응과 두 다리의 상대적 협응이 향상된 것으로 나타나 이동운동 기술이 다양한 외부 요소에 의해 발전될 수 있음을 증명했다.

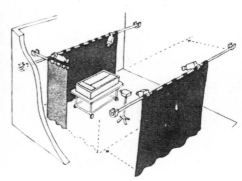

[그림 8-6] 트레드밀과 실험 장치

출처: Thelen & Ulrich, 1991.

② 조작운동 발달

뻗기, 쥐기 등 영아기 조작운동 능력이 발달하기 위해서는 안정운동 능력(자세조절 능력)이 선행되어야 한다. Rochat(1992)는 영아의 뻗기 동작 발달에서 자세조절 능력이 중요한 역할을 함을 지적하고 연구를 실시하였다. 그는 5~8개월 된 영아를 혼자서 앉을 수 있는 집단과 앉을 수 없는 집단으로 구분하여 뻗기 과제를 수행하게 한 후, 이를 비디오카메라로 녹화하였다. 그리하여 [그림 8-7]과 같이 앉기, 비스듬히 앉기, 엎드리기, 눕기의 네 가지 자세 조건에서 영아의 뻗기 동작을 관찰한 결과, 혼자 앉을 수 있는 영아가 앉을 수 없는 영아에 비해 뻗기 과제 수행을 좀 더 잘하는 것으로 나타났다. 또한 혼자 앉을 수 있는 영아들은 네 가지 자세 모두에서 한 손을 사용하여 뻗는 동작을 보여 주었으며, 혼자 앉을 수 없는 영아들도 앉은 조건과 같이 안정적인 자세에서는 한 손 뻗기 동작을 많이 보여 주었다. 이러한 결과는 앉기와 같은 영아의 안정운동 능력이 조작운동 능력 발달에 중요 변수로 작용함을 의미한다.

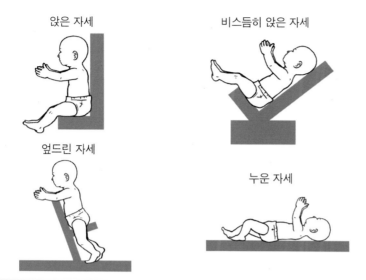

앉은 자세

비스듬히 앉은 자세

엎드린 자세

누운 자세

[그림 8-7] 자세가 뻗기 조절에 미치는 영향을 조사하기 위해 사용된 네 가지 자세
출처: Rochat, 1992.

(3) 조사연구

　영아의 운동발달 연구는 대부분 자연상황이나 실험상황에서의 영아의 행동에 대한 관찰 또는 전문가 검사를 통해 이루어진다. 아동의 행동발달 상태에 대한 양육자의 보고를 이용하는 방법은 많지 않은데 영유아 선별검사 도구로서 ASQ(Ages and Stages Questionnaires)가 국내에 소개되어 이용되고 있다.

　ASQ는 Squires, Potter와 Bricker가 1995년에 발달 문제를 겪고 있는 영유아를 판별하기 위해 부모가 영유아 발달의 1차 선별자 기능을 할 수 있도록 개발한 도구다. 국내에서는 서울장애인종합복지관에서 2000년에 이 척도를 번역·출판하였으며, 이후 전국 영유아 및 부모 3,000쌍을 대상으로 한국 실정에 적절하게 표준화하여 'K-ASQ: 부모작성형 유아 모니터링 체계'를 제공하고 있다.

　K-ASQ는 4개월에서 60개월의 유아를 대상으로 사용할 수 있으며, 부모에게 익숙한 환경에서 즐거운 활동을 하면서 운동성, 놀이, 일상생활 기술들을 수행해 봄으로써 정확하게 검사할 수 있는 문항들로 구성되어 있

[그림 8-8] K-ASQ: 부모작성
형 유아 모니터링
체계

출처: http://www.seoulrehab.or.kr
/book/BookView.asp?page = 1&nu
m = 108

다. 잠재적 발달 문제를 보이는 영유아를 판별하기 위해 고안된 19개의 질문지는 의사소통, 대근육 운동, 소근육 운동, 문제해결, 개인-사회성 기술의 5개 영역의 중요한 발달 정보를 포함하고 있다.

이 검사 도구는 부모가 아동을 관찰하고 그 능력에 관해 간단한 질문지를 작성하게 하므로 비용이 적게 들 뿐 아니라, 부모가 발달에 관한 질문지를 완성하게 함으로써 자녀에 관해 그들이 가지고 있는 다양한 정보에 기인하여 선별 진단의 정확성을 증진시킬 수 있다는 장점을 지니고 있다(황해익 외, 2004).

(4) 심리검사

① K-BSID II: 한국 베일리 영아 발달검사 II

베일리 영아 발달검사(Bayley Scale of Infant Development: BSID)는 Bayley가 1969년에 개발하여 표준화한 영아 발달 진단도구로서, 1993년 BSID-II로 개정되었다. 국내에서는 조복희와 박혜원(2004)이 BSID와 BSID-II를 번안, 수정하여 한국 영아에게 적합하게 표준화하였다.

조복희와 박혜원(2004)의 K-BSID-II 표준화 연구에서는 BSID-II에서 제시된 22개 연령집단별로 해당 연령의 문항세트(1, 2, 3, 4, 5, 6, 7, 8, 9, 10, 11, 12, 13, 14～16, 17～19, 20～22, 23～25, 26～28, 29～31, 32～34, 35～37, 38～42개월)를 그대로 사용하였다. 인지척도 178문항, 동작척도 111문항, 행동평정척도 30문항으로 구성된 BSID-II의 문항 중 예비연구(박혜원, 조복희, 최호정, 2003)를 통해 문항양호도가 밝혀진 2개 문항과 2개

의 새로운 문항을 첨가하여 문항을 구성하였다. 총 112개 문항의 동작척
도는 유아의 기본적인 움직임 패턴과 반응, 소근육 운동조절, 역동적 움
직임, 순응적 움직임, 시각-운동 협응 발달을 측정한다.

- 동작 수준: 6개월 이상 영아의 소근육 운동과 대근육 운동 수준 및 다양
  한 자세로 움직이는 능력을 측정함
- 감각통합: 23~37개월의 영아에게 적절한 문항으로, 촉감각과 시감각
  을 포함함
- 지각-운동통합: 37개월 이상 영아에게는 동작계획을, 13~42개월 영
  아에게는 소근육 운동 조절을 측정함

검사 시 아동은 각 문항 수행 결과에 대해 성공, 실패, 거부반응, 부모
보고, 생략의 다섯 가지로 기록되는데, 성공한 경우에만 1점을 받을 수
있다. 원점수를 이용하여 유아의 동작발달 지수를 산출할 수 있으며, 동
작발달에서의 발달 연령을 산출할 수 있다(박혜원, 김말경, 2005).

[그림 8-9] 한국 베일리 영아 발달검사
출처: http://www.mindpress.co.kr

② 한국형 덴버-II
덴버-II(Denver-II)는 아동건강 전문가가 어린 아동의 잠재적인 발달 문
제나 그 위험성을 선별하는 것을 돕기 위해 1967년 처음으로 미국의 DR.

Frankenberg에 의해 DDST(Denver Developmental Screening Test)로 개 발되었으며, 1990년 검사의 문제점을 보완하여 덴버-II로 개정되었다. 우 리나라에서는 0～6세 아동 1,054명을 대상으로 덴버-II 재표준화를 위한 연구를 실시하여 '한국형 덴버-II'를 개발하였다.

표 8-3 한국형 덴버-II 검사 도구

① 빨간색 털실 뭉치 1개	⑥ 정구공 1개
② 건포도(또는 비슷한 모양의 시리얼) 몇 개	⑦ 빨간색 색연필 1개
③ 손잡이가 있는 딸랑이 1개	⑧ 종이 1장
④ 2.5cm의 적목 10개(빨강, 노랑, 파랑, 주황,	⑨ 작은 플라스틱 인형
초록색 각 2개씩)	⑩ 손잡이가 달린 컵
⑤ 작은 종 1개	

한국형 덴버-II는 개인-사회성 발달 영역 22문항, 미세운동 및 적응발 달 영역 27문항, 언어발달 영역 34문항, 운동발달 영역 27문항의 총 110문 항으로 구성되어 있으며, 0～6세의 영유아를 그 대상으로 한다. 각 영역 중 손의 협응이나 작은 물체의 조작능력을 측정하는 미세운동 및 적응발 달 영역과 앉고, 걷고, 뛰는 등의 큰 근육운동을 측정하는 운동발달 영역 을 통해 영유아의 운동발달을 평가할 수 있다(신희선, 한경자, 오가실, 오진 주, 하미나, 2002).

③ PDMS-II: The Peabody Developmental Motor Scales

PDMS-II는 Folio와 Fewell이 2000년에 0～5세 영유아의 대근육 및 소근육 운동발달 능력을 측정하기 위해 고안한 검사 도구다. 대동작 운 동발달 척도는 반사, 정지, 이동, 사물 조작의 4개 영역 총 170항목으로 구성되며, 소동작 운동발달 척도는 잡기, 시각-운동 통합의 2개 영역 총 98문항으로 구성된다(Gallahue & Ozmun, 2006). 평가 점수는 항목에 따 른 수행기준을 판단하여 0, 1, 2점으로 채점되며, 평가를 시행하는 데 소

표 8-4 PDMS-II 검사 내용

영역		항목 수	내용
대동작 운동발달	반사	8	• 외부 환경에 대한 영아의 무의식적 반응능력 측정 • 0~11개월 영아를 대상으로 함
	정지	30	• 중력에 대해 영아가 신체 조절과 균형을 유지하는 능력을 측정
	이동	89	• 영아의 이동능력을 측정 • 기기, 걷기, 뛰기, 호핑, 점핑 등을 포함
	사물	24	• 영아가 공을 조작하는 능력을 측정 • 잡기, 던지기, 차기 등을 포함 • 12개월 이후 영아를 대상으로 함
소동작 운동발달	잡기	26	• 영아가 자신의 손을 사용하는 능력을 측정
	시각-운동 통합	72	• 영아가 복잡한 눈-손 협응 과제를 수행하기 위해 시지각 기술을 사용하는 능력을 측정 • 물체 잡기와 뻗기, 블록쌓기, 따라 그리기 등을 포함

출처: http://www.proedinc.com/customer/ProductView.aspx?ID=1783

요되는 시간은 대동작과 소동작 각각 20~30분 정도다(진효숙, 2005).

PDMS-II는 아직 국내에서 사용하는 경우가 많지 않고 표준화 작업도 이루어지지 않았으나, 최근 부분적으로 척도에 대한 신뢰도를 검증하는 연구(김채경, 2003; 진효숙, 2005)가 이루어졌다. 이 두 연구에서는 모두 PDMS-II 척도 중 대근육 척도에 대한 신뢰도를 평가하였는데, 정상아동과 운동발달 장애아동 모두에게 신뢰성이 있는 척도로 검증되었다. 그러나 이는 부분적인 결과에 불과하므로 앞으로 문화적 요소를 고려한 척도의 표준화 작업이 요구되며 전체 척도의 신뢰도와 타당도에 대한 지속적인

[그림 8-10] PDMS-II 검사 도구
출처: http://www.harcourt-uk.com

연구가 필요하다.

3. 유아기 운동발달 연구의 이론 및 실제

유아의 운동능력은 영아기 동안 초보적인 운동능력들을 획득한 후에 기본적인 운동능력으로 확장된다. 2~6세 또는 7세까지의 유아기는 운동발달의 중요한 지표(landmark)가 되는 기간이며, 이 기간 동안 나타나 발달하는 운동행동의 요소들은 이후 더욱 복잡한 운동 프로그램을 형성하는 운동기술의 기초를 제공한다(Gabbard, 2000).

1) 유아기 운동발달 연구의 이론적 측면

(1) 안정운동(자세조절 능력)의 발달

생후 2년이 지나면서 유아들은 영아기 동안 발달된 초보적 운동능력을 완전히 획득하게 되는데, 이때 유아들은 중력의 힘에 적절히 대응할 수 있게 되며 자신의 근육 조직에 대한 조절을 점차 향상시키게 된다. 유아기에 발달하는 동적 · 정적 균형능력을 구체적으로 살펴보면 다음과 같다(Gallahue & Ozmun, 2006).

동적 균형 잡기(dynamic balance)는 중력의 중심이 이동할 때 유아가 평형을 유지할 수 있는 능력과 관련되는데, 선이나 평균대 따라 걷기, 구르기 등이 이에 해당한다. 2~4세의 유아는 2.5cm 정도 너비의 일직선을 따라서 걸을 수 있으며, 10cm 너비의 넓은 평균대에서는 짧은 거리를 걸을 수 있다. 2~5세에는 5~7cm 정도의 보다 좁은 너비의 평균대를 따라 걸을 수도 있으며, 5~7세에는 구르기도 가능해진다.

정적 균형 잡기(static balance)는 중력의 중심이 안정적으로 유지되는 동안 유아가 평형을 유지하는 능력과 관련되는데, 한 발로 서 있기 등이

구르기

물구나무서기

[그림 8-11] 숙련된 구르기와 물구나무서기 동작

이에 해당한다. 3~5세 정도가 되면 유아는 3~5초 동안 한 발로 서 있을
수 있으며, 4~6세 유아는 손, 발, 머리 등 신체의 세 가지 기본 부위를 이
용하여 물구나무서기 자세(역자세)를 취할 수 있다.

(2) 이동운동(이동운동 능력)의 발달

스스로 자유롭게 움직일 수 있는 기본적인 능력이 부족한 영아들과 달
리, 유아들은 자유로운 움직임을 통해 자신의 신체가 가진 운동 잠재력을
탐색할 수 있다(Gallahue & Ozmun, 2006). 생후 12개월이 지나면서 유아
는 혼자서 걸을 수 있는 능력을 획득하는데, 이후 초보적인 이동이나 탐
색을 넘어 걷기, 달리기, 점핑, 호핑 등의 기본적인 이동기술이 발달한다.
이러한 기본적 이동기술 몇 가지가 결합되면 갤로핑, 슬라이딩, 스키핑
등과 같은 보다 복잡한 이동운동도 가능해진다(김선진, 2003). 달리기, 점
핑, 호핑, 갤로핑, 슬라이딩, 스키핑 등 유아기에 발달하는 이동운동 능력
에 대해 자세히 살펴보면 다음과 같다(김선진, 2003; Gabbard, 2000;
Gallahue & Ozmun, 2006).

먼저, 달리기는 걷기가 자연스럽게 확장된 것으로, 한 발이 항상 땅에 닿아 있는 걷기와는 달리 짧은 순간 다리가 지면에 닿지 않은 비행 상태가 된다. 이러한 비행 특성은 걷기와 달리기를 구분하는 명확한 기준이 된다. 대부분의 유아는 18개월경에 빠른 걸음의 형태로 걷기를 시도하는데, 근력과 평형성, 협응력이 향상되어 2~3세가 되면 제대로 된 달리기 형태가 나타난다. 이후 4~6세 정도가 되면 달리기 속도도 빨라지고 완전한 형태의 달리기 모습을 보인다.

점핑은 한 발이나 두 발의 힘으로 공중으로 떠올랐다가 다시 한 발이나 두 발로 착지하는 운동기술이다. 점핑을 하기 위해서는 몸을 공중으로 띄울 만한 다리 힘과 공중에서나 착지 시 자세를 조절하는 능력이 필요하기 때문에 걷기나 달리기보다 어렵다. 점핑은 크게 수직점핑과 수평점핑으로 구분할 수 있는데, 2세경부터 한 발로 뛰어올라 다른 발로 착지하는 간단한 도약이 가능해진다. 수직점핑은 최대한의 높이를 목표로 두 발로 뛰어올라 착지하는 운동기술로서, 2세경부터 수직점핑 형태를 관찰할 수는 있으나 대부분의 유아는 5세가 되어야 완성된 기술을 습득한다. 수평점핑은 최대한의 수평 거리를 목표로 하여 두 발로 뛰어올라 착지하는 운동

수직점핑

수평점핑

[그림 8-12] 숙련된 점핑 동작

기술로서, 수직점핑과 달리 일반적으로 6세 이후에 숙달된 멀리뛰기 형태가 관찰된다.

　좀 더 응용된 점핑 동작인 호핑은 한 발로 뛰어올라 동일한 발로 착지하는 운동기술이다. 호핑은 다른 점핑 동작들에 비해 더 높은 수준의 다리 근력과 균형을 필요로 하기 때문에 점핑 중 가장 어려운 기술에 속한다. 호핑은 보통 3세까지 나타나지 않는데, 3세 반경이 되면 대부분의 유아가 1~3회 정도의 호핑을 할 수 있으며, 5세경에는 10회 정도 호핑이 가능해진다.

　갤로핑과 슬라이딩, 스키핑은 기본적인 동작들의 결합으로 이루어진 이동기술이다. 이런 운동기술은 다른 기술들에 비해 복잡하기 때문에 일반적으로 유아기 후반이 되어야 숙달된다. 우선 갤로핑은 걷기와 도약이 결합한 것으로, 세 가지 운동기술 중 가장 먼저 나타난다. 3~5세경에 완전하지는 않지만 기본적인 갤로핑 동작을 관찰할 수 있으며, 능숙한 형태의 갤로핑은 5~6세가 되어야 가능하다. 슬라이딩은 갤로핑과 비슷한 기술인데, 몸을 전후가 아닌 좌우 측면으로 이동한다는 점에서 차이가 있다. 스키핑은 한 발로 스텝을 한 후 다시 그 발로 연속으로 호핑을 하는 동작을 한 발씩 번갈아 가면서 연속적으로 수행하는 이동기술인데, 난이도가 높아 세

슬라이딩

스키핑

[그림 8-13] 숙련된 슬라이딩과 스키핑 동작

가지 기술 중 가장 늦게 숙달된다. 한 발로 하는 스키핑은 3~4세경부터 나
타나나, 완전한 형태의 스키핑은 6~7세가 되어야 가능해진다.

(3) 조작운동(물체조작 능력)의 발달

미숙하고 비효과적인 뻗기, 쥐기, 놓기 등의 동작을 하는 영아와 달리,
유아는 주변의 사물을 정확히 다루고 조절하는 능력을 급속히 발달시킨다
(Gallahue & Ozmun, 2006). 조작운동은 손과 발을 이용하여 물체를 조절하
는 대근육 및 소근육 운동기술들을 포함하는데, 던지기, 받기, 치기, 차기
등이 이에 해당한다. 이러한 기본적인 기술들을 토대로 유아는 더욱 발달
된 기술과 정확성을 요구하는 활동들을 수행하기 시작한다(Gabbard,
2000). 던지기, 받기, 치기, 차기 등 유아기에 발달하는 조작운동 능력을 구
체적으로 살펴보면 다음과 같다(Gabbard, 2000; Gallahue & Ozmun, 2006).

던지기는 한 팔이나 양팔을 사용하여 물체를 자신의 몸으로부터 공간으
로 밀어내는 복잡한 조작기술이다. 유아기 동안 다양한 던지기 패턴이 나타
나는데, 유아들이 사용하는 던지기 패턴은 유아의 신체 크기, 물체 크기, 연
령 등 다양한 요인에 따라 달라진다. 가장 일반적인 패턴인 오버암(overarm),
사이드암(sidearm), 언더핸드(underhand) 중에서 오버암 던지기가 보통 많이
사용되며, 가장 자세하게 연구되어 왔다. 오버암 던지기의 형태는 생후 6개
월경 영아가 앉아서 팔을 부분적으로 사용하여 미숙한 던지기를 하는 데서
시작된다. 모든 연령에서 다양한 기술 수준이 관찰되는데, 6세가 되면 대부
분의 유아가 능숙하게 던지기를 할 수 있다.

받기는 날아오는 물체를 탐지하여 손을 사용해서 그것을 멈추고 조절
하는 기본적인 대근육 조작기술이다. 손으로 물체를 받는 것은 동시 타이
밍(coincident timing) 능력을 요구하므로 유아들에게는 다소 복잡한 동작
이다. 따라서 받기는 기능적으로 던지기와 밀접한 관련이 있지만, 던지기
에 비해 보다 능숙함이 요구된다. 몸으로 물체를 멈추어 잡는 트래핑과
같은 받기의 초기 형태는 2~3세경부터 나타나지만 숙달된 받기 기술은

오버핸드 던지기

받기

[그림 8-14] 숙련된 던지기와 받기 동작

6~8세가 되어야 나타난다. 그러나 이 시기에 가능한 받기는 안정된 조건에서 두 손으로 받는 것을 의미하며, 보다 복잡한 조건에서 공을 받는 능력은 초등학교 고학년(10~12세)까지 발달해 나간다.

치기는 신체 일부분이나 도구를 이용하여 물체를 자극하는 동작이다. 치기는 상황에 따라 손, 발, 머리 등의 신체 부분이나 라켓, 방망이 등의 다양한 도구가 이용되며, 오버핸드, 사이드암, 언더핸드 등의 다양한 동작 패턴이 수행된다. 도구나 물체의 특성 등 치기에 영향을 미치는 다양한 요인으로 인해 치기 능력의 발달 단계에 대해서는 상대적으로 정보가 많지 않지만, 2~3세경이면 물체를 향해 수직 방향에서 팔을 휘두르는 형태가 나타난다. 이후 4~5세경이면 물체의 측면 방향에 위치하여 수평면으로 팔을 휘두르는 동작이 나타나며, 5~7세가 되면 고정된 공에 대해 숙달된 형태의 수평치기가 가능해진다.

차기는 발을 이용하여 물체를 차는 기본적 조작기술로서, 차는 다리를 잘 조정하고 팔과 몸통 자세를 적절히 취해야 차기 동작을 정확하게 변형시킬 수 있다. 다리를 일직선으로 하여 물체를 차서 물체가 약간의 움직임을 보이는 형태는 18~36개월 사이에 관찰되지만, 다리를 뒤로 들어

차기

치기

[그림 8-15] 숙련된 차기와 치기 동작

올렸다가 낮게 구부린 상태로 차는 동작은 3~4세가 되어야 나타난다. 또한 적절한 팔동작을 취하며 다리를 뒤쪽으로 들어 올렸다가 앞쪽으로 차는 동작은 4~5세경에 나타나며, 5~6세경에는 숙달된 차기가 가능해 진다.

2) 유아기 운동발달 연구의 실제

유아기의 운동발달 연구에서 관찰 및 실험 연구는 영아의 연구에 비해 많지 않지만, 좀 더 복잡한 과제수행 능력을 측정하거나 운동발달과 다른 변수의 관련성을 살펴보기 위한 연구들이 계속해서 이루어지고 있다. 유아기는 기본적 운동능력을 발달시켜 나가는 시기이므로, 유아의 운동발달 수준을 측정하기 위한 심리검사가 많이 이루어진다. 앞에서 소개한 영유아 모두를 대상으로 하는 심리검사 도구들은 전반적인 발달을 측정하기 위한 것이나, 유아나 아동의 경우 운동발달 능력만을 보다 구체적으로 평가할 수 있는 다양한 검사 도구가 개발되어 있다. 따라서 여기에서는 유아를 대상으로 이루어진 관찰연구와 실험연구를 살펴보고, 유아의 운동발달을 평가하기 위한 심리검사를 살펴보고자 한다.

(1) 관찰연구

영아와 달리 유아는 행동이나 동작을 자연적 상황에서 관찰하기 쉽지 않기 때문에, 유아에게 특정 행동을 실시하도록 한 후 행동을 녹화하는 방식으로 연구가 이루어진다. 이들 관찰연구에서는 다른 운동능력에 비해 주로 치기나 던지기와 같은 조작운동 능력을 다루고 있다.

Harper와 Struna(1973)는 1년에 걸쳐 두 명의 3세 유아를 대상으로 그들의 한 손 치기 형태를 녹화 · 관찰하는 종단적인 연구를 실시하였다. 4개월 간격으로 여아와 남아에게 줄에 매달린 공을 최대한 강하게 치도록 하여 치기 동작을 관찰하면서 시간의 변화에 따른 남녀 유아들의 치기 동작 발달 양상(팔 스윙, 스텝 변화 등)을 구체적으로 제시하였다.

이와 같이 동작의 변화 양상에 초점을 둔 연구와 달리, Yan, Payne과 Thomas(2000)의 연구에서는 어깨 위로 던지는 동작을 수행할 때 나타나는 연령별 차이를 보다 운동학적인 측면에서 살펴보았다. 51명의 3~6세 유아를 대상으로 벽에 그려진 원을 향해 가능한 한 힘껏 공을 던지도록 한 후, 이들의 동작을 두 대의 비디오카메라로 촬영하였다. 그리고 녹화된 자료는 특수 장비를 사용하여 손에서 공이 빠져나가는 순간의 속도, 공의 최고 속도 타이밍, 관절 각도 등을 3차원적으로 분석하였다. 분석 결과 연령별로 유의미한 차이가 나타났다.

(2) 실험연구

① 안정운동 및 이동운동 발달

영아기 운동발달 연구에서 확인했듯이, 안정운동의 발달은 이동운동 발달과 밀접한 관련성을 가진다. 유아의 경우도 마찬가지로 이들 두 운동 능력의 관련성을 검증하고자 국내에서 실험연구가 실시되었다.

표 8-5 자세조절 능력을 측정하기 위한 실험 과제

과제분류	과제번호	과제내용	과제조건	횟수
정적 자세조절	1	20초 동안 제자리에 서 있기	–	3
	2	신체 중심을 최대한 이동하여 20초 동안 버티기	전	3
	3		후	3
	4		좌	3
	5		우	3
동적 자세조절	6	자신의 균형을 잃지 않는 범위 내에서 20초 동안 흔들기	전후 방향	3
	7		좌우 방향	3

김민주(2007)의 연구에서는 이동운동 발달에 따른 자세조절 능력의 변화를 규명하고자 5, 6, 7세 아동을 대상으로 이동운동과 자세조절 능력을 측정하였다. 먼저, 사전검사를 통해 이동운동 능력을 측정하여 대상자들을 점핑, 호핑, 갤로핑, 스키핑 그룹으로 구분하였다. 그리고 자세조절 능력을 측정하기 위해 피험자가 지면반력기 위에서 정적 자세 균형 유지 동작과 동적 자세 균형 유지 동작을 실시하도록 한 후, 자세의 안정성, 안정성의 한계, 자세 요동의 크기를 측정하였다.

그 결과, 이동운동 발달에 따른 정적 자세조절 능력은 자세 안정성이 증가하는 호핑 그룹에서 향상되었으며, 동적 자세조절 능력은 특정 그룹에서 안정성이 증가하지는 않았지만 이동운동 발달에 따라 패턴이 중심으로 모이는 경향이 나타났다. 이러한 결과는 이동운동 발달에 따라 자세조절 능력이 변화하며, 정적 자세조절과 동적 자세조절의 발달 양상이 다름을 잘 보여 준다.

② 조작운동 발달

던지기, 받기, 치기, 차기 등의 조작운동은 시각이나 운동 감각 등의 다양한 감각 체계로부터 들어오는 정보를 적절하게 활용하는 능력을 필요로 하므로(Payne & Isaacs, 2005), 조작운동 발달에서 시각 능력이나 시각

협응 능력을 고려하는 것이 중요하다.

국내에서는 김선진, 한동욱, 박승하와 김용호(2003)의 연구에서 눈과 사지 협응 능력 및 물체조작 기술의 관련성을 규명하기 위해 시각 정보에 대한 지각과 사지 간의 협응 과제 그리고 대근육 운동발달 검사를 실시하였다. 여기서는 만 3～5세 유아와 6～7세 아동의 눈-사지 협응 능력을 검사하기 위해 예측 타이밍 측정기, 회전판 추적기, 전신반응측정기를 사용하여 네 가지 과제를 수행하였다. 또한 대상자의 물체조작 기술을 측정하기 위해서 대근육 운동발달 검사(TGMD)를 실시하였다. 연구 결과, 눈-사지 협응 능력과 물체조작 기술은 만 3세 유아의 경우 다른 연령에 비해 낮게, 7세 아동의 경우 다른 연령에 비해 높게 나타나 연령차를 보여 주었다. 눈-사지 협응 능력과 물체조작 기술 간에는 유의한 상관관계가 나타났다. 이 외에 일반유아와 시각손상유아의 대운동(gross motor) 발달을 비교한 연구(최윤정, 홍재영, 한성희, 2008)에서 시각 정도에 따라 공 치기, 공 튀기기, 공 차기, 공 받기, 어깨 위로 공 던지기 등의 조작운동 능력에 차이가 있는 것으로 나타나 조작운동 발달과 지각 발달의 관련성을 확인할 수 있었다.

표 8-6 눈-사지 협응 능력을 측정하기 위한 과제와 측정 도구

검사 능력	측정도구	수행 과제	측정값
예측 타이밍 능력	예측 타이밍 측정기	버튼 누르기 과제 발판 누르기 과제	타이밍 오차(초)
자극 추적 능력	회전판 추적기	30초 동안 목표물 추적 과제	목표접촉시간
반응 능력	전신반응 측정기	제시되는 자극 불빛에 따라 최대한 빠르게 반응하기 과제	전신반응시간(초)

이처럼 조작운동 발달에 영향을 미치는 요인을 살펴본 연구들이 있는 반면, 박동규(2005)의 연구처럼 조작운동 발달 자체의 변화나 경향에 중점을 둔 연구들도 있다. 이 연구에서는 목표물을 변화시킴으로써 다양한

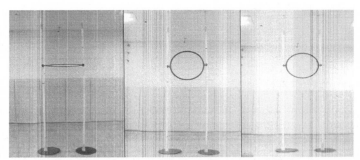

머리 위 표적 각도 0도   머리 위 표적 각도 90도   머리 위 표적 각도 45도

[그림 8-16] 총 아홉 가지 과제 중 머리 위치의 세 가지 각도에 대한 목표물 모습
출처: 박동규, 2005.

높이와 표적 각도 조건에서 연령 변화에 따라 나타나는 던지기 발달의 변화를 규명하고자 하였다. 여기서는 4~7세 유아와 아동을 대상으로 던지기 타깃의 높이를 발, 단전, 머리 높이의 세 가지로 제시하였으며, 타깃의 각도도 0도, 90도, 135도(머리 위에서는 0도, 45도, 90도)의 세 가지로 제시하여 총 아홉 가지 상황에서 대상자들이 던지기 과제를 수행하도록 하였다. 그 후 비디오카메라를 통해 던지기 형태를 분석한 결과, 높이와 각도에 따라 던지기 형태가 다르게 나타났으며, 연령에 따라 던지기 수행 시 타깃의 변화에 대한 지각이 다르게 나타났다.

(3) 심리검사

영아의 운동발달 심리검사 부분에서 소개한 K-BSID-II, 한국형 덴버-II, PDMS-II는 영유아 모두에게 실시가 가능한 심리검사 도구들이다. 영유아의 전반적인 발달 또는 운동발달을 평가하기 위한 이 도구들 이외에 유아의 운동발달을 평가하기 위한 다른 도구들은 주로 운동발달 영역에 한정하여 발달 양상이나 기능을 평가하도록 구성되어 있다. 이러한 심리검사 도구들은 결국 각 항목에 대해 영유아의 수행 가능 여부를 측정하는 결과지향적인 도구에 해당하는데, 운동발달에 있어서는 결과뿐 아니라

운동의 과정 역시 중요하므로 결과지향적 평가도구(예: BOTMP)와 함께
운동발달 과정 측정에 중점을 둔 도구들(예: TGMD-II, FMPAI)에 대해서
도 살펴볼 필요가 있다.

① BOTMP: The Bruininks-Oseretsky Test of Motor Proficiency

BOTMP는 Bruininks가 1978년에 개발한 4~14.5세 유아 및 아동을
위한 운동발달 평가도구다. 검사 도구는 크게 대근육 운동기술과 소근육
운동기술의 두 가지로 구분되며, 각 운동기술 영역은 네 가지의 하위항목
으로 구성된다. 즉, 달리기 속도 및 민첩성(1), 균형(8), 양측 협응(8), 힘
(3)이 대근육 운동기술에 속하며, 상지협응(9), 반응속도(1), 시각-운동
조절(8), 상지속도 및 정교성(8)이 소근육 운동기술에 해당한다. BOTMP
는 아동의 운동 능숙도를 측정하는 데 적절한 것으로 평가된다(Gallahue
& Ozmun, 2006).

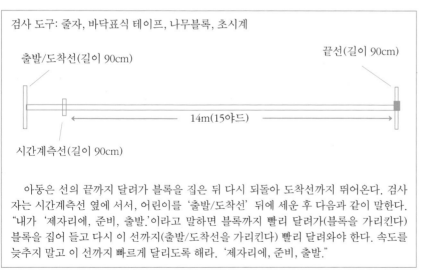

[그림 8-17] BOTMP의 예-달리기 속도와 민첩성 검사
출처: 박대근, 2004.

[그림 8-18] TGMD-II 검사지
출처: http://www.proedinc.com/customer/productView.aspx?ID=1776

② TGMD-II: The Test of Gross Motor Development-Second Edition

TGMD-II는 1985년에 개발된 TGMD를 Ulrich가 1998년에 개정한 유아 운동기술 평가도구다. 이 도구는 운동기술 행동과정을 질적으로 평가하는 대표적인 도구로서 3~10세의 유아 및 아동을 그 대상으로 한다. 이동기술과 조작기술의 두 가지 영역은 12개의 하위항목으로 구성되는데, 달리기, 갤로핑, 호핑, 리핑, 수직 점핑, 슬라이딩이 이동기술에 해당하며, 두 손 치기, 서서 공 튀기기, 잡기, 차기, 오버핸드 던지기, 언더핸드 굴리기가 조작기술에 해당한다. 검사 시간은 15분 정도 걸리며, 최소한의 훈련으로도 사용할 수 있다. 규준지향적 해석과 준거지향적 해석 모두가 가능하며 수행의 결과나 양적인 측면보다는 운동기술 습득의 연속과정과 질적인 측면에 보다 중점을 둔다(김선진, 2003; Gallahue & Ozmun, 2006).

③ FMPAI: Fundamental Movement Pattern Assessment Instrument

FMPAI는 McClenaghan과 Gallahue가 1978년에 개발한 과정지향적 평가도구다. 여기서는 던지기, 잡기, 차기, 뛰기, 점핑의 다섯 가지 운동기술을 평가하며, 관찰된 운동 유형을 분석하여 시작·초보·성숙 단계로 발달 단계를 구분한다. FMPAI는 아동의 현재 상태를 측정하고 시간 경과에 따라 아동의 운동 패턴 변화를 평가하는 데는 사용할 수 있지만,

검사 결과를 양적인 점수로 산출할 수 없으며 한 아이의 결과를 다른 아이의 것과 비교하는 데 사용할 수 없다. 그럼에도 이 도구는 매우 신뢰할 수 있고 타당성 있는 자료수집 방법을 사용하는 관찰도구로 평가받으며, 사용하기 쉽다는 장점을 지니고 있다(Gallahue & Ozmun, 2006).

참 고 문 헌

김민주(2007). 아동운동발달에 따른 아동의 자세조절 능력의 변화. 서울대학교 대학원 석사학위논문.

김선진(2003). 운동발달의 이해. 서울: 서울대학교출판부.

김선진, 한동욱, 박승하, 김용호(2003). 아동의 눈-사지 협응과 물체조작 기술의 관계. 한국스포츠심리학회지, 14(2), 15-31.

김채경(2003). Peabody Developmental Motor Scales-2 대동작 척도의 신뢰도. 용인대학교 대학원 석사학위논문.

박대근(2004). 유아기 대·소근육 운동 발달의 과정적 특성. 중앙대학교 대학원 박사학위논문.

박동규(2005). 목표물의 변화가 아동의 던지기 형태에 미치는 영향. 서울대학교 대학원 석사학위논문.

박혜원, 김말경(2005). 한국 Bayley 영유아 발달검사의 이해와 활용. 울산: 울산대학교출판부.

박혜원, 조복희, 최호정(2003). 한국 Bayley 영유아 발달검사(K-BSID-II) 표준화 연구: 예비연구. 한국심리학회지, 16(4), 121-134.

신희선, 한경자, 오가실, 오진주, 하미나(2002). 한국형 Denver II 검사지침서. 서울: 현문사.

조복희, 박혜원(2004). 한국 Bayley 영유아 발달검사(K-BSID-II) 표준화연구(1): 지역, 성별 및 모의 교육수준에 따른 K-BSID-II 수행분석. 한국심리학회지, 17(1), 191-206.

진효숙(2005). 운동발달장애아동에 대한 영유아 운동기능발달척도-2의 대동작 평가 신뢰도 검사. 단국대학교 대학원 석사학위논문.

최윤정, 홍재영, 한성희(2008). 일반유아와 시각손상유아의 큰 운동(Gross Motor)능력 비교. 시각장애연구, 24(3), 125-141.

황덕호, 고재곤(2005). 유아기 · 아동기 운동발달론. 도서출판 한국교연.

황해익, 송연숙, 이경화, 최혜진, 정혜영, 손원경, 민순영, 남미경, 김남희, 손유진, 이혜은(2004). 유아용 검사 편람 I. 서울: 정민사.

Futagi, Y., Suzuki, Y., & Goto, M. (1999). Clinical significance of plantar grasp response in infants. *Pediatric Neurology, 20*(2), 111-115.

Gabbard, C. P. (2000). *Lifelong motor development.* Boston, MA: Allyn & Bacon.

Gallahue, D. L., & Ozmun, J. C. (2006). *Understanding motor development: Infants, children, adolescents, adult* (6th ed.). NY: McGraw-Hill.

Haehl, V., Vardaxis, V., & Ulrich, B. (2000). Learning to cruise: Bernstein's theory applied to skill acquisition during infancy. *Human Movement Science, 19,* 685-715.

Hallemans, A., Dhanis, L., De Clercq, D., & Aerts, P. (2007). Changes in mechanical control of movement during the first 5 months of independent walking: A longitudinal study. *Journal of Motor Behavior, 39*(3), 227-238.

Harper, C. J., & Struna, N. L. (1973). *Case studies in the development of one-handed striking.* Paper presented at the American Association for Health, Physical Education and Recreation. Minneapolis, MN.

Payne, V. G., & Isaacs, L. D. (2005). *Human motor development: A lifespan approach* (6th ed.). Boston, MA: McGraw-Hill.

Piek, J. P. (2001). Is a quantitative approach useful in the comparison of spontaneous movements in fullterm and preterm infants? *Human Movement Science, 20,* 717-736.

Piek, J. P. (2006). *Infant motor development.* Champaign, IL: Human Kinetics.

Piek, J. P., & Gasson, N. (1999). Spontaneous kicking in fullterm and preterm infants: Are there leg asymmetries? *Human Movement Science, 18,*

377-395.

Piek, J. P., Gasson, N., Barrett, N., & Case, I. (2002). Limb and gender differences in the development of coordination in early infancy. *Human Movement Science, 21,* 621-639.

Rochat, P. (1992). Self-sitting and reaching in 5-8-month-old infants: The impact of posture and its development on early eye-hand coordination. *Journal of Motor Behavior, 24,* 210-220.

Thelen, E., & Ulrich, B. D. (1991). Hidden skills: A dynamic systems analysis of treadmill stepping during the first year. *Monographs of the Society for Research in Child Development, 56*(1), 1-97.

von Hofsten, C. (1982). Eye-hand coordination in the newborn. *Developmental Psychology, 18*(3), 450-461.

Yan, J. H., Payne, V. G., & Thomas, Y. R. (2000). Developmental kinematics of young girls' overarm throwing. *Research Quarterly for Exercise and Sport, 71*(1), 92-98.

Zafeiriou, D. (2004). Primitive reflexes and postural reactions in the neurodevelopmental examination. *Pediatric Neurology, 31*(1), 1-8.

http://www.seoulrehab.or.kr/
http://www.mindpress.co.kr
http://www.proedinc.com/
http://www.harcourt-uk.com
http://www.proedinc.com/

제9장

인지발달

1. 영유아기 인지발달 연구의 목적

우리가 일상생활의 수많은 자극 중 필요한 자극들을 의미 있는 정보로 받아들이고 이를 효율적으로 기억하기 위해서는 여러 가지 인지과정이 필요하다. 이 인지과정에는 주의, 지각, 표상, 기억, 추론, 문제해결 등과 같은 다양한 사고활동이 포함된다.

영유아의 인지발달을 둘러싸고 오랫동안 논의되어 온 몇 가지 중요한 문제가 있다. 즉, '어떤 능력이 생득적이고 어떤 능력이 후천적으로 발달하는가?' '영유아 인지는 질적으로 구분되는 여러 단계를 거쳐 발달하는가?' '영유아는 지능과 같은 특징에서 서로 어떻게 다르며 초기의 능력과 후기의 능력이 서로 얼마나 비슷한가?' 하는 점들이다. 영유아 사고의 가장 흥미로운 측면 중 하나는 성인의 사고와 큰 차이를 나타낸다는 것이다. 예를 들면, '왜 5세 아동은 성인들이 물의 양이 이전과 같다고 말해 준 뒤에도 모양이 다른 그릇에 물을 부으면 물의 양이 달라진다고 주장할까?'(Siegler, 1998)와 같은 것이다.

최근 연구방법의 발전으로 영유아 사고가 성인 사고와 차이도 있지만 아주 어린 영유아도 많은 상황에서 놀라울 정도로 성인과 유사하다는 점이 밝혀졌다.

영유아기 인지발달 연구의 목적은 영유아의 인지 및 사고 발달과 관련된 현상에 대해 기술, 설명, 예측, 통제하려는 데 있다. 인지발달 연구는 주의, 지각, 기억, 추론 등과 같은 인지과정에 대해 관찰한 사실들을 있는 그대로 기록하고 이와 관련된 변인들을 발견하여 영유아의 인지과정에 대한 정보를 제공하는 것을 목적으로 한다. 많은 인지발달 연구자가 영유아가 발달해 나감에 따라 인지능력이 어떠한 변화와 특징을 보이는지 설명하고자 하였으며, 그 결과 영유아기 인지능력에 대한 많은 자료가 축적되어 부모, 교사, 연구자가 영유아의 인지적 특성을 이해하는 데 도움을 주었다. 인지발달 연구는 특정한 인지과정이 발생하는 원인이 무엇인가를 설명하고자 하며, 더 나아가 각각의 인지과정을 한꺼번에 설명할 수 있는 일반적 법칙이나 이론을 형성하고자 한다. 영유아기 사고의 독특성을 설명하는 일반적 법칙을 도출한 피아제의 인지발달 연구가 그 대표적 예라고 할 수 있다. 또한 인지발달 연구는 수집된 자료와 법칙, 이론을 이용하여 앞으로 나타날 현상을 예측하고 통제하고자 하는 목적을 지닌다.

영유아기 인지발달 연구의 중요성은 두 가지 측면에서 살펴볼 수 있다. 첫 번째는 이론적 측면으로, 영유아 인지발달 연구는 영유아의 인지 및 사고 발달에 관한 과학적 지식을 제공하고 이를 설명하는 이론을 발전시킬 수 있다. 두 번째는 실제적 측면으로, 영유아 인지 및 사고 발달 연구는 부모와 교육 및 보육 현장의 교사가 영유아를 이해하고 효과적으로 지도하기 위해 필요하다.

2. 영아기 인지발달 연구의 이론 및 실제

영아기는 피아제의 인지발달 단계 중 첫 단계인 감각운동기에 해당한다. 영아가 오감을 통해 받아들인 정보는 세상 인식의 기초가 되며, 인지발달의 중요한 내용이 된다. 피아제와 관계 있는 구성주의적 입장에서는 영아가 몇 가지 중요한 지각능력과 운동능력을 가지고 태어난다고 보지만, 그 수도 적고 적용의 범위도 제한되어 있다고 본다. 인지발달에 대한 본격적인 연구들은 실험적 방법이 가능해진 1970년대부터 이루어지기 시작하였다(Reese, 1993). 그 결과 지금까지 영아의 능력이 과소평가되어 왔으며, 아주 어린 영아도 이전에 연구자들이 생각했던 것보다 훨씬 더 다양한 인지능력을 가지고 있다는 것이 밝혀졌다. 영아의 인지발달 영역은 그동안 감각 및 지각, 주의, 대상 개념 및 대상영속성 개념 등을 중심으로 연구가 이루어져 왔고, 다양한 실험적 연구방법이 개발되면서 범주와 개념, 수, 마음이론 등에 관해서도 많은 연구가 이루어지고 있다.

1) 영아기 인지발달 연구의 이론적 측면

(1) 주의발달 및 지각발달

① 주의발달

우리의 감각기관은 외부세계로부터 다양한 자극을 받아들인다. 이러한 자극에는 우리를 둘러싸고 있는 사물과 사건에 관한 엄청난 양의 정보가 포함되어 있다. 하지만 우리의 인지체계는 제한된 정보처리용량을 가지고 있기 때문에 이 정보를 모두 다 처리할 수 없으며 이 정보 중 일부만을 처리하게 되는데, 이때 작동되는 기제가 바로 주의(attention)다(박선미, 2001). 주의는 정보의 과잉부하를 예방하는 데 필수적이다(박정생 역,

2006). 주의는 주로 주의 선택성(selectivity), 주의 상태(state), 주의 통제(control)의 세 측면에서의 발달적 변화를 중심으로 연구되었다. 주의 선택성은 외부로부터 입력되는 정보 중 일부에만 주의의 초점을 맞추도록 선택해서 정보를 얻거나 문제를 해결할 때까지 주의를 지속한다는 것을 의미한다. 신생아도 태어난 첫날부터 주변의 자극들에 선택적으로 주의를 한다.

선택적 주의가 이루어진 후에는 주의에 몰두하고 있는 주의 상태가 문제가 된다. 영유아의 연령이 증가함에 따라 선택하는 자극도 달라지고 그자극에 얼마나 선택적으로 주의를 집중할 수 있는지도 변화한다(김순혜, 1994). 한 대상에 주의를 지속하는 기간이나 주의집중 능력은 연령이 증가함에 따라 향상된다. 생후 2~3개월부터 1년까지는 주의가 지속되는 기간이 비교적 짧고 주의를 지속하는 도중에도 빨기, 두드리기, 흔들기와 같은 여러 유형의 행동이 나타나기도 한다.

생후 1년 이후부터는 주의가 시작되고 지속되는 것이 목표나 계획에 의해서 통제되기 시작한다. 이때는 주의의 지속이 인지적 능력, 운동기술, 자기조절 능력에 좌우되면서, 주의의 지속이 자극의 물리적 속성에 의해 영향을 받는 정도가 감소하고 점차 외부의 요구나 내적인 동기 등에 의해 조절된다(Ruff & Lawson, 1990). 자유놀이 상황에서 장난감을 주고 주의집중 시간이 어떻게 변화하는지를 관찰한 연구에서 하나의 장난감당 1세는 2분, 2세는 5분, 3.5세는 7분이었다. 또한 1세의 경우는 하나의 장난감만을 제시한 경우가 여러 개를 동시에 제공한 경우보다 한 장난감에 대한 주의집중 시간이 더 길었다.

주의집중 능력에는 개인차가 있었는데, 특히 주의를 지속하는 능력, 주의집중의 강도 등에서 뚜렷한 개인차가 있었다. 특히 주의에서의 개인차가 극단적으로 나타난 것이 주의력 결핍의 경우다. 과잉활동을 보이는 주의력 결핍은 2~3세경부터 전조 증상을 보이는 것으로 알려져 있다(박선미, 2001). 1세 정도가 되면 타인과 공동주의를 기울이는 능력이 발달하기 시작한다. 공동주의는 사회적 상황에서 어떤 대상을 매개로 하여 자신과 다른 사람의 주의를 통합하는 능력(박영신, 2011)이다. 영아가 흥미 있는 대상이나 사건에 대해 양육자와 의사소통하기 위해 그 대상을 함께 바라볼 수 있게 된다. 공동주의는 타인의 특정 대상에 대한 주의를 이해하고, 사회적 상호작용에 참여하며, 주의를 자유자재로 조절할 수 있는 능력을 발달시키는 것을 의미한다. 공동주의 능력은 12개월에서 18개월 사이에 급격하게 증가하고, 공동주의를 시도하기 위해 다른 사람에게 흥미로운 대상을 가리키거나 보여 주는 행동도 증가하게 된다. 공동주의 발달은 다른 사람의 마음에 대한 이해를 반영하므로 언어발달(김명순, 한찬희, 유지영, 2012), 사회적 능력이나 마음이해(박영신, 2011)에도 의미있게 영향을 준다.

② 지각발달

영아의 지각(perception)기능은 놀랍도록 빠르게 성인과 같거나 거의 비슷한 수준에 도달한다. 신생아도 보고 듣는 등의 여러 감각시스템에서 오는 정보를 통합한다. 이러한 능력은 생후 6개월 동안 훨씬 더 많이 발달하여 영아가 아주 효과적으로 물체와 사건에 주의를 기울이고 확인하고 위치를 파악할 수 있게 한다.

영아의 물체 및 사건에 대한 시각적 확인과 관련된 많은 능력은 처음 6개월 동안 급격히 성장한다. 생후 1개월이 된 영아는 두 눈의 협응이 어려워서 초점이 흐려 물체를 선명하게 지각하지 못한다. 따라서 물체가 움직이는 속도보다 1~2초 늦게 시선을 움직인다. 그러나 생후 6~8주 정도가 되면 성인과 유사한 정도로 움직이는 사물을 시선으로 추적할 수 있다. 또한 약 6개월이 되면 성인과 유사한 수준으로 선명하게 지각할 수 있게 된다(곽금주 외, 2005). 출생 후 처음 몇 달 동안은 눈이 해부학적으로 미성숙하므로 물체의 내부보다는 외곽을 바라보고, 무늬가 없는 판보다 큰 체크무늬 판을 더 오래 바라보는 것과 같은 많은 시지각의 특징이 나타난다. 물체를 알아보는 일반적인 능력 외에도 영아는 분명히 어떤 물체를 다른 물체보다 선호한다. 사람의 얼굴, 특히 매력적인 얼굴과 엄마의 얼굴, 움직이는 물체는 영아가 좋아하는 자극에 속한다.

두 눈을 사용한 깊이 지각(입체지각)은 대뇌와 눈을 연결하는 시각통로의 성숙으로 인해 4개월경에 갑자기 나타난다. 영아는 주변 환경 안에 있는 단서를 사용하여 깊이를 지각할 수 있으며 또한 물체의 거리를 추정하기 위해 물체의 실제 크기에 대한 기억을 사용할 수 있다.

영아의 청각은 다른 감각기관에 비해 훨씬 더 발달된 상태로 태어나며 태내기부터 소리에 반응한다. 즉, 신생아는 출생 2주 전에 엄마가 큰 소리로 읽어 주었던 이야기나 불러 주었던 노래를 선호하며, 생후 3일 된 신생아도 엄마의 목소리를 다른 여자의 목소리와 변별할 수 있다(곽금주 외, 2005). 청각의 기본적인 발달은 3개월경에 이루어진다. 4개월에는 사람의 말소리를 구분하며 5개월에는 목소리에서 감정을 탐지해 낼 수 있다.

우리가 사물을 지각할 때는 대체로 한 가지 이상의 감각기관을 통해서 경험하는데, 이렇게 여러 감각기관으로부터 들어오는 정보들을 하나의 경험으로 통합하는 것을 감각 간 지각(intersensory)이라고 한다(김혜리, 2001a). 피아제는 각 감각기관이 독립적으로 발달하며 어느 정도 수준에 이른 후 통합된다고 보았다. 그러나 감각 간 통합에 대한 최근 연구들은 피아제와 다르게 설명하고 있다(곽금주 외, 2005). 최초의 연구들은 시각과 청각이 태어날 때부터 통합되어 있어 신생아도 소리가 들릴 때 소리가 나는 곳을 바라본다고 설명한다. 또한 시각과 촉각 간 통합도 생후 1개월부터 시작되어 물체를 확인하기 위해 촉각적 정보와 시각적 정보를 통합할 수 있음이 밝혀졌다. 다시 말해 감각 간 지각은 두 가지 감각기관으로부터 들어온 정보를 통합하여 대상을 지각할 수 있는 인지능력이라고 할 수 있다.

(2) 표상발달

표상은 어떤 대상이나 상황을 특정 방식으로 나타내는 것이다. 표상은 물리적 표상과 정신적 표상으로 구별할 수 있는데, 영유아는 대상에 대해 정신적 표상을 형성할 수 있을 뿐만 아니라 물리적 표상을 이해할 수 있도록 발달한다(이현진, 2001). 대상개념, 기억, 언어, 수개념, 마음이해 등의 인지발달은 영유아의 표상능력의 발달과 밀접한 관계를 갖는다.

① 대상개념

영아는 생후 1년간 대상물의 물리적 특성에 대한 다양한 표상을 발달시킨다. 대상개념(object concept)은 영아기에 가장 먼저 나타나는 표상능력이다. 대상개념은 실제 공간을 차지하는 생각으로 매우 기본적인 물리지식이다. 2~5개월 영아는 두 개의 물체가 동시에 같은 공간을 차지할 수 없음을 이해한다(Baillargeon, 2000).

이와 함께 대상물 움직임에 대한 표상도 발달하여 2~5개월 영아는 물체가 이동해도 그대로 존재하며, 움직일 때 그 형태가 변하지 않음을 이해한다. 발달심리학자들이 제시한 대상물의 움직임에 관한 제약을 살펴보면 다음과 같다(Spelke, Breinlinger, Macomber, & Jacobson, 1992).

- 연속성(continuity): 대상물이 하나의 경로를 따라서만 움직이고, 한 지점에서 다른 지점으로 갑자기 불연속적인 이동을 하지 못한다.
- 고체성(solidity): 대상물이 다른 물체를 통과하지 못한다.
- 중력(gravity): 지탱해 주는 것이 없으면 대상물은 중력의 법칙에 의해 아래로 떨어진다.
- 관성(inertia): 움직이는 대상물은 갑자기 또는 스스로 궤도를 바꾸거나 멈추지 못한다.

생후 4개월 정도가 지난 영아들은 연속성과 고체성에 대한 지식을 보인다. 움직이는 자동차 장난감이 나무상자를 뚫고 앞으로 나아간 듯한 결과를 보여주면 영아들은 놀라는 표정을 보이며 한참 동안 바라본다. 자동차가 딱딱한 나무상자를 통과할 수도, 가던 길을 벗어나 갑자기 다른 곳에서 나타날 수도 없다는 것을 알기 때문이다. 이와 같은 상황에서 영아들이 놀라거나 흥미로워하는 반응을 보이는 것은 그들이 지니고 있는 개념에서 벗어나는 '개념적 신기성(conceptual novelty)'을 접했기 때문이다.

그러나 중력과 관성은 이보다 늦은 생후 6개월이 넘어서야 이해하기 시작한다. 6개월 영아는 위에서부터 떨어지고 있던 공이 바닥에 닿는 경우보다 중간에서 멈추어 떠 있는 경우를 더 오래 쳐다보았으나, 4개월 영아들은 차이를 보이지 않았다. 영아기에 표상능력이 점차 발달하면서 중력과 관성의 제약에 대해서도 알게 되고 낙하하던 물체가 멈추는 것을 불가능한 사건으로 여기게 되는 것이다.

물체의 움직임에 대한 이와 같은 표상능력은 단지 어린 시기에 나타난다는 것 이상의 의미를 갖는다. 영유아들이 이후에 다양한 물리적 사건을 경험하면서 과학지식을 습득하는 데에 이러한 능력이 기본 요소로 작용하기 때문이다. 부모와 교사는 영아들이 주변 환경을 안전하게 탐색하면서 물리적 사물들을 직접 다루어 볼 수 있게 배려해 주어야 한다. 유아들과는 '어떤 물체는 물에 뜨고 어떤 물체는 가라앉는다.'와 같은 사물의 물리적 특성을 지적하면서 자연현상을 이야기할 수 있다.

② 대상영속성 개념

대상영속성은 대상이란 더 이상 눈에 보이지 않거나 감각을 통해 더 이상 탐지될 수 없을 때도 존재한다는 것을 아는 것으로, 이는 영아가 표상능력이 있음을 보여주는 것이다. 이는 행위를 통한 조작이 아니라 사고를 통한 조작이 가능해졌음을 의미한다. 영아는 1~4개월경에 대상영속성에 대한 초기 개념이 나타나며(Baillargeon, 2004), 생후 2년이 지나는 동안 영아들은 대상영속성을 획득하게 된다(〈표 9-1〉 참조). 대상영속성을

표 9-1 감각운동기의 발달과 대상영속성 개념의 발달

발달단계	영아의 행동	대상영속성 개념
반사 활동기 (0~1개월)	• 생득적 반사활동을 한다.	• 대상영속성 개념이 없다.
1차 순환 반응기 (1~4개월)	• 우연히 일어났던 행동을 반복한다.	• 대상영속성의 초기 형태가 나타난다. • 물체의 움직임에 따라 시선을 움직이다가 물체가 사라지면 물체가 사라지기 바로 전에 머물렀던 지점을 잠시 바라보다가 고개를 돌린다.
2차 순환 반응기 (4~8개월)	• 물체를 의도적으로 조작한다. • 목표지향적 행동이 나타난다.	• 주변에 물체가 보이지 않아도 어딘가에 존재한다는 사실을 어렴풋이 이해한다. • 물체가 부분적으로 눈에 보이는 경우에는 잡으려고 애쓰나 물체가 사라지는 과정을 보았음에도 완전히 사라진 경우에는 찾지 않는다.
2차반응의 협응기 (8~12개월)	• 물체의 영속성 개념이 나타난다. • 모방이 시작된다.	• 시야에서 사라진 물체를 적극적으로 찾으려 한다. • 영아가 지켜보고 있는 동안에 물체를 처음 감춘 장소에서 다른 장소로 옮겨 놓아도 처음 감추었던 장소에서 그 물체를 찾으려 한다.
3차 순환 반응기 (12~18개월)	• 새로운 결과를 얻기 위해 여러 가지 방법을 시도한다. • 물체를 따라 눈길을 준다.	• 영아가 보는 앞에서 빠른 속도로 장난감을 이리저리 숨겨 놓아도 그것을 찾을 수 있다. • 보이는 곳으로의 이동은 이해하지만 보이지 않는 곳으로의 이동은 이해하지 못한다.
사고의 시작 (18~24개월)	• 지연된 모방행동이 나타난다.	• 대상영속성 개념이 완전하게 발달한다. • 숨기는 장면을 목격하지 않은 대상물도 찾을 수 있다.

습득해 가는 영아들은 까꿍놀이를 재미있어한다. 이 놀이는 사람이나 사물이 눈앞에서 사라졌다가도 금방 다시 나타날 것이라는 기대를 확인하게 되는 게임이기 때문이다. 영아가 대상영속성 개념을 갖는다는 것은 보이지 않는 대상에 대한 정신적 표상을 형성했음을 의미한다.

③ 마음이해

물리적인 현상과는 달리 내적으로 경험되는 마음에 대한 이해는 2세경부터 나타나나, 영아기에 전조능력이 나타난다. 영아는 6개월 정도부터 사람의 행동을 대상 지향적인 것으로 이해하며(Woodward, 1998), 9개월 정도가 되면 다른 사람의 표정을 보고 자신의 행동을 조절하는 사회적 참조행동을 시작한다(Butterworth, 1991). 이러한 행동을 통해 영아는 타인의 마음을 이해할 수 있게 되는 것으로 보인다. 생후 18개월의 영아는 어떤 사물을 다른 물건으로 가장하는 가상놀이를 시작한다(Leslie, 1987). 하지만 가상놀이를 하는 영아가 과연 가상놀이에 사용하는 물건을 마음속에서 다른 물건으로 표상하는지에 대해서는 앞으로 더 연구되어야 할 부분이다.

(3) 기억발달

최근에 영아의 기억을 연구하는 학자들은 영아도 사건이나 사물을 재인하고 연합하며 회상하는 등의 많은 기억능력을 가지고 있다고 한다(유연옥, 2001). 영아의 재인기억에 대한 대부분의 연구는 Fagan(1974)의 습관화-탈습관화 절차를 사용하였다. 이 실험에서 영아들은 전형적으로 친숙한 자극보다 새로운 자극을 더 오랫동안 쳐다보았다. 이는 영아가 새로운 자극과 친숙한 자극을 변별한다는 것이며, 이 변별이 가능한 것은 새로운 자극이 제시되었을 때 영아가 이전의 친숙한 자극을 기억하고 있기 때문이다. Fagan은 이 절차를 사용하여 5~6개월 된 영아도 재인기억을 유지할 수 있음을 발견하였다. 그리고 행동계열검사를 통해 영아들이 자신이 수행한 행동계열을 단서의 도움으로 효과적으로 기억할 수 있는 재인기억 능력도 가지고 있음을 확인하였다. 또한 대상영속성 문제인 물체 찾기(Diamond, 1991)와 지연모방(Melzoff, 1988)에서 회상기억 능력이 있음을 발견하였다.

(4) 문제해결 능력 발달

문제해결 과정은 장애를 극복하고 목표를 달성하기 위해 지각, 언어, 기억, 개념이해 과정과 공동으로 이루어지는 작업이다(곽금주 외, 2005). 최근의 연구들은 어린 영아가 우리가 생각해 왔던 것보다 문제를 푸는 데 더 유능하다는 사실을 밝히고 있다. 5개월 된 영아가 어두운 곳에서 사물을 잡기 위해 팔 뻗기를 할 때 초기 시도에서 성공하지 못한 후에도 목표를 달성하기 위해 노력하는 것(Hood & Willatts, 1986)으로 보아, 영아기에 문제해결을 위한 토대가 형성되고 있음을 알 수 있다. 영아가 손이 닿지 않는 먼 곳에 있는 사물을 손에 넣기 위해 사물 아래에 깔려 있는 천을 잡아당기는 것과 같은 행동을 함으로써 원하는 목표를 얻는 것은 12~18개월이 되어야 가능하다(곽금주 외, 2005).

영아가 목표를 달성하기 위해서는 혼자의 힘으로 역부족일 때가 있다. 이런 경우 타인의 도움을 받아 해결하거나 적절한 도구를 사용해야 한다. 영아는 아주 일찍부터 도구를 사용한다. 성인이 갈퀴나 지팡이를 사용하여 흥미로운 장난감을 끌어당기는 것을 본 1~2세 영아는 자신이 의자에 묶여 있어서 움직일 수 없는 상황에서 장난감을 끌어당기기 위해 도구를 사용할 수 있다. 즉, 영아는 충분한 경험이 있다면 도구를 사용해서 문제를 해결할 수 있을 뿐 아니라 그 해결 방안을 새로운 상황에 적용할 수 있을 정도로 문제해결 능력을 가지고 있다(곽금주 외, 2005).

2) 영아기 인지발달 연구의 실제

(1) 관찰연구

관찰법은 직접적인 행동관찰을 통해 필요한 자료를 수집하는 연구방법이다. 특히 영아와 같이 언어적 기술이 제한적일 때 효과적이며, 생태학적 가치를 높이기 위해 자연관찰이 선호된다. 일상생활에서 일어나는 빈도가 낮은 행동을 관찰할 경우에는 구조화된 관찰을 한다. 이때는 행동을 촉발할 수 있는 조건을 만든 후 일방경이나 CCTV 등을 이용하여 관찰하기도 한다.

① 지각발달 및 주의발달

영아의 지각발달 및 주의발달을 측정하는 가장 일반적인 방법은 '보기(looking)'를 관찰하는 것이다. 시각패턴을 제시하거나 여러 가지 과제를 준 후에 영아의 보기 방향이 어떤 자극으로 향하는지, 한 자극을 얼마나 오랫동안 쳐다보는지, 전체 보기의 시간은 얼마인지 등을 측정한다. 움직이는 물체를 사용하여 시선이 따라가는지를 영아의 안구 움직임을 통해 관찰한다. 고정된 물체보다는 움직이는 물체를 더 잘 쳐다보는 어린 영아를 대상으로 하는 연구에서 많이 사용하는 방법으로, 하나의 자극을 영아의 얼굴 중앙에 제시한 다음 눈을 고정시킬 때까지 기다린 후 천천히 직선 혹은 곡선으로 자극을 이동시키면서 영아의 시선이 얼마까지 이를 따라오는지를 관찰하여 영아가 이 문제에 선택적 주의를 하는지를 측정한다. 영아의 사람 얼굴 자극에 대한 시선 따라가기(Salapatek, 1975) 연구는 1개월 된 영아는 주로 얼굴의 가장자리를 따라가며 쳐다보고, 2개월이 되면 눈, 코, 입 등 내부의 상세한 부분들을 쳐다보며, 3개월이 되어서야 얼굴의 내부와 가장자리를 모두 쳐다볼 수 있다는 것을 밝혔다.

5개월 이상 된 영아를 대상으로는 잡기(reaching) 행동을 관찰하여 선택적 주의를 측정할 수 있다. 두 개 혹은 그 이상의 사물을 주고 어떤 사물을 선택하여 그것을 잡는지, 사물을 잡고 얼마나 오래 손으로 탐색하는지 등을 관찰하여 어떤 물건에 선택적 주의를 하는지 알 수 있다.

② 표상발달

피아제는 자신의 세 자녀의 영아기를 자연스럽게 관찰함으로써 영아기의 행동을 파악하고자 하였다. 그는 요람 곁에 앉아 자녀들이 노는 것을 자세하게 기록하거나 자녀들의 눈동자 움직임을 관찰하였다. 이러한 사례들에서 그는 특별한 과학적 도구나 실험기구를 사용하지 않았다(김정민 역, 2006). 그는 육안으로 아동의 반응을 관찰하는 방법에 의해 영아의 대상영속성의 발달과 그 특성을 파악함으로써(〈표 9-2〉 참조) 정밀한 장치가 없이도 영아들의 인지발달을 진단하거나 비교하는 지표로 사용할

표 9-2 대상영속성 과제의 구성

과제	과제내용
부분숨기기과제	영아가 흥미를 보이는 대상물의 일부를 천으로 가려서 숨기고 일부분만 드러나도록 제시한 후 영아가 이 대상물을 찾는지 관찰하는 과제로 6, 8, 9, 10, 11개월에 걸쳐 실시한다.
완전숨기기과제	영아가 흥미를 보이는 대상물을 영아가 보는 상황에서 천으로 완전히 가린 후 대상물을 찾는지 관찰하는 과제로 8, 9, 10, 11개월에 걸쳐 실시한다.
1회 가시적 치환과제	15개월에 실시한다. 영아가 찾게 되는 대상물은 작은 종 장난감이다. 이 대상물을 흔들어 영아가 대상물에 흥미를 갖도록 유도한 뒤 영아가 보는 가운데 대상물을 천 1 밑에 숨긴다. 그리고는 영아가 보자기에서 대상물을 찾도록 한다. 천 1에 대상물을 숨기고 찾는 행동을 3회 반복한 후 영아가 지켜보는 가운데 대상물을 천 2 밑에 숨긴다.
채점방법	숨기는 대상물은 영아가 흥미를 보이는 물건을 이용하고, 대상물을 숨기는 천은 영아의 주의를 끌지 않는 천으로 한다. 채점방식은 무관한 곳을 쳐다보면 0점, 보자기만 쳐다보거나 보자기만 만지면 1점, 보자기를 치우고 대상물에 손이 가면 2점을 준다.

출처: 성현란, 배기조, 2004, 재구성.

수 있도록 하였다.

피아제는 이러한 관찰방법을 통해 대상영속성 개념 외에도 감각운동기에 발달하는 공간개념, 시간개념, 인과관계개념들을 파악하였다.

③ 기억발달

지연모방(deferred imitation)은 물리적으로 눈앞에 존재하지 않는 물체, 대상, 사건을 기억하는 능력이며, 이러한 능력은 관찰한 것을 나중에 모방할 때 분명히 나타난다. 피아제는 자신의 자녀의 행동을 관찰하여 감각운동기 6단계에 있는 영아는 지연모방이 가능하다는 것을 제시하였다.

그러나 최근 연구는 피아제의 관찰대상보다 더 어린 영아도 지연모방이 가능하다고 보았다. 성인모델의 행동을 본 영아들 가운데 50%가 24시간이 경과한 후에 그 행동을 모방하였다. 이 결과는 영아들이 관찰한 행동을 재인시킬 만한 아무런 지각적 단서가 없는데도 자신의 표상을 통해 재생해 낼 수 있는 회상기억 능력이 있음을 보여 준다(Melzoff, 1988).

(2) 실험연구

피아제는 주로 자신의 자녀들을 자연관찰하는 방법을 통해 인지발달을 연구하였는데, 자연주의적 연구 절차를 보완하고자 비형식적 실험연구를 수행하기도 하였다. 실험연구는 연구자의 의도적이고 체계적인 조작, 엄격한 통제 그리고 종속변인에 대한 객관적인 관찰로 이루어진다. 연구자의 의도적이고 체계적인 조작은 실험연구를 다른 연구방법들과 구별하는 중요한 측면이다. 이러한 실험조작은 자연스러운 상태라기보다는 연구자의 적극적인 의도하에 상황조건의 변화를 만들어 시행하는 것이다. 최근에는 영아기 인지발달 관련 변인들 간의 상관관계나 인과관계를 밝히기 위한 다양한 실험연구들이 많이 이루어지고 있다.

① 지각발달 및 주의발달

영아의 감각능력과 지각능력에 대한 연구는 1960년대 이후에서야 본격적으로 시작되었는데, 그 이유는 영아의 감각능력과 지각능력을 객관적으로 측정할 수 있는 방법이 별로 없었기 때문이다. 영아는 주의집중 시간이 짧고 자신의 경험을 언어로 표현할 수 없으며 운동능력도 제한되어 있어서 자신의 경험을 운동이나 언어로 반응하는 것에도 한계가 있다. 따라서 연구자들은 언어반응이나 운동반응이 아닌 영아가 손쉽게 자신의 경험을 표현할 수 있는 다른 반응을 사용해야만 한다. 영아발달 연구에서 가장 대표적으로 사용하는 반응은 보기반응, 빨기반응, 심장박동의 변화와 같은 생리적 반응이다. 이러한 반응들은 선호법, 습관화절차, 친숙화-새로운 자극선호절차 등을 통해 측정한다(김혜리, 2001a).

이와 같은 방법을 사용하여 영아의 색채지각, 형태지각, 사물지각, 얼굴지각, 시각벼랑지각, 다가오는 물체의 지각, 크기 항상성의 지각 등의 시지각 발달뿐만 아니라 목소리지각, 말소리지각, 음악소리 지각과 같은 청지각 발달, 시각과 청각, 시각과 촉각, 시각과 신체감각과 같은 감각 간 지각발달을 연구하였다. 이러한 지각발달 연구 결과는 영아기 초기에 지각발달이 일찍 일어남을 보여 주었다(김혜리, 2001a).

Fantz(1961)의 선호법(preference method)을 사용한 연구는 신생아도 태어난 첫날부터 주변의 자극들에 선택적으로 주의를 한다는 것을 처음으로 보여 준 연구다. 이 연구에서는 시각패턴을 제시하거나 장난감을 제공하여 보기방향이 어떤 자극으로 향하는지, 한 자극을 얼마나 오랫동안 쳐다보는지, 전체 보기의 시간은 얼마인지를 측정하였다. 이 연구결과, 태어난 지 7일 된 신생아는 직선보다는 곡선패턴을 선호하였다. 그러나 외곽선을 같게 하면 이러한 선호가 사라졌다. 또한 신생아는 단색의 자극보다는 무늬가 있는 자극을 더 오래 쳐다보았고 무늬 중에서도 어떤 특정한 무늬를 다른 무늬보다 더 선호하였다([그림 9-1] 참조).

보기는 겉으로 잘 드러나는 분명한 행동이기 때문에 상하좌우 어디를

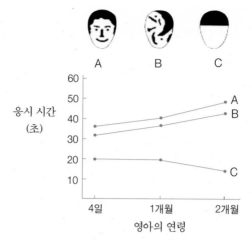

Fantz(1961)가 사용한 세 자극에 대한 영아의 응시 시간(선호도)

[그림 9-1] Fantz의 영아의 응시 시간 실험

출처: 김혜리, 2001a: 154.

얼마 동안 쳐다보는지 기록하는 방법을 가장 많이 쓴다. 하지만 때로는 더 정확하게 어떤 자극을 쳐다보는지 알기 위해서 자극을 제시하고 눈의 동공에 비친 자극을 관찰하는 방법을 쓰기도 한다. 그 외 안구 운동, 빨기 행동, 머리 돌리기, 얼굴 움직임, 입 다물었다 벌리기 등도 선호패턴을 측정하기 위한 방법으로 사용된다.

② 표상발달

최근 연구들은 많은 실험연구를 통해 영아도 개념적 표상을 가지고 있다는 증거를 제시하고 있다. 이러한 실험연구에서 많이 사용하는 실험 절차는 기대-위배 패러다임(expectation-violation paradigm)이다([그림 9-2] 참조). 여기에서는 습관화-탈습관화 절차와 같은 새롭고 정밀한 실험 절차를 사용한다. 전형적인 실험은 영아에게 예상 가능한 상황과 예기치 않은 상황을 제시하고 적절한 통제를 하는 방법으로 진행되는데, 이때 영아는 예상 가능한 상황보다 예기치 않은 상황을 더 오래 응시하게 된다. 이처럼 불가능한 사건과 가능한 사건에 대한 영아의 반응에 근거하여 영아의 개념발달을 파악할 수 있다. 이는 습관화-탈습관화 절차와 동일한 논리적 근거를 가지는데, 새로운 것을 기대하는 인간의 속성에 개념적 기초를 두고 있다.

　기대-위배 패러다임을 사용한 대상영속성의 연구들에서는 피아제와 다르게 3.5～4개월 된 어린 영아도 대상영속성이 발달되어 있다는 주장을 하고 있다. 이와 같은 실험 절차를 사용하여 영아들의 개념발달을 연구한 결과, 영아는 대상영속성 개념(3～4개월), 중력의 법칙이나 관성의 법칙 같은 물리적 특성에 관한 표상(6개월), 인과관계에 대한 표상(6개월), 자연범주에 대한 표상(3～4개월), 수개념 및 수조작에 대한 표상(5개월)이 가능하다는 실험 결과들을 보고하였다(이현진, 2001). 이러한 결과들은 영아들이 이전에 생각했던 것보다 더 많은 인지능력을 가지고 있다는 것을 보여 준다.

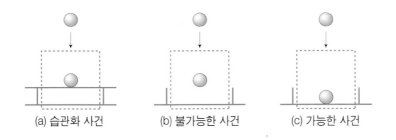

(a) 습관화 사건   (b) 불가능한 사건   (c) 가능한 사건

[그림 9-2] 기대-위배 패러다임을 사용한 영아들의 중력과 관성에 대한 지식 실험
출처: Spelke, Breinlinger, Macomber, & Jacobson, 1992: 이현진, 2001: 192에서 재인용.

③ 기억발달

　영아의 재인기억에 대한 대부분의 연구는 Fagan(1974)의 습관화-탈습관화 절차를 사용하였다. 습관화(habituation)와 탈습관화(dishabituation) 절차는 매우 일반적인 두 가지 현상을 나타낸다. 습관화는 자극이 반복되어 친숙해짐에 따라 자극에 대한 흥미를 상실하는 것이다. 탈습관화는 자극이 바뀌어서 다시 새로워졌을 때 흥미가 되살아나는 것이다. 주의가 습관화된다는 것은 재인과 같은 형태의 기억능력이 있음을 의미한다. 따라서 이 연구방법들은 영아의 지각적 변별능력과 지각적 선호뿐만 아니라 영아의 재인기억 능력에 관한 정보도 줄 수 있다. 이 방법은 빨기반응을 반응측정치로 사용하여 실시할 수도 있다(김혜리, 2001a). 영아기의 습관화 또는 재인기억은 1.5~2세 이전의 영아의 지능과 상관이 있을 뿐만 아니라 4~5세 유아를 포함하여 길게는 11세의 아동과도 상관이 유의하였다(유연옥, 2001).

  습관화-탈습관화 절차는 지각한 사물을 기억하는 데에만 한정되어 있기 때문에 수행한 행동계열을 효과적으로 기억하는지 여부를 살펴볼 수 없다. 행동계열검사(Rovee-Collier, 1995)는 조작적 조건형성 기법을 이용하여 영아들이 일련의 행동계열을 기억하는지를 지연검사를 통하여 살펴보았다. Rovee-Collier(1995)는 2~3개월 된 영아들이 누워 있는 요람 위에 모빌을 달아두고 실로 모빌과 영아들의 발을 묶어 두었다. 그리고 이들이 발을 움직이면 발에 묶인 끈을 당기게 되어 요람 위에 매달려 있는 모빌이 움직이게 되는 일련의 행동계열을 훈련시켰다. 영아들은 발차기와 모빌 움직임 간의 관계에 대한 기억이 아주 오래 지속됨을 보여 주었다. 2개월 된 영아는 처음 학습한 후 3일 동안 모빌을 움직이게 하는 방법을 기억하였고, 3개월 된 영아는 일주일 이상 발로 차는 행동을 기억하였다. 2개월 된 영아가 행동계열을 잊어버렸을 쯤인 8일 후에 모빌을 지켜보게 하는 자극을 제공하였더니 이들은 무려 4주 동안이나 이 행동계열을 기억할 수 있었다. 3개월 된 영아는 2주일이 지난 후에도 모빌을 보면 발로 차는 행동을 하였다. 또한 모빌에 대한 기억이 아주 정확해서 모빌을 새것으로 바꾸면 처음에는 새 모빌을 보고 발을 차지 않았다. 이러한 연구결과를 통해 영아는 일찍부터 상당한 재인기억 능력을 가지고 있으며, 이 시기 동안 영아의 정보파지기간은 점차 증가하여 기억해야 할 자극을 약호화할 수 있음을 알 수 있다(유연옥, 2001).

④ 문제해결 능력 발달

문제해결 능력의 발달은 장애를 극복하고 목표를 달성하려는 영아의 노력으로 이루어진다. 문제해결 능력은 목표를 달성하기 위한 많은 인지과정의 공동작업으로 이루어진다. Willatts(1989)는 영아에게 마음에 드는 장난감을 손에 넣는 과제를 주고 영아의 문제해결 능력을 실험한 결과, 영아들이 일반적으로 알려진 것보다 문제를 푸는 데 더 유능하다는 것을 보고하였다(〈표 9-3〉 참조).

표 9-3 Willatts(1989)의 영아 문제해결 과제 실험

과제상황	장난감은 눈에 보이기는 하지만 손이 닿지 않는 거리에 있기 때문에 그냥 손을 뻗어서 잡을 수는 없다.
실험집단	장난감은 영아 가까이에 있는 천 위에 놓아 두어 천을 잡아당기면 영아의 손이 닿는 위치로 가져올 수 있도록 하였다. 그러나 폼블럭으로 만든 장애물이 영아와 천 사이에 있기 때문에 영아가 천을 곧바로 잡을 수는 없도록 하였다. 이 문제를 해결하려면 몇 단계를 거쳐야 한다. 9개월 된 영아는 장애물을 치우고 천을 잡아당긴 다음 장난감을 가지고 놀았다. 12개월이 되면 한 단계 더 나아가 3단계의 행동을 해야 문제해결이 가능한 과제도 잘 수행하였다.
통제집단	통제집단에도 장난감, 천, 장애물을 주었으나 장난감이 천 위에 있지 않고 천 옆에 놓여 있었다. 통제집단의 영아들은 천을 잡아당길 생각을 하지 않고(천 위에 장난감이 놓여 있지 않기 때문에 천을 잡아당길 이유가 없다) 손으로 잡을 수 있는 유일한 대상인 장애물을 가지고 놀았다.

(3) 조사연구

영아들을 대상으로 한 조사연구에서는 양육자(대개는 어머니)가 영아의 발달 상태에 대한 질문에 반응하게 된다. 이 방법은 영아의 상태에 대한 측정을 하는 것이 아니기 때문에 부모의 지각이나 태도에 따라 정보가 오염될 수 있다는 비판이 있으나, 여러 연구에서 영아에 대한 부모의 보고는 상당한 신뢰성이 있음이 확인되었다(곽금주 외, 2005).

(4) 심리검사

영아의 인지발달은 주로 영유아 발달검사의 하위척도로 측정되었다. Bayley 영유아 발달검사를 한국 영아에게 적합하게 표준화한 한국 Bayley 영유아 발달검사(K-BSID-II)(조복희, 박혜원, 2004)는 인지척도와 동작척도, 행동평정척도로 구성되어 있다. Bayley 영유아 발달검사의 인지척도는 영아의 감각과 지각의 예민성, 자극에 반응하는 능력, 초기언어화, 시각변별, 물체영속성, 언어적 의사소통, 형태기억, 사물의 유목적적 조작 능력에 대한 문항들을 난이도 순으로 배치하며 영아의 인지발달을 진단하도록 되어 있다.

CAS-2(Cognitive Abilities Scale-Second Edition)(Bradley-Johnson & Johnson, 2001; 성현란 외, 2005)는 영아의 전반적 지능을 측정하는 인지능력 척도다. CAS-2는 영아와 유아의 인지발달을 측정하는 척도로서 영아용과 유아용으로 나뉘어 있는데, 영아용은 3~23개월 영아를, 유아용은 24~47개월 유아를 대상으로 사용하도록 되어 있다. 대다수 문항이 영유아가 비언어적으로 반응하도록 되어 있으므로 수줍어하거나 표현언어가 유창하지 못한 영아들에게도 쉽게 사용할 수 있는 척도다. 검사는 자유로운 놀이상황에서 실시되고 영아의 흥미를 유발하는 장난감을 이용하도록 되어 있다. 영아용은 3영역, 79문항으로 이루어져 있는데, 제1영역이 대상탐색 25문항, 제2영역이 타인과의 의사소통 25문항, 제3영역이 주도성과 모방 29문항으로 구성되어 있다.

3. 유아기 인지발달 연구의 이론 및 실제

1) 유아기 인지발달 연구의 이론적 측면

유아기는 피아제의 인지발달단계 중 두 번째 단계에 해당한다. 피아제는 이 단계를 논리적 조작이 불가능하기 때문에 전조작기라고 하였다. 그는 전조작기의 사고에 대해 자기중심적이고 가역적이지 못하며 사물을 외관으로만 판단하는 특성을 가지고 있다고 부정적 용어로 기술하였다(Flavell, Miller, & Miller, 2002). 그러나 최근 연구자들은 피아제의 방법론적 한계를 넘어서서 새롭고 좀 더 민감한 진단과제를 사용해서 유아기의 인지능력을 탐구하였다. 이러한 연구결과, 유아기의 인지능력은 피아제가 생각한 것보다 훨씬 앞서 있다는 사실이 여러 인지영역에서 입증되었다.

(1) 표상발달 및 개념발달

어린 영아도 대상물에 대한 정신적 표상을 만들 가능성은 있지만, 사진, 단어, 몸짓, 장난감 등과 같은 물리적 표상이 실제 대상물이나 사태를 표상한다는 것을 이해하는 능력은 2세 전후로 발달한다. 이러한 상징적 표상에 대한 이해는 언어발달과 밀접한 관계가 있다. 아동은 언어를 발화하기 시작하면서 그림, 사진, 모형에 대한 표상을 형성하고 외양과 실재를 구분하며 가상놀이, 마음이론 등에 포함된 표상을 이해하는데, 이것들은 이중표상 능력과 관계가 있다.

이중표상은 한 사물을 두 가지 방식으로 표상하는 것이다. 사진, 그림 및 모형을 이중표상으로 이해하기 위해서는 그 자체를 대상물로 표상하고 그것이 표상하고 있는 내용 또한 표상하는 것이 필요하다. 가상놀이에서 바나나로 전화놀이를 하는 경우에 유아는 바나나 그 자체에 대한 표상을 가지고 있어야 하고 바나나가 나타내는 내용, 즉 전화기에 대한 표상을 가지고 있어야 한다(이현진, 2001). 어느 한 시점에서 유아가 이중표상 능력을 보인다 해도 그것은 단일한 것이 아니며 과제마다 다르게 나타난다. 전반적으로 이중표상 능력은 2~5세 사이에 서서히 발달한다. 그림이나 사진(Zaitchik, 1990) 그리고 가상놀이(Flavell et al., 2002)에 대한 표상은 비교적 일찍 나타나기 시작하지만(2세경), 모형에 대한 이해(DeLoache & Smith, 1999)는 그보다 나중에 나타난다(3세경). 외양과 실재의 구분은 그보다 더 어려워서 4∼5세경에나 가능해진다.

어떤 사건이 일어날 때 아동이 갖게 되는 정신적 표상이 사태지식(event Knowledge)인데, 이러한 사태지식에 대한 표상이 일반화되고 추상화된 것이 스크립트(script)다. 스크립트는 반복적인 실제 경험을 통하여 형성된 것으로 특정한 상황이나 맥락에 고정적으로 계속해서 일어나는 사태에 대한 지식구조다. 친숙한 상황에 대한 스크립트는 2세 정도의 어린 연령에서도 발견된다. 예를 들면, 생일잔치 경험이 반복되면서 '케이크에 초 꽂기 → 불 붙이기 → 생일축하 노래 부르기 → 초 끄기 → 케이크 잘라서 먹기'와 같이 생일잔치에 대한 스크립트를 형성한다. 스크립트는 친숙한 상황에서 아동이 어떻게 해야 하는지를 알려 줄 수 있기 때문에 일상생활에 대한 안정성을 제공해 준다(Flavell et al., 2002).

개념이란 어떤 유사성을 기초로 하여 서로 다른 실체들을 함께 묶는 것이다(Siegler, 1998). 개념은 직접적인 경험이 부족한 상황에서 추론할 수 있게 해 주기 때문에 필요하다. 또한 새로운 상황에서 우리가 가진 지식을 사용하게 함으로써 정신적 노력을 많이 덜어 준다. 개념은 지각, 언어, 기억이나 문제해결 등 많은 인지활동과 관련되므로 인간의 인지능력 중에서도 매우 기본적이고 중요한 것으로 간주된다. 개념의 발달과정에서 기본수준 범주는 상위수준 범주보다 일찍 획득되며 상위수준 범주에서는 전형성이 높은 사물이 일찍 획득된다는 사실이 지지를 받고 있다(성현란, 2001).

지식을 조직하는 방법 중의 하나는 범주를 형성하는 것이다. 범주는 우리가 어떤 식으로든 관련되어 있다고 느끼기 때문에 함께 집단으로 묶어 놓은 사물로 구성된다. 사물의 범주화는 세상의 사물을 확인하는 수단이 되므로 범주를 확립하면 계속적인 학습의 필요성이 감소된다. 또한 범주화는 사물을 분류하고 관계를 설정할 수 있게 해 준다(박정생 역, 2006). 범주화할 수 있는 능력 때문에 우리는 환경의 복잡성에 압도당하지 않고 환경과 상호작용할 수 있는 것이다.

유아와 학령기 아동에 관한 연구들에서는 아동이 사물을 군집화할 때 색채, 형태 그리고 그 외의 지각적 요소에 의한 공통성에 기초하여 범주를 형성한다는 주장이 지지를 받았다(Mandler, 1988). 4세 아동은 군집화의 기초로 색채를 더 선호하고, 5세 아동은 색채보다 형태를 더 선호하는 것으로 나타났다(Melkman et al., 1981). 연령이 증가함에 따라 사물의 의미에 관심을 두게 되면서부터는 색채나 형태는 분류에 있어서 덜 중요한 차원이 된다. 또한 여러 연구자는 유아가 사물의 주제적 관계를 중심으로 범주화한다고 하였다. 예를 들면, 코트와 스웨터를 함께 분류하기보다 코트와 옷걸이를 함께 분류하는 경향이 있다는 것이다(성현란, 2001).

학령전기 아동에게도 분류학적 지식이 전혀 없는 것은 아니나, 상위수준 범주를 언어적으로 정의하기를 어려워한다는 점 등에 비추어 볼 때 분류학적 관계의 이해가 덜 발달되어 있다고 볼 수 있다. 연령이 증가함에 따라 분류학적 관계에 대한 이해도 계속 더 발달해 간다. 7세 정도의 학령기가 되어 분류학적 체계화까지 발달하면 각각의 개념적 체계화를 이용하는 데 있어서도 유연성이 발달하게 된다(성현란, 2001). 분류학적 지식에 비해 주제적 지식은 5세 정도가 되면 대학생과 거의 차이가 없는 것으로 나타나는데, 이러한 결과에 비추어 볼 때 4, 5세 정도에는 거의 성인수준에 도달하는 것으로 보인다(성현란, 류가와 료조, 1999).

(2) 기억발달

유아기에는 영아기에 비해 기억능력이 크게 발달하는데 여기에는 네 가지 요인이 작용한다(Schaffer, 1999). 정보를 저장할 수 있는 기억용량(memory capacity)의 증가, 정보를 체계적으로 저장하고 인출할 수 있는 기억전략(memory strategy)의 발달, 기억과 기억과정에 대한 지식인 상위기억(metamemory)의 발달, 연령 증가에 따른 지식기반(knowledge base)의 확대가 그것이다.

기억용량이 증가한다는 것은 정보를 저장할 수 있는 공간이 증가한다는 것을 의미한다. 기억공간에는 감각기억, 단기기억, 장기기억이 있는데, 감각기억과 장기기억의 용량은 연령에 따른 변화가 거의 없는 것으로 보이기 때문에 기억용량의 증가는 단기기억 용량의 증가를 의미한다. 일반적으로 단기기억 용량은 기억폭(memory span)에 의해 측정된다. 기억폭검사는, 예를 들면 숫자를 몇 개 불러 준 다음 순서대로 다시 말해 보도록 하여 정확하게 회상할 수 있는 항목 수로 기억폭을 측정한다. 2세 유아의 기억폭은 2개 정도이고 5세 유아는 4.5개 그리고 성인의 기억폭은 7~8개로 유아기에 기억폭이 급격하게 증가함을 알 수 있다(정옥분, 2004).

기억전략은 정보를 장기기억에 저장하고 그 정보가 필요할 때 인출이 용이하도록 해 주는 의도적인 활동을 말한다. 이러한 기억전략에는 기억해야 할 정보에 주의를 기울이는 주의집중, 기억하려는 것을 반복 연습하는 시연, 관련 있는 것끼리 집단화시키고 유목화하는 조직화, 기억해야 할 정보에 다른 것을 연결시켜 정보가 갖는 의미의 깊이와 폭을 더욱 확장시키는 정교화, 그리고 도움이 될 수 있는 단서를 사용하는 인출전략 등이 있다(정옥분, 2004). 이러한 기억전략의 출현 시기는 과제 및 연령에 따라 다르다. 학령전기의 유아는 기억전략에 대한 기본능력을 가지고 있으나 스스로 기억전략을 생성하는 데 실패하는 산출결함을 보인다(유연옥, 2001).

상위기억은 기억과 기억과정에 대한 지식을 말한다. 상위기억에는 자신의 기억능력에 대한 평가, 기억정보의 난이도에 대한 평가, 적절한 기억전략에 대한 평가 등이 포함된다. 3, 4세 유아들도 상위기억에 대한 초보적인 지식을 가지고 있으나 유아는 자신의 기억능력을 과대평가하는 경향이 있다. 이는 학령전 아동은 자신의 기억용량이 가진 한계를 인식하지 못하며 기억 관련 자아개념이 비현실적이라는 것을 보여 주는 것이다. 아동이 자신의 기억폭을 정확하게 평가하는 능력은 7세가량이 되어야 발달한다. 이는 학령전 아동도 과제의 분량이나 친숙성 그리고 학습상황에 대해 어느 정도는 인식하고 있으나 정확한 지식을 가지고 있지 않다는 것을 설명해 준다. 상위기억에 대한 지식과 활용은 아동기에 급격하게 이루어진다.

또한 회상기억에서 연령차가 나타나는 것은 연령 증가에 따른 지식기반이 확대되는 것으로 설명할 수 있다(Bjorklund, 2000). 즉, 어떤 주제에 대해 더 많이 알면 알수록 정보를 더 빨리 처리할 수 있으며 정보를 범주화시키고 정교화할 수 있는 전략들을 획득할 수 있다.

기억발달은 기초능력, 전략, 지식 그리고 상위기억 능력뿐만 아니라 사회적 맥락에 의해서도 영향을 받는다. 사회적 맥락의 효과를 전망적 기억, 일상적 상황에서의 기억, 전략사용에 있어서 동기의 역할로 살펴본 결과, 어린 아동일수록 사회적 맥락에 더 민감하였다. 즉, 나이가 어린 아동이라도 수행하고자 하는 의도에 대해 중요하게 지각시킨다면 기억과제 수행을 잘하였다.

(3) 사회인지

인간은 다른 사람들과 그들의 행동에 대한 개념을 가지고 있고, 이러한 개념에 기초하여 다른 사람들과 행동을 주고받는다. 이와 같이 인간 및 인간과 관련한 일들을 그 대상으로 하는 영역이 사회인지다. 즉, 사회인지는 인간과 인간의 행위에 관한 인지를 의미한다(Flavell et al., 2002).

유아의 타인이해의 발달에 관한 연구는 주로 사회조망수용능력의 발달에 관해 이루어졌다. 조망수용 개념은 피아제가 제안한 유아기의 자기중심성에 반대되는 개념으로서 인지적 탈중심화에 근원을 두고 있다. 따라서 사회적 조망수용능력은 탈중심화가 가능한 구체적 조작기(7세경)에 이르러서야 가능하다고 하였다.

피아제는 특히 아동이 어떻게 다른 사람의 공간적 조망(spatial perspective)을 이해하게 되는가에 관심을 가졌다. 아동의 조망수용의 발달은 인지적 탈중심화 개념에 근원을 두고 있다. 즉, 자신에 대한 이해 묘사적 태도인 자아개념보다 자신을 자신 이외의 것과 구분할 수 있는 자아

인지능력이 선행되어야 한다. 자아개념 형성의 선행조건으로 지적된 요인은 자신의 신체적 자아를 외부 사물과 구분하고, 또 자신의 심리적 자아를 타인과 구별할 수 있는 자아인지능력이다. 피아제는 3세경에 형성된 자신에 대한 심상이 사회적 평가를 흡수하여 안정적 자아개념으로 형성되는 시기를 7세 이후로 보았는데, 이는 사회조망수용능력이나 가설검증력을 구체적 조작기인 약 7세 전후에 획득되는 특성으로 보기 때문이다. 유아의 자아개념은 타인과의 사회적 비교—자신의 능력과 타인의 능력 비교, 자신의 행위와 타인의 행위 비교—를 통해 공고화되며, 이러한 공고화를 통하여 탈중심화가 가속되고 한편으로 조망수용능력이 발달된다고 보았다(신현옥, 강문희, 1996).

그러나 인간의 삶은 타인과의 사회적 상호작용을 통해 영위되며, 타인과 사회적 상호작용을 하기 위해서는 타인의 마음을 이해하는 것이 중요한 능력인 만큼 이러한 능력은 생존을 위해 매우 일찍부터 존재해 왔을 것이다. 마음을 이해하는 능력의 발달에 관심을 가진 발달심리학자들은 '마음이론(theory of mind)'이라는 이름 아래 아동이 믿음과 바람을 언제 이해하게 되는지를 중심으로 연구를 해 왔다(Premack & Woodruff, 1978; Wellman, 1990: 전명숙, 김혜리, 1999에서 재인용). 이러한 연구들은 생의 초기부터 마음이해 능력의 전조가 나타나며, 가장(pretense), 바람(desire), 지각(perception), 지식(knowledge), 생각(thought), 믿음(belief)과 같은 마음상태의 특성을 매우 어린 나이에 이해할 수 있다고 하였다(김혜리, 2001b).

마음이란 우리가 '안다, 생각한다, 느낀다, 바란다 등의 언어로 표현하는 마음상태들'(김혜리, 2001b; Perner, 1991)이다. 마음은 눈으로 확인할 수 없는 추상적인 개념이며 행동을 설명하는 데 반드시 필요한 것이라는 점을 고려할 때, 발달심리학자들은 과연 언제 영유아가 눈으로 확인할 수 없는 마음의 개념을 이해하게 되는지에 대해 관심을 가지게 되었다.

영아기에는 2세경부터 자신이 바라는 상태를 나타내기 위해 '하고 싶다', '원한다' 등의 단어를 사용하여 자신의 바람을 표현하며, 자신이 바라는 목표상황을 이루기 위해 목표지향적 행동을 하는 등 마음이해에 대한 전조능력이 나타난다. 또 2세에서 3세 사이에 현재의 상태와 바람 그리고 행동 간의 관계를 이해하게 된다(Wellman & Woolley, 1990). 그러나 실제로 일어난 상황과는 다른 상황을 의도하였을 수도 있다는 표상적 특성은 4세가 되어야 이해할 수 있게 된다(Astington, 1991).

3세 아동은 자신이 본 것을 다른 사람도 본다고 자아중심적으로 생각하지는 않는다. 그러나 동일한 사물이 나와 다른 사람에게 서로 다르게 보일 수 있다는 것은 이해하지 못하고 4세가 되어야 동일한 사물이 보는 방향에 따라 달리 보일 수 있다는 지각의 표상적 특성을 이해하게 된다. 3세 아동은 보고 듣는 지각행동과 아는 것 간의 관계를 알기 시작한다. 즉, 어떤 사실을 본 사람은 그 사실에 대해 알지만 보지 못한 사람은 모른다는 것을 어느 정도 이해한다. 4세가 되면 지식이 어떤 사실에 대한 정확한 표상이라는 것과 그 사실에 대한 정보를 접해야만 정확한 표상을 가지게 된다는 지식의 표상적 특성을 이해하게 된다. 2~3세 아동은 추상적 사고와 물리적 사물은 다르다는 것을 이해한다. 즉, 어떤 물건에 대한 생각은 물리적 사물과는 달라서 생각하고 있는 물건을 만지거나 볼 수 없다는 것을 이해한다. 또 사람의 행동은 생각과 믿음에 의해 결정된다는 것을 이해한다. 4세가 되면서 아동은 어떤 사실에 대한 생각이 그 사실에 대한 표상이며 이 표상이 사실과 다를 수도 있다는 것을 이해하게 되어 틀린 믿음을 이해하게 된다.

6세 이후부터는 사람의 바람, 믿음, 생각 등이 개인 특정적이고 지속적이어서 사람의 성격특질을 구성한다는 것을 알게 된다. 마음의 표상적 특성을 이해하는 것은 아동이 필요에 따라 속임수 쓰기, 거짓 표정 짓기, 읽기를 할 수 있도록 함으로써 사회적 적응을 도울 수 있다. 자폐아동의 경우가 이 마음이론의 발달에 결함이 있는 것으로 보고되었다.

(4) 추론 및 문제해결

문제해결의 발달은 장애를 극복하고 목표를 달성하려는 아동의 노력으로 이루어지며 문제해결은 이러한 목표를 달성하기 위해 많은 과정의 공동작업으로 이루어진다. 문제해결의 과정들 가운데 가장 두드러진 것은 계획세우기, 인과추론, 도구사용과 논리적 연역이다(Siegler, 1998).

계획세우기에서 가장 많이 사용되는 것은 수단-목표분석이다. 이 방법에서는 목표와 현재 상태 간의 차이를 점진적으로 줄여 나간다. 계획세우기의 발달은 주로 유아가 기억할 수 있는 하위목표의 수, 그 하위목표의 복잡성 그리고 장기적 목표를 달성하기 위해 단기적 목표의 유혹을 극복하는 능력에서 나타난다.

인과추론능력은 새로운 상황이나 문제에 접했을 때 문제를 해결할 수 있도록 하는 중요한 인지적 능력이다. 학령전 아동들은 여러 원인 중 인접성과 같이 지각적으로 눈에 띄고 기억하기 쉬운 정보를 선택하는 경향이 높다.

문제를 해결하기 위해 도구를 사용하는 경향은 아주 어린 아동에게서도 나타난다. 도구는 아동이 다른 방법으로는 해결할 수 없는 문제를 해결하도록 돕기도 하지만 때로는 실수를 하게 한다(DeLoache & Smith, 1999).

마지막으로 중요한 연역적 추리과정들 가운데 이행추론과 위계적 분류가 있다. 피아제는 대부분의 전조작기 아동이 연역추론과제에 실패하는 이유를 그들이 직관적·전환적 사고를 하며 개념의 조작능력이 충분히 발달되어 있지 않기 때문이라고 설명하였다. 그러나 유아에게 적절한 경험과 학습이 주어진다면 6세 아동들도 성공적인 수행을 할 수 있는 것으로 나타나(Dias & Harris, 1988), 피아제가 주장한 바와는 달리 훨씬 어린 연령에서도 추론능력이 나타날 수 있는가에 관심이 모아져 왔다.

일상생활에서 일어나는 대인 간 문제를 해결하기 위하여 사고하는 대인문제 해결력도 유아기에 급속하게 발달하는 인지능력 중 하나다. 대인문제 해결력은 대인관계에서 야기되는 갈등이나 문제를 해결하기 위해

요구되는 인지적 능력이다. Spivack, Platt과 Shure(1976)는 당면한 대인
문제를 해결하기 위해 개인이 얼마나 많은 방안을 창출해 낼 수 있는지에
관심을 두고 대인 간 문제해결 과정에서 문제의 규명, 문제해결을 위한
새로운 전략의 사용 등을 분석하였다. 유아기의 대인적 해결사고가 사회
적 적응과 밀접한 관계가 있다(최미숙, 2011).

2) 유아기 인지발달 연구의 실제

(1) 관찰연구

유아의 놀이를 관찰함으로써 유아의 가상 수준이나 인지적 놀이 수준
을 파악할 수 있다. 특히 가상놀이는 유아기 동안 가장 빈번하게 일어나
는데 이것은 상징물과 실제 대상의 차이를 알면서 실제 사물이나 상황으
로 상징화하는 놀이로서 인지발달에서 중요한 의미가 있다.

McLoyd(1980)는 유아들의 가상놀이의 표상적 양상을 범주화하는 관찰
범주 체계를 고안하였다(〈표 9-4〉 참조). 이 체계는 유용한 도식으로 신뢰
성(평정자 간 일치도 측면)과 타당성이 있다고 평가되었다(이은화, 조은진
역, 1995). 연구들이 보고하는 바에 따르면(McLoyd, 1980; 이은화, 조은진
역, 1995), 아동은 3세경에 가장 높은 범주인 역할 귀속(role attribution)을
사용한다.

인지적 놀이는 유아의 인지와 언어발달 정도가 놀이행동에 표출되므로
인지발달 정도를 파악하는 준거가 된다. Smilansky는 피아제의 이론을
준거로 하여 인지발달에 따른 인지놀이 유형을 재조직하였다(전남련, 권
경미, 김덕일, 2005). 인지적 놀이 발달단계는 기능놀이, 구성놀이, 역할놀
이, 규칙 있는 게임으로 구분한다(〈표 9-5〉 참조).

표 9-4   McLoyd의 물체적 변형과 관념적 변형 관찰체계

물체 가상 방식	하위범주	정의	사례
물체적 변형	생물화 (animation)	무생물에 살아 있는 속성을 부여한다.	동물 놀잇감에 대해 "내 강아지가 산책을 하고 있어."
	구상화 (reification)	현존하는 물체와 기능적으로 관련된 심상의 물체를 구상화한다.	빈 컵을 들고 마시는 시늉을 하면서 "이 콜라가 맛있군."
	물체 특성의 귀속 (attribution of object property)	한 물체의 특성을 실제의 물체와 기능적으로 관련된 현존의 물체나 상상의 물체에 귀속시킨다.	플라스틱 총을 쏘면서 '탕' 소리를 낸다.
	대체 (substitution)	현존하는 물체에 새로운 정체를 부여한다.	블록에 대해서 "이것이 내 자동차야."
관념적 변형	물체실재론 (object realism)	상상의 물체가 존재하는 것처럼 가장한다. 그러나 상상의 물체는 그것을 나타내는 물체와 닮은 것이 아니다.	"나는 풀을 자르기 위해서 이 솔을 잔디 깎는 기계로 사용하고 있는 거야."
	비실재하는 물체 특성의 귀속 (attribution of nonexistent object property)	실재하지 않는 물체에 특성을 부여한다.	실재하지 않는 알약을 먹으면서, "나는 비타민을 먹고 있는 거야."
	상황의 귀속 (situation attribution)	가상의 상황이 존재하는 것처럼 가장한다.	"그래, 여기는 병원이야."
	역할의 귀속 (role attribution)	환상의 역할을 연기한다.	"내가 간호사 할 거야."

출처: McLoyd, 1980: 이은화, 조은진 역, 1995: 365-366, 재구성.

(2) 실험연구

① 표상발달 및 개념발달

범주의 발달을 연구하는 초기 연구들은 자유분류법(free sorting

| 표 9-5 | Smilansky의 인지적 놀이 발달단계 관찰범주 |

인지적 놀이 발달단계	정 의	예
기능놀이	사물을 가지고 혹은 사물 없이 운동의 움직임을 계속 반복하는 놀이	뛰기, 달리기, 기기, 모으기, 부수기, 물건 · 자료 조작하기
구성놀이	사물 또는 자료를 가지고 새로운 것을 창조하거나 무엇을 만드는 놀이	블록놀이, 모래놀이, 점토놀이, 물감놀이
역할놀이	역할 이행 또는 가상하는 놀이	• 역할 모방: 부모, 아기, 소방관, 영웅, 괴물, 공구, 슈퍼맨 등의 역할이행하기 • 가상 전환: 자동차를 운전하는 척하기(팔 동작 움직임), 연필로 주사 놓는 척하기 등
규칙 있는 게임	미리 정해진 혹은 새롭게 정해진 규칙을 확인하고 그것을 인식하고 수용하면서 진행하는 놀이	말뚝박기, 과녁맞추기, 카드게임 등

출처: 전남련 외, 2005.

method)을 사용하였다. 이는 수십 개의 구체적인 사물의 명칭이나 그림 또는 사물을 본뜬 인형을 제시한 다음 서로 비슷한 것들끼리 피험자가 자유롭게 분류하도록 하는 방법이다. 연구에 따라 몇 종류로 분류할 것인지를 선택하게 하는 경우와 비슷한 것끼리 두 개씩 계속해서 짝지어 가게 하는 경우가 있다. 피험자가 분류를 끝내고 나면 각각을 함께 분류한 이유를 물어서 어떠한 개념적 체계화를 하는지 파악하기도 하고, 분류된 자료를 보고 연구자가 직접 파악하기도 한다(성현란, 2001).

세 자극 제시법([그림 9-3] 참조)은 구체적 사물들을 분류할 수 있는 차원을 실험자가 미리 통제하여 피험자가 세 개의 자극을 한 조로 제시하는 방법으로, 한 개의 표준자극과 두 개의 비교자극으로 구성되어 있다. 세 자

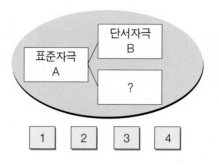

세 종류의 개념적 체제화에 의해 분류하도록 한 다차원-요구 패러다임
• 선택자극(1, 2, 3, 4)의 실제 크기는 표준자극의 크기와 같다.

[그림 9-3] 세 자극 제시법

출처: 성현란, 2001: 385.

극 제시법은 Kagan, Moss와 Sigel(1963)에 의해 처음 고안되어 개념발달 연구에서 성인과 아동에게 빈번하게 사용되어 왔다. 이 방법은 한 개의 표준자극 그리고 표준자극에 대한 두 개의 비교자극을 제시해 준 다음 두 개의 비교자극 중에서 어느 한 자극을 표준자극과 관련된 것으로 선택하는 것이다.

② 기억발달

유아기 기억발달 연구는 주로 기억전략, 지식, 상위기억, 기억용량의 증가 등을 주제로 다루고 있다. 그중에서도 기억전략은 가장 많이 연구된 주제다. 기억전략은 기억을 증진시키기 위해 의도적인 통제 아래 사용되는 인지적 또는 신체적 활동이라고 정의된다(유연옥, 2001). 유아는 기억 과정에서 시연, 조직화, 정교화, 인출전략을 사용함으로써 기억하고자 노력한다. 기억전략은 대략 2세를 전후해서 나타나지만, 시연(rehearsal)이나 조직화, 정교화 등의 중요한 전략 등은 약 6, 7세경에 나타나기 시작한다. 기억전략의 질, 전략사용의 빈도, 전략의 종류, 과제의 요구에 따른 전략사용의 융통성 등은 후기 아동기와 청소년기까지 계속 발달한다.

기억전략에 관한 대부분의 실험에서는 실험자가 피험자에게 기억할 자료를 제시한다. 그러나 대부분의 자연스러운 생활 장면에서는 아이 스스로가 어떤 자료를 처리하고 기억에 담아 둘 것인지를 선택해야 한다. 자료의 일부만이 자신이 하려는 일과 관련이 있을 때 또는 아동이 가장 중요한 자료를 기억할 용량밖에 가지고 있지 않을 때에는 일부만 기억하는 것이 바람직하다. 따라서 인지자원의 배분(allocation of cognitive resources)은 중요한 기억전략이다.

Miller(1990)는 아동이 자신이 처리할 정보를 선택하는 과정을 직접 관찰할 수 있는 절차를 개발하였다. 작은 문들이 2×6 행렬로 있고 아동은 그 뒤에 있는 열두 개 항목을 마음대로 선택해서 볼 수 있는데 그중 관련이 있는 것은 여섯 개 항목뿐이다. 예를 들어, 아동은 여섯 마리의 동물이 어디에 숨겨져 있는지 기억하라는 지시를 받는다. 다른 문 안에는 집에서 쓰는 물건들이 숨겨져 있다. 각 문에는 짐승우리나 집이 그려져 있어서 그것을 보면 그 안에 무엇이 숨겨져 있는지 알 수 있다. 아이들은 보통 30초의 학습시간 동안에 어떤 문이든지 마음껏 열어 볼 수 있다. 가장 효과적인 전략은 선택적으로 관련이 있는 문만을 열어 보는 것인데, 나이 든 아동들은 선택적 전략을 사용하여 관련 있는 문만을 열어 보는 경향이 있었으나 학령전 아동들은 실험장치의 공간적 배치를 따라 첫 번째 줄에 있는 문들을 다 열어 보고(일부는 동물이고 일부는 집안에서 쓰는 물건) 그다음에 두 번째 줄에 있는 문들을 열어 보았다. 과도기의 아동들은 부분적으로 선택적이었다. 또한 나이 든 아동들은 과제의 목표에 맞추어 문을 여는 행동을 조정하면서 더 유연하게 주의를 배분하였다. 이와 같이 아동은 성장하면서 자신의 인지자원을 더 유연하고 더 효율적으로 투자하게 된다(Flavell et al., 2002).

③ 사회인지

사회인지에 대한 초기 연구는 피아제의 연구에서 직·간접적으로 유래했다. 피아제는 전조작기 유아의 자아중심적 사고특성 때문에 타인의 입장에서 조망하는 것이 불가능하다고 하였다. 그러나 요즘 대부분의 연구 활동은 마음이론, 마음에 대한 이해를 중심으로 이루어지고 있다. 이 연구들은 다양한 연구방법을 개발하여 학령전기 유아들이 마음이해 능력을 가지고 있음을 밝혔다.

과거 20여 년 동안 지각, 바람, 믿음, 의도 등과 같은 정신현상에 의해 나타나는 환경적 사건과 인간행동 간의 관계를 묘사하고, 설명하며, 예측하는 아동의 능력에 관한 연구가 폭발적으로 증가하였다(〈표 9-6〉 참조). 마음이론 영역에서의 경험적인 연구들은 대부분 학령전기 아동들의 과제수행에서의 연령차에 관심을 두었다. 그러나 최근에는 마음에 대한 이해에서의 개인차와 사회적 상호작용 영역과의 관련성에 대한 연구로 방향이 변화하고 있다(Watson, Nixon, Wilson, & Capage, 1999). 예컨대, 가정에서 어머니와의 언어적 상호작용(Dunn, 1999), 형제와의 내적인 상태(마음상태)에 관한 언어적 상호작용(Watson et al., 1999)에 보다 많이 참여한 아동이 가족 상호작용에서 긍정적이고 애정적인 행동수준이 높다. 즉, 보다 많은 상호작용을 제공하는 가정환경은 아동이 사고-행동 관계를 학습할 수 있는 기회를 보다 많이 제공한다는 것이다. 어린 아동도 타인의 반응을 예측하고 조절할 수 있으며, 타인의 정서를 읽고(read) 자신의 목적을 달성하기 위해 타인을 이용하며, 의도적으로 타인의 감정상태에 영향을 줄 수 있다. 유아의 가족과의 사회적 상호작용을 관찰한 결과에서도 타인의 느낌, 상태, 의도, 행동을 이해하기 위한 아동의 능력이 2~3세 사이에 성장하며, 특히 이러한 발달에 있어서 타인의 느낌과 의도에 관한 대화의 역할이 중요하였다(Dunn, 1999). 이는 마음이해 능력이 사회적 상호작용과 관련이 있음을 제안한다.

또한 마음이해 능력이 반사회적 행동을 하는 정도(Happé & Frith, 1996), 또래들 사이의 인기도(Dockett, 1997)와 관련이 있는 것으로 나타나는 등 마음이해 능력의 발달과 사회적 상호작용의 질 간의 정적인 상관관계는 많은 연구 속에서 검증되고 있다. 그러나 이들 관계들의 인과 메커니즘과 영향의 방향에 관한 의문은 아직 불명확한 채로 남아 있다. 풍

표 9-6 Perner가 고안한 마음이론 표준과제

과제명	Maxi과제 (Wimmer & Perner, 1983)	Smarties과제 (Perner, Leekam, & Wimmer, 1987)
과제 내용	인형을 가지고 수행하는 위치의 변화 이야기	표준적인 '기대하지 않은 내용' 거짓 믿음 과제
연구 절차	3, 4, 5세 아동에게 Maxi가 초콜릿을 A장소에 놓고 방을 나간 사이 엄마가 들어와서 초콜릿을 B장소로 옮겨 놓고 나갔다는 이야기를 들려주었다. 그다음 초콜릿이 옮겨진 사실을 모르는 Maxi가 어디에서 초콜릿을 찾을 것인지를 질문하였다.	3, 4세 아동에게 초콜릿 대신 연필이 들어 있는 초콜릿 상자를 보여 주고 상자를 열어 보기 전에 상자에 무엇이 들어 있는지 질문하였다. 그다음 상자를 열어 보기 전에 상자에 무엇이 들어 있다고 생각했는지를 물어보았다.
연구 결과	그 결과 3세 아동 대부분이 초콜릿이 실제로 있는 B장소에서 초콜릿을 찾을 것이라고 대답한 반면, 4세 아동의 약 50%와 5세 아동의 대부분이 Maxi의 틀린 믿음에 근거하여 A장소에서 초콜릿을 찾을 것이라고 대답하였다. 이러한 결과는 아동이 4세경이 되어서야 마음이 세상에 대한 표상이고 그 표상이 틀릴 수도 있음을 이해한다는 것을 보여 준다.	그 결과 3세 아동의 약 35%, 4세 아동의 약 90%가 초콜릿이라고 대답하였다. 이러한 결과는 4세가 되어야 아동이 사실을 실재와는 다르게 잘못 생각할 수도 있다는 것을 이해하기 시작한다는 것을 말해 준다.

부하고 성공적인 상호작용은 사고-행동 관계에 대해 학습할 기회를 많이 제공하고, 보다 잘 발달된 마음이론은 적응적인 사회적 기능을 촉진할 것으로 여겨진다. 따라서 현재는 양방향적 관련성만이 제안되고 있는데 영향의 방향성을 고찰하는 연구가 필요하다.

④ 문제해결

사람은 매일 다양한 문제해결 경험을 한다. 사람은 목표를 성취하기 위해 자신의 행동을 목표를 충족하는 방식으로 조직화한다. 행동 목표를 명료화하고 이 목표에 도달하기 위한 단계와 수단을 기술하는 것을 문제해결이라고 하는데(Siegler, 1998), 어떤 심리학자들은 문제해결과 사고를 동일한 것으로 간주하기도 한다(Gauvain, 2001). 유아가 과제를 해결하는 방식을 보면 그들이 일상생활에서 부딪히는 여러 종류의 도전에 어떻게 적응할지에 대한 통찰을 얻을 수 있다는 점에서 유아의 문제해결력에 관한 연구는 중요한 의미가 있다.

문제를 효과적으로 해결하기 위해서는 문제해결에 필요한 자원과 기술을 가지고 있어야 한다. 이러한 자원과 기술에는 문제공간에 대한 정신적 표상, 영역특정적인 과제에 관한 전문적 지식, 상위인지 등이 포함된다(Flavell et al., 2002). 또한 유아의 문제해결력은 유아가 현재 가지고 있는 능력 수준뿐만 아니라 해결해야 하는 과제의 특성, 문제해결 과정에서의 사회적 지원의 특성 등의 영향을 받는다(Ginsberg & Golbeck, 2004). 피아제가 주장하는 것처럼 유아가 특정한 발달 단계에서 일정한 문제해결력 수준을 가진다기보다, 수행 과제의 특성이나 과제 수행의 사회적 상황에 따라 문제해결력 수준이 달라진다는 연구결과들은 유아의 실제 수행에 영향을 미치는 과제 특성 및 사회적 상황에 대한 연구가 필요함을 시사한다. 유아가 문제해결을 위해 사용하는 기본 논리는 구체적 상황에 대한 이해에서 생기는데, 유아기의 구체적인 경험과 관련된 다양한 과제 상황에서의 문제해결을 살펴봄으로써 유아기 문제해결력 발달에 대한 보다 심도 깊은 자료를 얻을 수 있을 것이다.

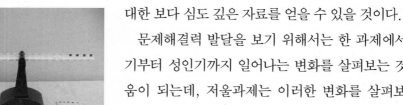

[그림 9-4] 저울과제를 사용한 문제해결력 발달연구

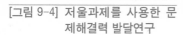

문제해결력 발달을 보기 위해서는 한 과제에서 영아기부터 성인기까지 일어나는 변화를 살펴보는 것이 도움이 되는데, 저울과제는 이러한 변화를 살펴보는 데 편리한 문제해결력 과제로 사용되었다(Siegler, 1998). 저울과제는 유아가 무게와 거리를 고려하여 저울의 움직임을 예측할 수 있는지를 평가하는 것으로, 단순평형

문제, 단순무게문제, 단순거리문제, 복합평형문제, 복합무게문제, 복합
거리문제의 여섯 가지 유형으로 구성된다. 저울과제의 문제해결력은 평
형저울의 움직임을 예측하기 위해 유아가 사용한 문제해결 규칙을 4수준
으로 분류한 Siegler의 규칙을 Tudge(1992)가 7수준으로 수정·보완한
평가기준을 제시하였다.

(3) 조사연구

유아들을 대상으로 한 연구에서는 어머니나 교사가 유아의 인지능력
및 발달에 대한 질문에 반응하게 된다. 이 방법은 유아의 능력에 대한 직
접적 측정이 아니기 때문에 부모나 교사의 지각이나 태도에 따라 정보가
오염될 수 있으나, 여러 연구에서 유아에 대한 부모나 교사의 보고는 비
교적 신뢰성이 있음이 확인되었다.

조사연구는 유아의 지적 능력에 대한 어머니와 교사의 지각(함은숙,
2005), 유아의 인지발달 수준에 대한 인식의 정확성 등을 주로 질문지법
을 사용하여 연구하였다. 최근에는 관심이 증가하고 있는 유아의 다중지
능, 정서지능 발달을 부모 또는 교사의 평정을 통해 파악하고자 하였다
(최기란, 최인수, 2003). 유아의 다중지능을 측정할 때 Shearer(1996)에 의
해 개발된 다중지능 측정도구인 MIDAS(Multiple Intelligence Development
Assessment Scale) 중 대상연령이 4~8세인 'My young Child'를 번안한
KK-MIDAS를 사용하였다. KK-MIDAS는 음악지능, 신체운동 능력, 논리
수학 능력, 공간지능, 언어능력, 대인지능, 자성지능, 자연지능의 8개 영
역 총 93문항으로 6점 리커트 척도로 구성되었으며 부모가 평정하도록
하였다. KK-MIDAS와 기존의 지능검사의 상관을 분석한 결과, 다중지능
중 언어지능과 논리수학지능이 지능검사 총점과 유의미한 상관을 나타
냈다.

(4) 심리검사

유아의 인지발달은 시지각 발달, 시각-운동통합능력, 지능을 검사하는 도구들에 의해 평가되었다. 지능검사와 시지각발달검사는 6장 아동심리검사에서 상세하게 다루었다.

시각-운동통합능력검사(Rey-Osterrieth Complex Figure Test: ROCF; 정은경, 안동현, 김재환, 2003)는 복잡한 도형을 그리는 능력은 아동의 일반적인 인지적·지적 발달과 관계가 있다는 점을 통해서 아동의 인지능력을 평가하는 데 사용된다. 이 검사는 여러 가지 도형의 조합으로 구성되어 있으며, 지각적 기능, 운동 기능, 기억 기능뿐만 아니라 문제해결의 인지적 기제와 조직화 전략을 구분하는 데 도움을 준다. 검사의 수행에 연령과 지적 수준이 유의미한 영향을 미치는 것으로 알려져 있다. 6세가 되면 아동은 세부 요소와 전체 윤곽 모두에 주의를 두고 모사하게 되며, 만 9세까지는 대부분의 아동이 부분적 접근을 하고 그 이후에는 좀 더 전체적인 윤곽을 따라 그린다. 자극은 기하학적 모양의 도형으로 가로 18.5cm 세로 12.6cm 크기로 제시된다. 또한 도형을 횡으로 제시한 후 보고 그리도록 하는 모사, 도형을 치우고 곧바로 다시 기억해서 그리도록 하는 즉각적 회상 그리고 20분 후에 다시 기억해서 그리도록 하는 지연된 회상검사를 실시한다. 이처럼 복잡한 도형을 체계적으로 조직화하고 주어진 공간 내에 적절하게 배치하는 능력과 이러한 시각적 자극을 기억하는 능력을 평가할 수 있는 ROCF 검사는 정상아동의 수행과 발달적 특성을 구체적으로 제시하였다.

정은경, 안동현, 김재환(2003)은 이 척도를 사용한 연구에서 ADHD 집단은 정상집단에 비해 모사능력, 즉시회상 능력 및 지연회상 능력이 더 낮았다고 보고하였다. ADHD 아동은 모사정확성 점수에서는 정상집단과 유의미한 차이가 없었지만, 회상 조건에서는 ADHD 아동이 더 부정확하게 그리는 것으로 나타났다.

참 고 문 헌

곽금주, 성현란, 장유경, 심희옥, 이지연, 김수정, 배기조(2005). 한국영아발달연구. 서울: 학지사.

김명순, 한찬희, 유지영(2012). 가정문해활동, 어머니의 언어적 행동 및 영아-어머니 간 공동주의와 영아의 언어·인지발달간의 관계. 아동학회지, 33(3), 199-213.

김순혜(1994). 지각발달의 중다경향성. 교육심리연구, 8(2), 1-24.

김영단(1991). 정신지체아와 자폐증아의 인지, 언어와 적응행동의 특성. 대구대학교 대학원 박사학위논문.

김정민 역(2006). 피아제의 인지발달이론. H. P. Ginsburg, & S. Opper의 *Piaget's Theory of Intellectual Development: An introduction* (3rd ed.). 서울: 학지사.

김혜리(2001a). 지각발달. 성현란, 이현진, 김혜리, 박영신, 박선미, 유연옥, 손영숙 공저. 인지발달(pp. 129-180). 서울: 학지사.

김혜리(2001b). 마음에 대한 이해 발달. 성현란, 이현진, 김혜리, 박영신, 박선미, 유연옥, 손영숙 공저, 인지발달(pp. 455-514). 서울: 학지사.

박선미(2001). 주의발달. 성현란, 이현진, 김혜리, 박영신, 박선미, 유연옥, 손영숙(공저), 인지발달(pp. 75-126). 서울: 학지사.

박영신(2011). 영아기 공동주의와 유아기 발달의 종단적 관련성: 어휘, 사회적 능력과 마음이해를 중심으로. 유아교육연구, 31(6), 217-234.

박정생 역(2006). 인지심리학: 이론과 적용. S. K. Reed의 *Cognition: Theory and application* (7th ed.). 서울: 시그마프레스.

박혜원, 조복희, 최호정(2003). 한국 Bayley 영유아발달검사(K-BSID-II) 표준화 연구: 예비연구. 한국발달심리학회지, 16(4), 121-134.

성현란(2001). 개념발달. 성현란, 이현진, 김혜리, 박영신, 박선미, 유연옥, 손영숙(공저), 인지발달(pp. 339-397). 서울: 학지사.

성현란, 류가와 료조(1999). 분류행동과 의미점화효과를 통해서 본 주제적 체제화와 분류학적 체제화의 발달: 한국과 일본의 아동 및 대학생을 대상으로. 한국발달심리학회지: 발달, 2(1), 72-90.

성현란, 배기조(2004). 영아의 대상영속성의 발달적 변화와 이의 탐색 행동 및 인지능력과의 관계에 대한 종단적 연구. 한국심리학회지: 발달, 17(4), 21-36.

성현란, 배기조, 곽금주, 장유경, 심희옥(2005). 친숙화-새로운 자극 선호 절차를 통한 6개월 영아의 재인능력과 특수 인지능력의 17개월 영아 IQ에 대한 예측. 한국심리학회지: 발달, 18(4), 1-15.

성현란, 이현진, 김혜리, 박영신, 박선미, 유연옥, 손영숙(2001). 인지발달. 서울: 학지사.

손원경(2004). 3~4세용 유아발달검사 개발 연구. 부산대학교 대학원 박사학위논문.

송인섭, 김정원, 정미경, 김혜숙, 신은영, 박소연(2001). 아동연구방법. 서울: 학지사.

신현옥, 강문희(1996). 자신과 타인이해 활동이 유아의 자아개념 조망수용 및 친사회적 행동에 미치는 영향. 아동학회지, 17(2), 121-139.

원윤선, 최경숙(2001). 추론전제유형이 아동의 연역적 추론 발달에 미치는 영향. 한국심리학회지: 발달, 14(2), 1-13.

유연옥(2001). 기억발달. 성현란, 이현진, 김혜리, 박영신, 박선미, 유연옥, 손영숙(공저), 인지발달(pp. 287-338). 서울: 학지사.

이은해(1995). 아동발달의 평가와 측정. 서울: 교문사.

이은화, 조은진 역(1995). 교육현장에서 본 아동발달 연구. A. Pellegrini의 *Applied child study: A Developmental Approach*. 서울: 이화여자대학교 출판부.

이현진(2001). 표상발달. 성현란, 이현진, 김혜리, 박영신, 박선미, 유연옥, 손영숙(공저), 인지발달(pp. 181-230). 서울: 학지사.

전경원(2004). 유아의 심리검사와 측정. 서울: 창지사.

전남련, 권경미, 김덕일(2005). 유아관찰평가의 이론과 실제. 파주: 양서원.

전명숙, 김혜리(1999). 정서추론으로 살펴본 믿음과 바람에 대한 아동의 이해. 인간발달연구, 6(1), 102-122.

정옥분(2004). 영유아발달의 이해. 서울: 학지사.

정은경, 안동현, 김재환(2003). ADHD아동의 Rey-Osterrieth Complex Figure 검사 수행특성. 한국심리학회지: 임상, 22(1), 173-185.

조복희, 박혜원(2004). 한국 Bayley 영유아발달검사(K-BSID-II) 표준화 연구(1): 지역, 성별 및 모의 교육수준에 따른 K-BSID-II의 수행분석. 한국발달심리학회지, 17(1), 191-206.

최기란, 최인수(2003). 유아다중지능에 대한 부모평가척도의 타당화 연구. 미래유아교육학회지, 10(1), 119-145.

최미숙(2011). 유아의 인지수준과 사회적 유능성이 대인문제해결력에 미치는 영
향력. 유아교육연구, 31(6), 5-23.

함은숙(2005). 유아의 지적, 사회적 능력과 그에 대한 어머니, 교사의 지각에 관한
연구. 원광대학교 대학원 박사학위논문.

Astington, J. W. (1991). Intention in the Child's theory of mind. In D. Frye &
C. Moore (Eds.), *Children's theories of mind: Mental states and social
understanding.* Hillsdale, NJ: Erlbaum.

Baillargeon, R. (1987). Object permanence in 3.5-and 4.5-month-old infants.
Developmental Psychology, 23, 655-664.

Baillargeon, R. (2000). How do infants learn about the physical world? In D.
Muir & A. Slater (Eds.), *Infant Development: The essential readings*
(pp. 195-212). Oxford: Blackwell Publishers.

Baillargeon, R. (2004). Infants' physical worlds. *Current Directions in
Psychological Science, 13,* 89-94.

Bjorklund, D. F. (2000). *Children's Thinking: Developmental Function and
Individual Differences* (3rd ed.). Belmont, CA: Wadsworth.

Bradley-Johnson, S., & Johnson, C. M. (2001). *Cognitive Abilities Scale* (2nd
ed.). Austin, TX: Pro-ed.

Butterworth, G. (1991). The ontogeny and phylogeny of joint visual attention.
In A. Whiten (Ed.), *Natural theories of mind.* Oxford: Blackwell
Publishers.

DeLoache, J. S., & Smith, C. M. (1999). Early symbolic representation. In I. E.
Sigel (Ed.), *Development of mental representation: Theories and
applications.* Mahwah, NJ: Erlbaum.

Diamond, A. (1991). Frontal lobe involvement in cognitive changes during the
first years of life. In K. R. Gibson & A. C. Petersen (Eds.), *Brain
maturation and cognitive development: Comparative and cross-
cultural perspectives.* NY: Aldine de Gruyter.

Dias, M. G., & Harris, P. L. (1988). The effect of make-believe play on
deductive reasoning. *British Journal of Developmental Psychology, 6,*
207-221.

Dockett, S. (1997). *Young Children's peer popularity and theories of mind.*

Poster presented at the 1997 biennial meeting of the Society for Research in Child Development, Washington DC.

Dunn, J. (1999). Mindreading and Social relationships. In M. Bene (Ed.), *Developmental Psychology: Achievements and prospects*. Philadelphia, PA: Psychology Press.

Fagan, J. F. (1974). Infant recognition memory: The effects of length of familiarization and type of discrimination task. *Child Development, 45*, 351–356.

Fantz, R. L. (1961). The origin of form perception. *Scientific American, 204*, 66–72.

Flavell, J. H., Miller, P. H., & Miller, S. A. (2002). *Cognitive development* (4th ed.). Englewood Cliffs, NJ: Prentice–Hall.

Gauvain, M. (2001). *The Social Context of Cognitive Development*. NY: Guilford Press.

Ginsburg, H. P., & Golbeck, S. L. (2004). Thoughts on the future of research on mathematics and Science learning and education. *Early Childhood Research Quarterly, 19* (1), 190–200.

Happé, F., & Frith, U. (1996). Theory of mind and Social impairment in children with conduct disorder. *British Journal of Developmental Psychology, 14*, 385–398.

Hood, B, M., & Willatts, P. (1986). Reaching in the dark to an object's remembered position: Evidence for object permanence in 5–month–old infants. *British Journal of Developmental Psychology, 4*, 57–65.

Kagan, J., Moss, H., & Sigel, I. (1963). Psychological significance of types of conceptualization. *Monographs of the Society for Research in Child Development, 28* (2, Serial No. 86).

Leslie, A. N. (1987). Pretense and representation: The Origins of theory of mind. *Psychological Review, 94*, 412–426.

Lucariello, J., & Nelson, K. (1985). Slot–filler categories as memory organizer for young children. *Developmental Psychology, 21*, 272–282.

Mandler, J. M. (1988). How to Build a Baby: On the development of an accessible representational system. *Cognitive Development, 3*, 113–136.

McLoyd, V. (1980). Verbally expressed modes of transformation in the fantasy and play of Black preschool children. *Child Development, 51,* 1133–1139.

Melkman, R., Tversky, B., & Baratz, D. (1981). Developmental trends in the use of perceptual and conceptual attributes in grouping, clustering, and retrieval. *Journal of Experimental Child Psychology, 31,* 470–486.

Melzoff, A. N. (1988). Infant imitation and memory: Nine-month-old infants in immediate and deferred tests. *Child Development, 59,* 217–225.

Miller, P. H. (1990). The development of strategies of selective attention. In D. F. Bjorklund (Ed.), *Children's strategies: Contemporary views of cognitive development.* Hillsdale, NJ: Erlbaum.

Perner, J. (1991). *Understanding the representation mind.* Cambridge, MA: MIT Press.

Perner, J., Leekam, S. R., & Wimmer, H. (1987). Three-year-old's difficulty with false belief: The case for a conceptual deficit. *British Journal of Developmental Psychology, 5,* 125–129.

Premack, D., & Woodruff, F. (1978). Does the chimpanzee have a theory of mind? *Behavioral and Brain Sciences, 4,* 515–526.

Reese, H. W. (1993). Developmental in child psychology from the 1960s to the 1990s. *Developmental Review, 13,* 503–524.

Rovee-Collier, C. K. (1995). Time windows in cognitive development. *Developmental Psychology, 31,* 147–169.

Ruff, H. A., & Lawson, K. R. (1990). Development of sustained, focused attention in young children during free play. *Developmental Psychology, 26,* 85–93.

Salapatek, P. (1975). Pattern perception in early infancy. In L. B Cohen & P. Salapatek (Eds.), *Infant perception: From sensation to cognition.* NY: Academic Press.

Schaffer, D. R. (1999). *Developmental Psychology: Childhood and adolescence* (5th ed.). Pacific Grove, CA: Brooks/Cole.

Shearer, C. B. (1996). *The MIDAS handbook of multiple intelligences in the classroom.* Columbus, OH: Greyden Press.

Siegler, R. S. (1998). *Children's thinking* (3rd ed.). Englewood Cliffs, NJ: Prentice-Hall.

Spelke, E. S., Breinlinger, K., Macomber, J., & Jacobson, K. (1992). Origin of Knowledge. *Psychological Review, 99,* 605-632.

Spivack, G., Platt, J. K., & Shure, M. (1976). *The problemsolving approach to adjustment: A guild to research and intervention.* San Francisco, CA: Jossey-Bass.

Tudge, J. (1992). Processes and consequences of peer collaboration: a Vygotskian analysis. *Child Development, 63,* 1364-1379.

Uzgiris, I. C., & Hunt, J. (1989). *Assessment in Infancy: Ordinal Scales Psychological Development.* Chicago, IL: University of Illinois Press.

Watson, A. C., Nixon, C. L., Wilson, A., & Capage, L. (1999). Social interaction skills and theory of mind in young children. *Developmental Psychology, 35,* 386-391.

Wellman, H. M. (1990). *The child's theory of mind.* Cambridge, MA: Bradford.

Wellman, H. M., & Woolley, J. (1990). From simple desires to ordinary beliefs: The early development of everyday psychology. *Cognitions, 35,* 245-275.

Willatts, P. (1989). Development of problem solving in infancy. In A. Slater & G. Bremner (Eds.), *Infant Development.* Hove: Lawrence Erlbaum Associates.

Wimmer, H., & Perner, J. (1983). Beliefs about beliefs: Representation and constraining function of wrong beliefs in young children's understanding of deception. *Cognition, 13,* 103-128.

Woodward, A. (1998). Infants Selectively encode the goals of a human actor. *Cognition, 69,* 1-34.

Zaitchik, D. (1990). When representations conflict with reality: The preschooler's problem with false beliefs and false photographs. *Cognition, 35,* 41-68.

제10장

언어발달

1. 영유아기 언어발달 연구의 목적

영유아기 언어발달 연구는 다양한 학문 분야의 전문가들에 의해 이루어지고 있다. 예를 들어, 발달심리학자들은 영유아가 언어를 획득해 가는 과정을 규명하기 위해, 언어학자들은 언어의 본질을 밝히기 위해, 그리고 언어병리학자들은 언어장애의 원인을 규명하여 이를 치료하기 위해 언어발달을 연구한다. 이처럼 다양한 분야의 연구자들이 자신의 관심영역에 따라 영유아의 언어발달을 연구하는 만큼 언어발달의 연구 목적 역시 다양하다고 볼 수 있다.

다양한 언어발달 연구의 목적은 크게 두 가지로 구분하여 볼 수 있는데, 하나는 영유아가 언어를 습득하는 과정을 규명하는 기초 연구 차원의 목적이고, 다른 하나는 영유아를 교육하거나 언어장애를 치료하고 외국어를 가르치는 응용 연구 차원의 목적이다(Hoff, 2009). 먼저, 기초 연구 차원에서의 언어발달 연구를 살펴보면, 언어발달에 대한 과학적 연구는 1950년대 이후 언어습득에 관한 다양한 이론이 등장하면서 시작하였다. 즉, 행동주의 이론과 인지발달 이론을 중심으로 언어발달을 설명하려는 시도가 이루어졌는데, 행동주의 이론으로는 인간의 언어발달을 설명하는 데 분명한 한계가 있음을 인식하게 되면서 인지발달 이론에 의해 언어발달 과정을 설명하고자 하였다. 최근에 등장한 연결주의, 병행 분산 처리 과정, 신경망 모델 등의 용어는 인간의 타고난 본성과 환경에 대한 경험 간의 상호작용을 강조하는 측면에서 언어발달에 접근하고 있다.

다음으로 응용 연구 차원에서의 언어발달 연구를 살펴보면, 기초 연구 차원에서 이루어진 언어발달 연구결과를 토대로 영유아의 언어발달을 지도하고 교육하는 프로그램을 구성함으로써 응용 연구로서의 목적을 달성하고 있다. 또한 정신지체, 청각 손상, 뇌손상 등의 다양한 장애를 가진 아동이 언어습득에 어려움을 보이므로 이들의 언어장애를 치료하기 위한 목적으로 언어발달 연구를 수행하고 있다. 예를 들어, 읽기 과정에 대한 연구는 읽기 중재 프로그램에 대한 근거를 제공해 준다(Lyytinen, Erskine, Aro, & Richardson, 2007). 언어교육 프로그램의 구성 및 언어장애 치료의 목적과 더불어, 모국어 이외의 언어, 즉 외국어나 제2언어를 습득하도록 아동을 교육하는 목적 역시 응용 연구 차원에 해당한다.

언어발달 연구의 목적은 기초 연구와 응용 연구라는 두 가지 측면으로 구분하여 살펴보지만 이들 두 가지 측면은 완전히 분리되기보다 서로 접목되는 지점이 있다. 따라서 정상적인 언어발달에 관한 정보를 토대로 하여 언어장애를 가진 아동의 문제를 해결하고자 모색해야 한다.

2. 영아기 언어발달 연구의 이론 및 실제

1) 영아기 언어발달 연구의 이론적 측면

(1) 음운발달

아동은 생후 1년이 될 때까지 첫 단어를 산출하지 못하지만, 말소리를 내는 능력은 생후 1년 동안 지속적으로 발달한다. Stark(1986)에 의하면, 언어 산출 이전에 영아가 보이는 발성의 발달은 반사적 울음에서 시작하여 목울리기(cooing), 옹알이(babbling)의 단계를 거치며, 원시단어(protoword)라는 과도기를 지나 첫 단어를 산출하게 된다. 이처럼 생후 1년 동안은 언어를 사용하기 위한 준비 과정으로 볼 수 있으며, 이 시기에는 주로 말소리, 즉 음운발달이 활발하게 진행된다. 따라서 말을 하기 이전에 영아가 말을 하는 데 필요한 다양한 소리를 발음하는 능력이 발달한다.

영아가 주위의 다양한 소리를 구별하고 음성을 산출하기 위해서는 타인의 소리를 들을 수 있어야 한다. 즉, 청지각 능력의 발달이 필요하다. 영아는 출생 시부터 성인과 유사한 능력은 아니지만 말소리를 들을 수 있다(Saffran, Werker, & Werner, 2006). 이와 더불어 출생 이전 태내에서도 태아는 청지각 능력을 가진다.

(2) 어휘발달

일반적으로 영아는 생후 10개월에서 15개월 사이에 첫 단어를 산출한다. 첫 단어를 사용하기 시작한 이후 몇 달 동안 영아는 단어를 천천히 추가하여 획득하지만, 50단어를 획득한 시점을 기점으로 단어를 습득하는 속도가 빨라진다. 50개의 단어를 획득하게 되는 시기는 평균적으로 18개월(15~24개월 사이)이며 그것을 사용할 때 나타나는 어휘의 내용상 특징은 명사의 비율이 압도적으로 높다(Nelson, 1973).

일반적으로 영아는 50단어 획득 이전에는 1개월에 8~11개의 단어를 획득하다가 50단어 획득 시점에서는 1개월에 22~37개의 단어를 알게 됨으로써 단어학습의 속도가 빨라진다. 이처럼 단어학습의 속도가 빨라지는 현상을 단어 급등(word spurt) 또는 단어 폭발(word explosion)이라고 말한다.

50단어 획득 시점에서 어휘발달의 개인차를 보여 주는 대표적인 예가 바로 어휘양식이다. Nelson(1973)은 사물의 명칭을 많이 산출하는 아동을 지시적 어휘양식 사용자, 그리고 사물의 명칭보다는 개인적-사회적 단어를 많이 산출하는 아동을 표현적 어휘양식 사용자로 명명하였다. 이러한 어휘양식의 차이는 어머니가 아동에게 제공하는 언어적 자극의 차이에서 기인하는 것으로 설명된다.

(3) 문법발달 및 구문발달

일반적으로 아동은 18개월에서 24개월 사이에 단어를 조합하기 시작하는데, 이러한 단어 조합은 우연적 과정에 의해 이루어지기보다는 특정한 구조에 기반하여 조합되기 때문에 이를 언어구조의 발달 또는 구문발달이라고 지칭한다(Hoff, 2009). 하나의 단어를 사용하는 일어문 시기를 지나서 영아가 단어와 단어를 조합하여 문장을 구성하는 단계는 이어문 시기다. 이어문이란 두 단어의 결합으로 구성된 하나의 문장을 의미한다. 이어문 시기에 이루어지는 단어 조합은 특정한 관계에 기초한다. Brown(1973)은 두 단어 발화의 관계적 의미를 여덟 가지로 제시하였고, 조명한(1982)은 한국 아동을 대상으로 아홉 가지로 구분하였다. 예를 들어, '엄마 맘매', 'Daddy sit'은 '행위자-행위'의 의미 관계에 해당하고, '엄마 밥', 'Mommy sock'은 '행위자-목적'의 관계에 해당한다.

(4) 의사소통발달

의사소통발달은 아동이 다양한 의미를 표현하고 타인과 의사소통하기 위해 단어를 사용하는 방법 및 타인의 의도와 의미를 해석하는 방법을 학습하는 것을 말한다. 대략 8~9개월이 되면 영아는 의도를 파악하는 능력을 발달시키기 시작한다. 예컨대, 특정 인물을 바라보고 웃고 만지는 것과 같은 행동의 의도는 타인을 위해 메시지를 부호화할 때 나타난다. 또한 상대방의 주의를 끌려는 시도는 몸짓과 같은 비언어적 행동을 통해 의사소통의 형태로 나타난다(Owens, 2001). 이처럼 언어 이전 단계에서의 의사소통은 울음, 눈짓, 몸짓 등을 통해 이루어진다. 특히 영아는 보여 주기, 건네주기, 가리키기, 요구하기와 같은 표준적 몸짓을 통해 자신의 의사를 표현한다.

영아기 의사소통발달의 선행조건으로 공동 주의집중(joint attention)을 들 수 있는데, 이는 영아와 성인이 함께 제3의 물체에 주의를 기울이는 상태를 의미한다. 이러한 공동 주의집중을 통해 영아는 다른 사람의 마음과 접촉하고 있음을 인식한다. 생의 초기 양육자와 아동의 상호작용에서 양육자가 보여 주는 반응적 행동은 의사소통발달의 기초가 된다.

2) 영아기 언어발달 연구의 실제

영아기 언어발달에 관한 실제 연구들에서는 주로 관찰과 실험을 중심으로 언어발달의 특성을 살펴보았으며, 언어발달을 측정하는 심리검사 도구를 통해 언어발달 지체 여부도 살펴보았다. 따라서 여기에서는 영아기 언어발달 연구의 실제를 관찰연구, 실험연구 그리고 심리검사를 중심으로 살펴보고자 한다.

(1) 관찰연구

① 어휘발달

영아를 대상으로 이루어진 어휘발달 연구의 대부분이 어머니가 자신의 자녀가 사용하는 어휘를 관찰하고 기록한 언어자료를 토대로 하여 이루어졌다. 예를 들어, Nelson(1973)은 18명의 아동을 종단적으로 연구하여 어휘양식을 범주화하였는데, 이 연구에 참여한 어머니들은 아동이 새로운 단어를 사용하기 시작한 시기와 그 단어가 사용된 맥락을 관찰하여 일기에 기록하였다. 이러한 방법을 사용하여 Nelson은 첫 단어부터 50단어 시기까지의 어휘발달 과정을 분석하였다. 그 결과, 어휘양식의 개인차를 발견하여 어휘양식을 지시적 어휘양식과 표현적 어휘양식으로 명명하였다.

어머니가 영아의 어휘를 관찰하여 기록하는 것과 더불어 어머니와 영아 간의 대화 상황을 연구자가 직접 관찰하여 영아의 어휘발달을 살펴보는 연구도 실시되었다. 예를 들어, Ninio(1995)는 어머니와 영아의 대화 상황을 관찰하고 이를 녹화하여 이러한 대화 상황에서 영아가 사용한 어

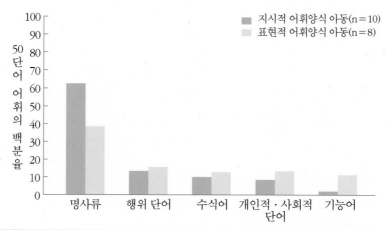

[그림 10-1] 지시적 어휘양식 아동과 표현적 어휘양식 아동의 50단어 어휘 구성
출처: Hoff, 2009.

휘를 단일단어 어휘(단일어 발화에서의 어휘)와 다단어 어휘(여러 단어 발화에서의 어휘)로 구분하였다. 이를 통해 영아의 어휘량을 측정하고 어휘 급등 시기에서 영아의 어휘와 의사소통 의도와의 관련성을 살펴보았다.

② 문법발달 및 구문발달

영아기 구문발달은 단일어 시기에서 단어 조합 단계로의 변화에 초점을 두고 있으며, 특히 두 단어 조합에 나타나는 관계적 의미를 파악하기 위한 초기 연구들은 주로 관찰법을 활용하여 이루어졌다. 예컨대, Brown(1973)은 자신이 아담, 이브, 사라라는 이름의 영아들을 관찰하여 기록한 자료를 비롯해 다른 연구자들의 언어자료를 집대성하여 관계적 의미를 분석하였다. 아담, 이브, 사라를 대상으로 수집한 자료는 그가 가정을 개별 방문하여 아동과 양육자 간의 대화에 등장한 자발적 발화를 관찰한 후 전사하여 사용하였다.

국내의 경우에는 조명한(1982)이 다섯 명의 아동을 대상으로 그들의 자발적 발화와 비언어적 상황을 관찰하고 이를 일기형식으로 기록한 자료를 토대로 하여 두 단어 조합의 관계적 의미를 분석하였다. 전체 자료는 첫 단어 산출 시점부터 확보되었으며 그것은 단일어 시기, 두 단어 및 세 단어 이상 시기, 문법 표지 사용 및 복문 구성 시기의 3단계로 구분하된다.

③ 의사소통발달

영아기 의사소통 능력에서 연구자들이 관심을 가진 분야 중 하나는 영아의 의사소통 의도다. 즉, 영아가 자신의 의도를 표현하기 위해 사용한 발화를 특정 의도를 중심으로 구분한 연구들이 시도되었다. 이러한 영아기 의사소통 의도 연구의 대표적인 예로 Wanska와 Bedrosian(1986)의 연구를 들 수 있으며, 국내에는 그들의 의사소통 의도 체계를 수정하여 사용한 성미영(2003)과 성미영, 이순형(1997) 등의 연구가 있다. 구체적으로, 만 2세 및 3세 아동을 대상으로 한 성미영(2003)의 연구에서는 의사소통 의도 상위범주를 제공 의도와 요구 의도로 구분였다.

제공 의도는 다시 정보 제공 의도와 행위 제공 의도로 구분하였다. 정보 제공 의도는 아동이 상대방에게 정보를 제공하거나 지속적인 상호작용을 설명하는 발화("이거 자동차야.")를 의미하며, 행위 제공 의도는 아동이 상대방에게 행위를 제시하면서 산출하는 발화("이렇게 해서 여기다 꽂으면 자동차가 돼.")를 의미한다.

다음으로, 요구 의도는 정보 요구 의도, 행위 요구 의도, 허용 요구 의도, 주의집중 요구 의도 그리고 명료화 요구 의도로 나뉜다. 정보 요구 의도는 아동이 상대방으로부터 정보를 획득하고자 하는 발화("이건 뭐예요?")를 말하며, 행위 요구 의도는 유아 또는 어머니가 특정한 행위의 수행을 상대방에게 요구하는 발화("저기 있는 빨간색 블록 주세요.")를 말한다. 허용 요구 의도는 아동이 상대방으로부터 권한을 확보하려는 발화("다른 거 가지고 놀아도 돼요?")를 말하며, 주의집중 요구 의도는 자신에게 주의를 기울이도록 상대방에게 요청하는 발화("엄마, 이것 좀 보세요.")를 말한다. 마지막으로 명료화 요구 의도는 현재 상태에 대해 상대방에게 확인을 요구하는 발화("정말 아저씨야?")를 말한다. 이상에서 살펴본 아동의 의사소통 의도 범주에 근거하여 관찰기록표(〈표 10-1〉 참조)를 구성하고,

표 10-1 의사소통 의도 관찰기록표

	범주	1	2	3	4	5	6	7	8	9	10	11	12	13	14	15	16	17	18	19	20
제공 의도	정보 제공																				
	행위 제공																				
요구 의도	정보 요구																				
	행위 요구																				
	허용 요구																				
	주의집중 요구																				
	명료화 요구																				

의사소통 의도의 각 범주에 해당하는 빈도를 관찰기록표에 기록하는데, 이때 의도가 불명확한 발화는 분석에서 제외한다.

아동과 그 어머니 20쌍을 대상으로 관찰을 실시하기 위해 1인의 관찰자가 연구대상 아동의 가정을 개별 방문하여 자유놀이 상황을 설정하였다. 본 관찰은 방문한 가정의 거실에서 이루어졌으며, 관찰 실시 이전에 연구대상 아동 및 어머니와의 라포 형성을 위해 10분 정도의 준비 시간을 가졌다. 본 관찰의 도구는 예비관찰을 통해 선정된 레고블록 세트를 사용하였고, 거실 중앙에 레고블록 세트를 비치하고 아동과 어머니가 마주 앉아서 놀이를 진행하도록 하였다. 놀잇감을 비치한 후 평소와 같이 놀이를 하도록 어머니에게 요청하고, 레고블록을 이용한 자유놀이 상황에서 아동과 어머니가 보이는 언어적 상호작용을 30분 동안 관찰하면서 비디오 카메라로 녹화하였다. 그리고 녹화된 테이프의 처음 10분을 제외한 나머지 20분 동안 아동과 어머니가 산출한 발화를 모두 전사하였다. 전사한 자료는 발화를 기본 단위로 하여, 각 범주에 해당하는 개별 발화를 의사소통 의도 범주에 따라 점수화하였다(성미영, 2003).

(2) 실험연구

① 음운발달

언어를 사용하지 못하는 영아를 대상으로 연구를 실시할 경우 언어를 사용해 질문할 수 없기 때문에 영아의 언어발달을 살펴보기 위해서는 실험연구의 방법이 가장 많이 활용된다.

고진폭빨기(high amplitude sucking) 기술과 고개돌리기(head-turn) 기술은 영아의 말소리 지각능력을 측정하기 위한 대표적인 실험방법이다. 먼저, 고진폭빨기 기술은 영아에게 특정 소리를 반복적으로 제시하고 영아가 이 소리에 흥미를 보이지 않을 경우 다른 소리를 제시한다. 새로운 소리에 의해 영아의 흥미가 다시 유발되면 영아가 이전의 소리와 새로운

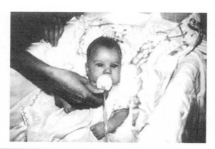

[그림 10-2] 고진폭빨기 기술
출처: Hoff, 2009.

소리를 구별할 수 있는 능력, 즉 청지각 능력을 가지고 있다고 해석한다. 스피커를 통해 나오는 소리를 듣기 위해 젖꼭지를 빠는 압력을 측정함으로써 영아의 흥미 소거 및 재유발 여부를 결정한다. 이 방법은 4개월 미만의 영아를 대상으로 사용한다(Kuhl, 1987).

영아의 말소리 변별을 연구하기 위한 또 다른 실험방법으로 고개돌리기 기술이 있다. 이 기술은 5~12개월 영아를 대상으로 실시하는데, 심벌즈를 치는 원숭이 장난감과 같이 움직이는 장난감에 영아가 흥미를 느낀다는 점에 근거한 방법이다. 실험의 절차는 다음과 같다. 먼저, 동일한 소리를 반복해서 들려준 다음 소리를 변화시키는데, 소리를 변화시킬 때 장난감 원숭이를 출현시킨다. 이때 영아는 장난감 원숭이를 보기 위해 고개를 돌리게 된다. 이러한 과정을 반복하면 영아는 소리의 변화가 생길 경

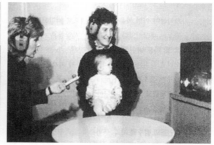

[그림 10-3] 고개돌리기 기술
출처: Hoff, 2009.

우 장난감 원숭이가 등장하기도 전에 원숭이가 등장하는 방향으로 고개를 돌리게 된다. 이를 통해 영아가 새로운 소리를 이전의 소리와 구별하는 능력이 있음을 보여 준다.

② 어휘발달

아동이 새로운 단어를 습득하기 위해 해결해야 하는 문제가 있는데, 가장 먼저 아동은 연속적인 말의 흐름 속에서 개별 단어를 구별할 수 있어야 한다. 이와 더불어 단어와 그 단어가 지시하는 바를 연결할 수 있는 능력 역시 필요하다. 이처럼 단어와 단어의 의미를 연결할 때는 몇 가지 제약이 작용하는데 그 가운데 하나가 바로 사물을 범주화시켜 단어를 학습하는 분류학적 가정이다. 아동이 단어학습에서 분류학적 가정을 사용한다는 증거를 확보하기 위해 Markman과 Hutchinson(1984)은 단어 조건과 비단어 조건을 사용하였다. 2~3세 아동을 대상으로 특정 그림(예: 강아지)을 제시한 후 이 그림과 주제적으로 관련된 그림(강아지 사료)과 분류학적으로 관련된 그림(다른 종류의 강아지)을 보여 주고, 비단어 조건과 단어 조건에서 각각 선택하도록 하였다. 먼저, 비단어 조건에서는 강아지 그림을 보여 주고 나서 다른 두 그림을 보여 주면서 "이것과 같은 것을 골라 봐."라고 말하였고, 단어 조건에서는 강아지 그림을 보여 주면서 "이것 봐. 이것은 sud야."라고 말하였다. 그리고 다른 두 그림을 보여 주면서 "이 sud와 같은 sud를 골라 봐."라고 말하였다. 그 결과, 비단어 조건에

[그림 10-4] 단어 조건과 비단어 조건에서 사용된 그림의 예시

서는 아동이 분류학적으로 관련된 그림을 59% 정도 선택한 반면, 단어 조건에서는 83% 정도 선택하였다. 따라서 아동은 새로운 단어와 그 단어가 지시하는 바를 연결할 경우 분류학적으로 관련된 사물을 지시하는 것으로 생각함을 알 수 있다.

③ 문법발달 및 구문발달

초기 언어발달에 관한 연구들은 주로 자발적으로 산출된 발화를 분석함으로써 이루어졌다. 하지만 그러한 연구방법으로는 나이 어린 아동의 문장에 대한 이해능력을 파악하는 데 한계가 있다. 또한 언어이해 능력에 관한 연구들은 다양한 연구방법을 활용하였는데, 예를 들어 일기 기록을 분석하는 방법, 놀잇감을 가지고 문장이 의미하는 행동을 재현하도록 하는 방법, 지시사항에 따르도록 하는 방법 그리고 그림을 선택하게 하는 방법 등이 문장에 대한 이해능력을 측정하는 데 활용되었다. 따라서 그에 따른 연구결과들을 비교하는 데에도 어려움이 있다.

최근 들어 Hirsh-Pasek과 Golinkoff(1993, 1996)는 12개월 된 나이 어린 아동의 언어이해 능력을 측정하기 위한 방법을 고안하였는데, 이를 선호적 보기 방법(preferential looking paradigm)이라고 명명하였다. 그러한

[그림 10-5] 선호적 보기 방법의 실험 도구

출처: Berko, 2005.

연구방법을 이용하여 이들은 단일어 시기에 해당하는 17개월의 아동이 다단어 발화를 이해하는 데 단어의 배열 순서를 활용하였음을 발견하였다. 이러한 선호적 보기 방법은 [그림 10-5]에 제시된 바와 같이 어머니의 무릎 위에 아동을 앉히고, 어머니의 앞쪽에 두 대의 비디오 모니터를 설치하였는데 각각의 모니터로부터 어머니까지의 거리는 동일하도록 실험상황을 설정하였다. 어머니의 참여를 배제하기 위해 어머니가 눈을 감고 있는 동안 아동은 동시에 제시되는 두 개의 화면을 바라보도록 한다. 비디오로 녹화된 화면이 제시되는 것과 동시에 중앙에 위치한 스피커를 통해 언어 메시지가 제시되고 이에 따라 아동은 둘 중 하나의 화면을 보게 된다(예: Cookie Monster가 Big Bird를 쓰다듬고 있는 장면 vs. Big Bird가 Cookie Monster를 쓰다듬고 있는 장면). 숨어 있는 실험자는 아동의 눈동자가 바라보는 방향을 관찰하고 각각의 지시에 따라 아동이 비디오 화면을 응시하는 시간을 기록한다. 이러한 연구방법을 통해 실시된 일련의 연구결과들(Hirsh-Pasek & Golinkoff, 1993, 1996)에 의하면 언어이해가 산출에 선행함을 보여 준다.

(3) 심리검사

영아를 대상으로 실시 가능한 언어발달 관련 검사 도구로는 초기언어 지표 검사, 수용-표현언어 척도, 영유아 언어발달 검사, 의사소통발달 검사, 의사소통 및 상징행동 평가척도 등이 대표적이다. 개별 언어발달 검사의 구체적 내용은 다음과 같다.

① 초기언어 지표 검사(Early Language Milestone Scale: ELMS)

이 검사는 유아기와 초기 아동기 아동을 대상으로 말하기와 언어발달을 평가하기 위한 도구다. 일반적으로 출생 이후부터 36개월까지의 아동에게 유용하게 사용되나 그보다 높은 연령이나 36개월 이하의 언어기능 수준을 갖고 있는 발달지체 아동에게도 유용하게 사용될 수 있다. 이 검사는 총

표 10-2 초기언어 지표 검사

검사영역	세부 내용
청각적 표현	단일어, 구 그리고 문장들로 구성되어 있으며 초기의 언어와 말하기 행위를 평가한다. 옹알거림, 재잘거림 등이 측정된다.
청각적 수용	소리에 대한 반응과 단순한 요구에 대한 이해, 요구에 대한 실행, 소리에 대한 인식, 그리고 공간에서 청각적 자극의 위치를 측정하기와 같은 수행을 평가한다.
시각	시각적 자극과 몇 가지 몸짓 행동에 대한 반응들을 평가한다. 그 내용은 시각적 고정, 시각적 추적, 부모에 대한 시각적 재인, 몸짓 같은 언어 전 행동들을 포함하고 있다.

출처: 곽금주, 2002.

41개 문항으로 구성되어 있으며, 문항들은 History(H) Direct Testing(T), Incidental Observation(O-우연 관찰) 순서로 되어 있고, 사례사 또는 관찰에 의해 채점된다. 검사에 필요한 도구는 마시는 컵, 스푼, 크레용, 고무공, 나무 주사위 등이며 청각적 표현, 청각적 수용, 시각 영역은 아동이 정상언어발달을 하고 있는지를 평가하기 위한 것이다(곽금주, 2002).

② 수용-표현언어 척도(Receptive-Expressive Emergent Language Scale: REEL)

이 검사는 출생 이후부터 36개월까지의 영유아를 대상으로 하는 언어선별검사로서, Bzoch와 League(1971)에 의해 개발되었다. 만 3세까지의 수용·표현 언어기술에 대한 체크리스트로서, 132개의 문항으로 구성되어 있다. 검사항목은 1세까지는 1개월 간격, 1세에서 2세까지는 2개월 간격, 2세에서 3세까지는 3개월 간격으로 구성되어 있다. 검사 방법은 부모나 아동과 매일 접촉하는 사람이 보고하게 되어 있으며 소요시간은 약 15분이다. 부모에게 제시되는 질문지는 미완성 문장으로 된 문항이나 '예/아니요'로 답할 수 있는 간단한 형태의 문항으로 제시된다.

아동이 세 개의 수용항목 중 두 개와 세 개의 표현항목 모두를 통과하

표 10-3 수용–표현언어 척도

검사영역	세부 내용
수용언어	1. 간단한 요구 따라하기(10~11개월) 2. 요구에 따른 언어반응하기(11~12개월) 3. 신체부위에 대한 재인하기(14~16개월) 4. 연속적인 두 가지 지시 수행하기(16~18개월) 5. 매일 새로운 단어 인식하기(20~22개월)
표현언어	1. 몸짓 사용(8~9개월) 2. 뜻을 알 수 없는 재잘거림(11~12개월) 3. 5개 이상의 단어를 조합하여 일관되게 사용(20~22개월) 4. 타인의 이름을 사용한 자기 참조(22~24개월)

출처: 곽금주, 2002.

면 연령수준을 통과했다고 해석할 수 있다. 한편, 정해진 연령에 해당하는 세 개 항목 중 두 개를 실패했을 때가 그 아동의 한계수준이다. REEL 척도는 초기 12~18개월 유아에게 가장 유용한 선별도구다(곽금주, 2002).

③ 영유아 언어발달 검사(Sequenced Language Scale for Infants: SELSI)

이 검사는 김영태, 김경희, 윤혜련, 김화수(2003)에 의해 국내에서 개발된 언어발달 측정 검사 도구다. 이 언어검사는 우리나라에서 개발된 유아 및 아동용 언어검사가 부족한 상황에서 외국의 언어검사 도구를 수정하거나 보완한 것이 아니라 국내에서 개발하였다는 점과 3세 미만의 영아 대상 언어검사가 거의 없는 실정에서 영아를 대상으로 실시할 수 있는 검사라는 점에서 의의를 가진다. 이 검사의 대상은 생후 5개월에서 36개월의 영유아로, 이들의 수용언어와 표현언어의 발달지체를 조기에 선별하는 데 목적이 있다. 검사영역은 수용언어 56문항과 표현언어 56문항으로 총 112문항으로 구성되어 있으며, 영유아의 행동에 익숙한 전문가가 영유아의 행동을 관찰하면서 실시할 수 있는 선별검사다(김영태 외, 2003).

이 검사는 생후 5개월부터 36개월 사이의 정상발달 아동뿐만 아니라

표 10-4 영유아 언어발달 검사 문항의 예

월령	구분	문항
6~7개월	수용언어	'엄마', '아빠', '빠이빠이' 등의 익숙한 낱말을 들을 때 관심을 보인다(예: '빠이빠이' 소리에 웃으며 쳐다본다).
	표현언어	모음과 자음을 결합하여 서로 다른 2음절 이상의 옹알이를 한다(예: '아바', '아부').
20~21개월	수용언어	'소유자＋소유'의 의미를 이해한다(예: '내 꺼', '아빠 바지').
	표현언어	자신의 감정이나 느낌을 표현할 수 있다(예: '싫어', '미워', '예뻐').

출처: 김영태 외, 2003.

[그림 10-6] 영유아 언어발달 검사
출처: www.specialedu.co.kr

언어발달 지체나 장애를 나타낼 가능성이 있는 아동의 언어능력을 평가하는 데 사용되기도 한다. 특히 생활연령이 검사상의 정상발달 연령보다 많은 언어장애 아동의 언어능력에 대한 대략적인 언어발달 정도를 알 수 있게 해 주는 지표로도 사용된다.

④ 의사소통발달 검사(MacArthur Communicative Development Inventory: MCDI)

이 검사는 신뢰도와 타당도가 검증된 어휘 체크리스트로서 세계 각국의 언어로 표준화되어 사용되는 검사 도구다. 이 검사는 어머니가 영아의 이해어휘와 표현어휘를 직접 체크리스트에 작성함으로써 이루어진다. 이 검사 도구의 한국어판인 MCDI-K는 10여 년 동안의 수정 및 보완을 통해 한국 영유아에게 적합한 신뢰도와 타당도 검증이 이루어졌다(배소영, 2003). 영아용은 생후 8개월에서 17개월 사이 영아를 대상으로 실시되며, 어휘검사 이외에 의사소통 행동을 작성하는 항목이 포함되어 있다.

⑤ 의사소통 및 상징행동 평가척도(Communication and Symbolic Behavior Scales: CSBS)

　Wetherby와 Prizant(2002)에 의해 개발된 이 평가척도는 기존의 의사소통 평가척도와 달리 놀이상황을 통해 영아의 의사소통 능력과 상징행동 사용 여부를 측정하는 도구다. 이 검사 도구는 생후 6개월에서 24개월 사이의 영아 및 걸음마기 아동의 의사소통 기능을 측정하는 데 사용되며, 정상발달에서 벗어난 아동의 경우 72개월까지 사용이 가능하다. 이 검사 도구는 의사소통 기능, 비언어적 의사소통 수단, 음성적 의사소통 수단, 언어적 의사소통 수단, 상호성, 사회정서적 신호, 상징행동의 일곱 개 범주로 구분된다(Wetherby & Prizant, 2002).

　이 검사 도구는 이지연, 장유경(2004)에 의해 한국에서의 표준화를 위한 예비연구가 실시되었다. 6～24개월의 한국 영아 844명을 대상으로 표

[그림 10-7] 의사소통 및 상징행동 평가척도

출처: http://www.brookespublishing.com/store/books/wetherby-csbs/index.htm

준화를 위한 예비검사를 실시한 결과, 내적 일치도 분석을 통해 신뢰도가 검증되었고, MCDI-K의 이해어휘, 표현어휘와 유의한 상관이 나타나 타당도가 검증되었다.

3. 유아기 언어발달 연구의 이론 및 실제

1) 유아기 언어발달 연구의 이론적 측면

(1) 문법발달 및 구문발달

유아는 일어문과 이어문 시기를 거쳐 세 단어 이상을 조합할 수 있게 된다. 2세경부터 세 단어 조합이 시작되긴 하지만 세 단어 이상의 단어를 조합한 문장이 주류를 이루는 시기는 유아기다. 유아기 이후 아동은 성인과 유사한 형태의 문장을 구사하게 된다. 구체적으로 단어 조합의 길이가 증가하며 전보식 언어의 사용에서 진일보하여 문법 형태소를 첨가하게 된다. 또한 영아기에는 주로 지금-여기에 관련된 긍정적 서술문 중심으로 문장을 구성하였다면, 유아기에는 부정문과 의문문 그리고 복문의 발달이 주도적으로 이루어진다.

(2) 의사소통발달

유아기 의사소통 능력은 주로 또래나 성인과의 대화를 통해 이루어진다. 이 시기의 특징적인 대화기술에는 대화의 규칙을 이해하고 대화 상대방의 발화 유형에 적절하도록 다양하게 반응하기, 대화를 시작하기 위해 새로운 주제 제시하기, 제시된 주제를 연속적으로 이어가기 등이 있다(Hoff, 2009). 학령기 이전 유아의 성공적인 언어적 상호작용에 영향을 미치는 중요한 요인 중 하나는 대화가 발생하는 맥락이다. 따라서 학령기 이전 유아들 간에 맥락에 대한 지식의 공유가 이루어질 경우 그렇지 않을 때보다 대화가 더 오래 지속되고 언어사용 능력 역시 더 뛰어난 것으로 나타났다.

(3) 문해발달

문해(literacy)는 글자를 읽고 쓸 수 있는 능력을 의미한다. 즉, 듣기, 말하기, 읽기, 쓰기 중 읽기와 쓰기 영역이 문해에 해당한다. 초등학교 입학 이전의 유아는 이러한 읽기와 쓰기에 능숙하지 않은 초보자로 볼 수 있다. 이들은 주위의 다양한 인쇄물에 제시된 글자를 통해 그 의미를 점차적으로 구성해 나간다(McGee & Richgels, 김명순, 신유림 역, 2000). 읽기 능력의 경우 만 2∼3세경이 되면 많은 유아가 주변의 인쇄물로부터 그 의미를 구성하게 되고, 유아용 그림책을 통해 이야기의 의미를 구성하게 된다.

초기 문해발달 시기에 해당하는 유아의 경우 글자에 주의를 많이 기울이고, 자신이나 가족의 이름에 해당하는 글자를 알게 된다. 또한 읽고 쓸 수 있는 단어가 생기며 자신이 써 놓은 단어를 반복해서 읽기도 한다(이차숙, 2005).

초기 문해발달에 영향을 미치는 요인으로 가정의 문해환경을 들 수 있다. 가정의 문해환경이 얼마나 풍부하게 제공되느냐에 따라 유아의 읽기 및 쓰기 능력에 차이를 가져올 수 있기 때문이다. 실제로 유아기 가정의 문해환경은 초등학교 입학 이후 아동의 어휘능력이나 읽기성취도와 같은 문해능력에 영향을 미치는 것으로 나타나서(Griffin & Morrison, 1997), 초기 문해발달에 미치는 가정 문해환경의 중요성을 확인할 수 있다.

2) 유아기 언어발달 연구의 실제

(1) 관찰연구

① 의사소통발달

유아의 의사소통 능력 중 대화를 시작하고 유지하는 능력은 원만한 또래관계를 형성하고 유지하는 데 중요한 기술이다. 이러한 유아의 주제 수행 기술은 또래 간의 대화 상황을 관찰함으로써 측정할 수 있다. 만 5세 유아를 대상으로 이들의 주제 수행 기술을 관찰한 성미영(2002)의 연구에서는 또래와의 언어적 상호작용에서 발생하는 유아의 주제 수행 기술을 측정하기 위해 개별 과제 상황에 필요한 놀잇감을 관찰도구로 사용하였다. 예를 들어, 점심 식사하기 놀이 상황에서는 점심 식사를 할 때 필요한 놀잇감들이 제시되는데 식탁과 의자는 음식을 먹기 위한 공간으로, 그릇과 수저는 음식을 먹는 도구로, 싱크대 및 개수대와 가스레인지는 음식을 만들고 정리하는 공간으로 이용된다. 이와 함께 점심 식사를 하는 행위의 주체로서 인형이 제시된다. 생일 축하하기 놀이 상황의 경우 놀잇감의 배치를 살펴보면, 매트의 가운데에 테이블과 의자를 두고 케이크, 초, 접시, 포크, 칼은 테이블 옆에 두며, 인형은 매트 위에 놓는다. 놀잇감은 유아가 가지고 놀기에 적합하도록 축소된 크기의 실물과 유사한 모형을 사용하며, 각 과제 상황에 사용되는 놀잇감의 구체적인 목록은 〈표 10-5〉에 제시되어 있다.

유아의 주제 수행 기술을 관찰하기 위한 구체적인 절차는 다음과 같다. 먼저, 유아의 주제 수행 기술을 관찰하기 위해 각 유아 쌍을 어린이집의 실내 동작실로 데리고 온 후, 유아 한 쌍이 마주 보고 앉아서 놀이를 진행할 수 있도록 34×34cm 크기의 매트 네 장을 정사각형 모양으로 바닥에 깔고, 유아가 들어오기 전에 매트 위에 하나의 과제 상황에 필요한 놀잇

표 10-5 주제 수행 기술 관찰을 위한 놀잇감

과제 상황	놀잇감
점심 식사하기	식탁, 의자, 그릇, 수저, 싱크대, 개수대, 가스레인지, 인형
생일 축하하기	테이블, 의자, 케이크, 초, 접시, 포크, 칼, 인형
비행기 여행하기	비행기, 트랩, 표 파는 카운터, 공항 출입문, 인형
낙하산 점프하기	펼친 낙하산, 낙하산 넣는 가방, 비행기, 관제탑, 인형

출처: 성미영, 2002.

감을 미리 비치하여 둔다. 그리고 놀이 상황이 시작되기 전까지는 놀잇감을 신문지로 덮어 둔다. 동성으로 구성된 유아 한 쌍이 관찰 장소인 실내 동작실로 들어오면, 관찰자는 이들에게 각 과제 상황에서의 놀이 방법에 대해 간단히 설명해 주고(예: "이번에는 비행기를 타고 여행을 하는 놀이를 할 거예요. 비행기를 타고 여행할 때 어떤 일들이 일어나는지 얘기하면서 놀아요."), 비치된 놀잇감을 이용해 놀이를 시작하도록 한다(예: "자, 그럼 지금부터 친구랑 같이 놀이를 시작하세요."). 관찰 첫째 날에는 네 가지 과제 중 두 가지 과제 상황에서의 놀이 활동을 하도록 하며, 하나의 과제 상황에서의 놀이가 종료된 후 다른 과제 상황의 놀잇감이 있는 곳으로 이동하여 놀이를 다시 시작하도록 하고, 과제 상황은 임의 순서로 제시한다. 관찰 둘째 날에도 동일한 방식으로 놀이를 진행시킨다. 그리고 이틀 동안 하나의 과제 상황별로 각 10분씩, 총 40분 동안 유아의 놀이 활동을 비디오로 녹화한다. 이후 녹화된 모든 발화를 전사하고, 전사된 발화를 범주에 따라 부호화하여 그 횟수를 관찰표에 기록한다(성미영, 2002).

(2) 실험연구

① 문법발달 및 구문발달

Berko(1958)는 아동의 형태소 규칙 사용에 대해 알아보기 위해 'wug 실험'을 실시하였다. 이 실험은 아동이 알지 못하는 사물과 행위를 나타내는 새로운 단어를 사용하여 복수형과 과거형 사용 여부를 알아보는 것이다. 예를 들어, "This is a wug. Now there is another one. There are two of them. There are two _____."라고 했을 때 wug라는 단어가 아동이 모르는 단어임에도 아동이 복수형 규칙 어미 –s를 사용하는지 알아보았다. 그 결과, 유치원 및 초등학교 1학년 아동은 자신이 알지 못하는 단어의 복수형을 만드는 데 별다른 어려움을 경험하지 않았다. 이러한 실험은 아동의 문법발달 중 규칙 복수형 어미 사용 능력을 살펴보는 대표적

This is a wug.

Now there is another one.
There are two of them.
There are two _____.

[그림 10-8] 형태소 규칙 사용의 예
출처: Berko, 2005.

인 실험에 해당한다.

② 의사소통발달

유아의 의사소통 능력 향상 프로그램의 실시 효과를 확인하고자 할 경우 실험설계 방법을 통해 의사소통 능력의 향상 여부를 확인할 수 있다. 이러한 실험설계의 예로 Smith와 Fluck(2000)의 연구를 들 수 있다. 이 연구에서는 의사소통 기술이 지체된 만 3～5세 유아를 대상으로 이들의 언어이해 및 산출 능력을 직접적으로 향상시키고자 중재 프로그램을 실시하였다. 중재 프로그램의 효과를 살펴보기 위해 실험집단과 통제집단을 연구대상으로 선정하고, 실험집단 유아만을 대상으로 프로그램을 실시하였으며, 통제집단 유아의 경우에는 프로그램을 실시하지 않았다. 또한 효과 여부를 측정하기 위해 프로그램 실시 이전에 실험 및 통제 집단의 유아 모두를 대상으로 사전검사를 실시하고, 프로그램 실시 이후에는 사후검사를 실시하였다. 사전 및 사후 검사 도구로는 웩슬러 유아용 지능검사의 언어성 하위검사 도구를 사용하였다. 이처럼 실험설계 방법을 사용한 결과 실험집단 유아의 의사소통 능력이 통제집단 유아에 비해 유의하게 향상되었다.

(3) 조사연구

① 문해발달

유아의 문해발달은 풍부한 문해환경의 정도에 따라 차이를 보인다. 따라서 유아의 문해발달에 관한 연구들은 주로 가정의 문해환경을 중심으로 이루어졌다. 가정에서 제공되는 문해환경을 측정하기 위해서는 일반적으로 부모를 대상으로 질문지를 작성하여 응답하도록 하였는데, Griffin과 Morrison(1997) 역시 가정의 문해환경이 초기 문해기술의 차이에 미치는 영향력을 살펴보기 위해 부모 대상 질문지를 사용하였다. 이 연구에 사용된 가정 문해환경 부모용 질문지는 9문항으로 구성되었으며, 각 문항의 응답은 0, 1 또는 0, 1, 2점으로 점수화되었다. 문항의 예는 〈표 10-6〉에 제시되어 있다.

표 10-6   가정 문해환경 부모용 질문지

문항
1. 아동은 하루에 TV를 몇 시간 시청합니까?
2. 가족구성원 중 도서관 이용카드를 가지고 있는 사람이 있습니까?   있다면 얼마나 자주 사용합니까?
3. 신문을 구독하십니까?   구독하실 경우 몇 종류를 구독하십니까?
4. 성인용 잡지를 구독하십니까?   구독하실 경우 몇 종류를 구독하십니까?
5. 아동용 잡지를 구독하십니까?   구독하실 경우 몇 종류를 구독하십니까?
6. 아버지는 얼마나 자주 독서를 하십니까?
7. 어머니는 얼마나 자주 독서를 하십니까?
8. 가족구성원 중 아동에게 책을 읽어 주는 사람은 누구입니까?   얼마나 자주 읽어 주십니까?
9. 아동은 대략 몇 권의 책을 가지고 있습니까?

출처: Griffin & Morrison, 1997.

(4) 심리검사

유아를 대상으로 언어발달을 측정하는 언어발달 검사 도구에는 대표적으로 유타 언어발달 검사, 문장 이해력 검사, 언어이해 인지력 검사, Peabody 그림 어휘력 검사, 우리말 조음·음운 평가, 아동용 보스톤이름대기검사 등이 있다. 개별 언어발달 검사 도구에 대한 구체적 내용은 다음과 같다.

① 유타 언어발달 검사(Utah Test of Language Development-3: UTLD)

한국판 유타 언어발달 검사는 미국 UTLD(1989)에 근거하여 3세에서 9세까지의 한국 아동을 대상으로 기초자료를 제시한 것이다. 이 검사는 아동의 언어 이해력 및 표현력을 측정하기 위한 검사로서 총 100개의 문항으로 구성되어 있다. 검사 방법은 검사자의 지시에 따라 아동이 그림을 지적하거나 질문에 대답하도록 되어 있으며, 결과는 연령에 따른 평균점수와 하위검사 점수 간의 차이로 나타나는 프로파일 등에 의해 해석한다(김영태 외, 2003).

② 문장 이해력 검사(Test of Language Development-2: TOLD)

한국판 문장 이해력 검사는 미국 TOLD(1988) 중 문법 이해력 하위검사를 4세에서 6세까지의 한국 아동을 대상으로 표준화한 것이다. 아동의 문법이해 능력(수용 구문론적 측면)을 평가하기 위해 고안된 이 검사는 총 27개 문항으로 재구성되어 있으며, 검사자가 읽어 주는 문장을 아동이 듣고 그에 해당하는 그림을 지적하도록 함으로써 검사가 이루어진다. 검사 결과는 백분위 점수와 등가연령을 통해 알 수 있다(김영태 외, 2003).

③ 언어이해 인지력 검사(Bangs Receptive Checklist)

한국판 언어이해 인지력 검사는 미국 Bangs Receptive Checklist(1990)를 3세에서 5세까지의 한국 아동만을 대상으로 표준화시킨 검사다.

아동의 인지력에 기초한 개념이해 능력(수용 의미론적 측면)을 평가하기 위한 검사로서 총 40개의 문항을 포함하며, 검사 방법은 검사자의 지시에 따라 그림이나 사물자료를 지적하게 하는 것이다. 검사의 결과는 문장이 해력 검사와 같이 백분위 점수와 등가연령으로 제시된다(곽금주, 2002).

④ Peabody 그림 어휘력 검사(Peabody Picture Vocabulary Test-Revised: PPVT-R)

한국판 그림 어휘력 검사는 미국 PPVT-R(1981)의 저자 Lloyd M. Dunn 과 Leota M. Dunn의 동의를 구하여 2세에서 8세 11개월까지의 아동을 대상으로 표준화시킨 검사다. 아동의 수용어휘 능력을 측정하기 위해 고안되었으며, 정상아동뿐만 아니라 정신지체, 청각장애, 자폐증 등으로 인해 언어장애를 보이는 아동의 수용어휘 능력을 평가하는 데도 활용될 수 있다(김영태 외, 1995).

그림 어휘력 검사를 실시하기 이전에 연습문항들을 실시하여 아동에게 검사의 실시 방법을 미리 알려 준다. 연습문항의 경우 검사자는 그림을 보여 주면서 "여기에 있는 그림들을 잘 보세요."라고 말하고, 각 문항마다 제시되는 네 개의 그림([그림 10-9] 참조)을 지적한다. 다음에는 "이제

[그림 10-9] 그림 어휘력 검사 문항의 예
출처: 김영태 외, 1995.

선생님이 말을 하면 손가락으로 짚으세요. ○○.”라고 말한다. 실제 검사 문항의 경우에는 “○○”라고만 말해 준다.

⑤ 우리말 조음 · 음운 평가(Urimal–Test of Articulation and Phonation: U-TAP)

[그림 10-10] 우리말 조음 · 음운 평가
출처: www.kops.co.kr

우리말 조음 · 음운 평가는 2004년 김영태, 신문자에 의해 개발된 검사로 주 검사실시 대상은 우리나라 자음 또는 모음 말소리에 문제를 보이는 2세부터 12세까지의 아동 혹은 성인이지만 그림을 이용하여 명명하거나 설명하는 과제를 사용하기 때문에 취학 전(3~6세) 아동들에게 가장 적합하다.

그림낱말검사와 그림문장검사로 구성되는데, 그림낱말검사의 자음검사는 우리말 19개 음소를 최대 두 개씩 포함한 23개의 낱말을 그림으로 고안하였으며, 모음검사는 우리말 단모음 10개를 최대 두 개씩 포함한 7개의 낱말을 그림으로 고안하였다. 그림문장검사는 그림낱말검사에서 사용하고 있는 30개의 목표낱말을 16개의 문장에 포함하여 검사하도록 하였다.

검사의 결과는 개별음소 발달 연령 및 음소정확도를 산출하여 또래 정상아동과 비교하며, 음운변동분석을 통해 조음장애의 유무와 정도를 파악하고 치료계획을 수립하는 데 있어 기초자료를 제공한다.

⑥ 아동용 보스톤이름대기검사(Boston Naming Test for Children: BNT-C)

아동용 한국판 보스톤이름대기검사는 기존 한국판 보스톤이름대기검사의 아동 규준 검사로서 2007년에 김향희와 나덕렬이 3~14세의 아동 및 학생들을 대상으로 표준화하였다. 이 검사는 6개월 간격으로 제시된

평균점수 및 표준편차 자료로 구성된 정상
규준을 제공함으로써 아동의 대면이름대
기 능력의 정상 여부를 쉽게 판단하여 표
현언어장애를 선별할 수 있도록 한다. 또
한 연령군별로 시작문항을 제시하고 기초
선과 최고한계 기준을 활용하는 검사 방법
을 도입하여 연령군별 실시 문항수를 차등
화하고 대폭 줄임으로써 검사의 효율성을
극대화한다. 따라서 이 검사는 검사자와

[그림 10-11] 아동용 한국판 보스
톤이름대기검사

출처: www.kops.co.kr

의 상호작용이 수월하지 않은 아동들이 비교적 손쉽게 사용할 수 있으며
다른 표현언어검사를 보완하고 대체할 수 있다.

　이 외에도 한국 웩슬러 유아 지능검사와 아동 지능검사의 언어성 하위
영역에 해당하는 어휘, 이해 등의 검사를 이용하여 유아의 언어발달 정도
를 측정할 수 있다.

참고문헌

곽금주(2002). 아동 심리평가와 검사. 서울: 학지사.

곽금주, 박혜원, 김청택(2001). 한국 웩슬러 아동 지능검사. 서울: 도서출판 특수교육.

김명순, 신유림 역(2000). 영유아의 문해발달 및 교육. L. M. McGee & D. J. Richgels
　　　의 *Literacy's beginnings: Supporting young readers and writers* (6th
　　　ed.). 서울: 학지사.

김영태, 김경희, 윤혜련, 김화수(2003). 영유아 언어발달 검사. 서울: 도서출판 특수

교육.

김영태, 신문자(2004). 우리말 조음 · 음운 평가 U-TAP 사용자 지침서. 서울: 학지사.

김영태, 장혜성, 임선숙, 백현정(1995). 그림 어휘력 검사. 서울: 서울장애인종합복지관.

김향희, 나덕렬(2007). 아동용 한국판 보스톤이름대기검사 K-BNT-C 실시요강. 서울: 학지사.

박혜원, 곽금주, 박광배(2002). 한국 웩슬러 유아지능검사. 서울: 도서출판 특수교육.

배소영(2003). 영유아기 의미평가도구 MCDI-K의 타당도와 신뢰도에 관한 연구. 언어청각장애연구, 8(2), 1-14.

성미영(2002). 과제 상황별 유아의 스크립트 지식과 주제 수행 기술 및 스크립트 향상 훈련 효과 -저소득층 유아와 중류층 유아의 비교-. 서울대학교 대학원 박사학위논문.

성미영(2003). 자유놀이 상황에 나타난 어머니의 대화양식과 유아의 의사소통 의도. 아동학회지, 24(5), 79-91.

성미영, 이순형(1997). 유아의 어휘양식에 따른 의사소통 의도. 인간발달연구, 4(1), 52-65.

이지연, 장유경(2004). 영유아용 의사소통과 상징행동 체크리스트의 표준화를 위한 예비연구. 인간발달연구, 11(4), 37-54.

이차숙(2005). 유아언어교육의 이론과 실제. 서울: 학지사.

조명한(1982). 한국아동의 언어획득연구: 책략모형. 서울: 서울대학교 출판부.

Berko, J. (1958). The child's learning of English morphology. *Word, 14*, 150-177.

Berko, J. (2005). *The development of language* (6th ed.). Needham Heights, MA: Allyn & Bacon.

Brown, R. (1973). *A first language: The early stages*. Cambridge, MA: Harvard University Press.

Buckley, B. (2003). *Children's communication skills from birth to five years*. NY: Routledge.

Bzoch, K. R., & League, R. (1971). *Assessing Language Skills in Infancy*. Gainesville, Florida: Tree of Life Press.

Dockrell, J., & Messer, D. (1999). *Children's language and communication difficulties*. London: Cassell.

Foley, J., & Thompson, L. (2003). *Language learning: A lifelong process.*

NY: Oxford University Press.

Griffin, E. A., & Morrison, F. J. (1997). The unique contribution of home literacy environment to differences in early literacy skills. *Early Child Development and Care, 127,* 233-243.

Hirsh-Pasek, K., & Golinkoff, R. M. (1993). Skeletal supports for grammatical learning: What the infant brings to the language task. In C. K. Rovee-Collier (Ed.), *Advances in Infancy Research, 10.* Norwood, NJ: Ablex.

Hirsh-Pasek, K., & Golinkoff, R. M. (1996). *The origins of grammar: Evidence from early language comprehension.* Cambridge, MA: The MIT Press.

Hoff, E. (2009). *Language development* (4th ed.). Belmont, CA: Wadsworth.

Kuhl, P. K. (1987). Perception of speech and sound in early infancy. In P. Salapatek & L. Cohen (Eds.), *Handbook of Infant Perception* (pp. 275-382). NY: Academic Press.

Lyytinen, H., Erskine, J., Aro, M., & Richardson, U. (2007). Reading and reading disorders. In E. Hoff & M. Shatz (Eds.), *Blackwell handbook of language development* (pp. 454-474). Oxford: Blackwell.

Markman, E. M., & Hutchinson, J. E. (1984). Children's sensitivity to constraints on word meaning: Taxonomic vs. thematic relations. *Cognitive Psychology, 16,* 1-27.

Miller, J. F. (1981). *Assessing language production in children: Experimental procedures.* Baltimore, MD: University Park Press.

Nelson, K. (1973). Structure and strategy in learning to talk. *Monographs of the Society for Research in Child Development, 38* (1 and 2, Serial No. 149).

Ninio, A. (1995). Expression of communicative intents in the single-word period and the vocabulary spurt. In K. E. Nelson & Z. Reger (Eds.), *Children's language, 8.* Hillsdale, NJ: Erlbaum.

Owens, R. E. Jr. (2001). *Language development: An introduction* (5th ed.). Needham Heights, MA: Allyn & Bacon.

Saffran, J. R., Werker, J. F., & Werner, L. A. (2006). The infant's auditory world: Hearing, speech, and the beginnings of language. In W. Damon

& R. M. Lerner (Series Eds.) & D. Kuhn & R. S. Siegler (Vol. Eds.), *Handbook of Child Psychology: Vol. 2. Cognition, perception, and language* (6th ed., pp. 58-108). Hoboken, NJ: Wiley.

Smith, C., & Fluck, M. (2000). Constructing pre-linguistic interpersonal processes to promote language development in young children with deviant or delayed communication skills. *British Journal of Educational Psychology, 70,* 369-389.

Stark, R. E. (1986). Prespeech segmental feature development. In P. Fletcher & M. Garman (Eds.), *Language acquisition* (2nd ed., pp. 149-173). Cambridge: Cambridge University Press.

Wanska, S. K., & Bedrosian, J. L. (1986). Topic and communicative intent in mother-child discourse. *Journal of Child Language, 13,* 523-535.

Wetherby, A. M., & Prizant, B. M. (2002). *Communication and Symbolic Behavior Scales (CSBS) Manual.* Baltimore, MD: Brookes.

Wigg, E. H., & Semel, E. (1984). *Language assessment and intervention for the learning disabled* (2nd ed.). Columbus, OH: Merrill.

http://www.specialedu.co.kr
http://www.brookespublishing.com/
http://www.kops.co.kr

제11장

정서발달

1. 영유아기 정서발달 연구의 목적

학자들은 오랫동안 영유아의 인지발달에는 많은 관심을 가지고 있었으나 상대적으로 정서발달에 대해서는 소홀히 해 왔고, 이성과 대비하여 정서의 역기능적인 면을 강조하기도 하였다. 그러나 Damasio(1994)가 Gage의 사례를 기반으로 이성을 생물학적으로 탐색한 후에 이성은 정서에 의존하고 정서와의 분리가 불가능하다는 연구결과를 제시하면서, 정서는 아주 중요한 과학 분야로 등장하게 되었다.

기능주의자들은 진화론적 관점이나 인지적·사회문화적 관점에서 정서가 인간에게 있어 기능적이라고 본다. 우선, 정서는 기본적인 생물학적 요구에 효과적으로 대처하도록 돕는다. 예를 들어, 영아가 낯선 상황에서 느낀 불안은 양육자와 가까이 있으려는 접근 추구 행동을 불러일으켜 영아가 안전한 보호를 받도록 한다.

또한 정서는 인지적 성장의 동력이 되고 보완적 관계를 구성한다. 정서는 이성을 인도하여 미지의 세계를 헤쳐 나가고 목표 간의 위계를 결정할 수 있도록 해 준다. 뿐만 아니라 정서는 사회적 관계를 매개하고 발달시킨다. 인간은 사랑과 행복 같은 긍정적 정서를 통하여 서로 협동하고, 분노와 공포 같은 부정적 정서를 통하여 경쟁하면서 타인과 연결되고 교류하며 상호작용한다. 특히 기쁨, 사랑, 분노, 공포 그리고 슬픔 같은 정서는 언어로 명명하기 이전 시기인 영아기부터 명백하게 나타나며, 이후 생애주기에 따라 행동과 발달을 조직하고 사회에 적응하는 데 핵심적인 역할을 한다.

최근에는 정서의 본질과 구성요소에 대한 포괄적인 논의를 통해 정서를 성향(trait)이 아니라 일종의 능력(ability)이라고 규정하고 정서지능이라는 개념을 도입하기에 이르렀다(Salovey & Mayer, 1990). 이는 정서의 사회적응적 기능을 더욱 강조하는 것으로 볼 수 있다. 이와 같이 생리적·인지적·사회적 측면에서의 정서의 다양한 기능을 고려할 때, 정서에 대한 충분한 이해 없이 인간발달을 이해하는 것은 불가능하다.

영유아 정서발달 연구의 주요 과제는 유기체에 대한 기능적 중요성을 지닌 기본 정서가 출현하고 재조직화하는 과정을 기술하고, 사회화 과정과는 어떻게 관련되는가를 탐구하는 것이다. 즉, 영유아가 느끼는 고유 정서, 정서발달 속도, 정서표현 방법, 정서발달 과정, 정서발달 요인 등을 탐색하는 연구를 통해 영유아의 정서발달에 관한 많은 정보를 제공하고, 이들의 정서발달 촉진을 위한 정서교육방법에의 시사점을 제공하는 것이다.

2. 영아기 정서발달 연구의 이론 및 실제

1) 영아기 정서발달 연구의 이론적 측면

다양한 정서는 생애 첫 두 해 동안 서로 다른 시기에 나타난다. 정서는 출생 시부터 존재하지만 제대로 분화되지 않은 상태로 있다가 쾌, 불쾌의 정서에서 연령이 증가함에 따라 다양한 정서로 분화된다.

(1) 정서표현발달

인간은 정서를 표현하는 능력을 타고난다. 출생 시에는 몇 가지 제한된 정서만을 표현하다가 연령이 증가함에 따라 생애 초기에 분노, 슬픔, 기쁨, 놀람과 공포로 분화된 정서를 나타낸다. 이와 같은 비교적 단순한 정서를 일차정서 혹은 기본정서(primary, basic emotion)라고 부른다. 기본정서는 모든 문화권의 동일 연령 영아에게서 나타나기 때문에 생물학적으로 준비된 반응으로 가정된다.

기본정서 이론은 다윈의 정서표현 이론과 그 이론을 현대적 연구방법으로 증명한 Ekman(Ekman, 1972; Ekman, Sarenson, & Friesen, 1969)의 연구로부터 출발한다. 정서표현이 동물의 생존에 필수적이라는 다윈의 이론은 몇 가지 정서가 동물세계 전반에 통용되는 기본정서일 것이라는 생각을 학자들에게 품게 했다. 특히 특정 정서는 문화권이 달라도 그 정서표현방식이 동일하다는 Ekman의 연구결과는 기본정서에 대한 관심이 지지 기반을 갖게 되는 계기가 되었다. 기본정서 이론의 가정은 범문화적으로 발견되는 기본정서들이 존재한다는 것이다. Ekman은 행복, 혐오, 놀람, 슬픔, 분노, 공포의 여섯 개를 기본정서 속에 포함시켰고, Plutchik은 공포, 분노, 기쁨, 슬픔, 수용, 혐오, 기대, 놀람의 여덟 개를 그리고 Izard는 흥미, 즐김, 놀람, 슬픔, 분노, 혐오, 경멸, 공포, 죄의식, 수치, 수

줌음, 내향적 적대감의 열두 개를 각각 기본정서로 제안했다. 학자마다 기본정서의 수와 종류에는 다소 차이가 있지만, 행복(기쁨), 분노, 슬픔, 공포는 공통적으로 포함되는 정서다. Ortony와 Turner(1990)는 기본정서가 존재한다고 가정하는 이유로 첫째, 모든 문화권에 존재하고, 둘째, 보다 고등한 동물에서 발견되며, 셋째, 특징적인 표정을 갖고, 넷째, 생존가능성을 증가시키기 때문이라고 하였다.

(2) 정서이해발달

아동이 자신의 정서를 정확하게 인식하고 타인의 정서를 이해하는 능력은 타인과 관계를 맺고 상호작용하는 데 매우 적응적인 가치를 지닌다. 정서이해 능력은 대인관계 상황에서 상대방의 행동을 예측할 수 있게 해 주어 적절하게 대처할 수 있도록 하며 결과적으로 원만한 사회적 관계를 형성하도록 돕는다.

타인의 정서를 이해하는 능력은 영아 초기부터 발달하기 시작한다. 생후 수일 이내에 행복이나 슬픔, 분노의 표정을 구분할 수 있으며(Field, Woodson, Greenberg, & Cohen, 1982), 8~10개월이 되면 불확실한 상황에 대한 부모의 정서적 반응을 살피고 자신의 행동을 조절하기 위해 정보를 사용하기 시작한다(Feinman, 1992). 영아는 익숙하지 않거나 모호한 상황에서 마치 그 상황을 해석하는 데 도움을 얻으려는 듯이 부모를 바라보는데, 이러한 현상을 사회적 참조(social referencing)라고 한다. 사회적 참조를 보여 주는 연구의 한 예로 Gibson과 Walk(1960)가 고안한 시각절벽실험이 있다. 이 연구에서 영아는 절벽의 반대편에 있는 어머니가 기쁨이나 호기심을 표현할 때에는 어머니 쪽으로 건너가나, 공포를 표현할 때에는 건너가지 않았다. 이는 영아가 정서를 구분하여 이해할 수 있을 뿐 아니라 타인의 정서에 영향을 받는다는 것을 말해 준다. 한편, 사회적 참조와 관련해 김연수, 곽금주(2011)는 사회적 참조 상황에서의 영아의 응시와 기질 간의 관련성을 연구했다.

(3) 정서조절발달

정서조절이란 내적 감정상태 및 정서와 관련된 생리학적 과정의 발생, 강도, 지속기간을 조정하는 과정을 말하며, 정서경험이 주어진 상황에서 사회문화적으로 용인된 방법으로 반응하는 능력이다.

생애 초기에 영아는 자신의 정서적 상태를 조절하는 데 있어 아주 제한된 능력만을 가지고 있다. 따라서 영아는 안아 주거나 흔들어 주면서 달래는 양육자에게 의존하게 된다. 그러나 대뇌 피질의 빠른 발달로 인해 자극에 대한 영아의 참을성은 증가한다. 4개월경 영아의 주의를 이동하는 능력은 정서를 통제하는 데 도움을 준다. 실제로 불유쾌한 사건에서 쉽게 주의를 돌리는 영아는 고통을 덜 받는 경향이 있었다(Axia, Conichini, & Benini, 1999). 또한 1세 말경의 기고 걷기는 영아가 다양한 자극에 접근하거나 회피하는 것을 가능하게 함으로써 정서조절을 돕고, 2세 말경 상징과 언어의 획득은 정서조절의 새로운 변화를 가져온다. 즉, 영아는 자신의 감정에 대해서 이야기하고 조절하기 위해서 적극적으로 노력한다.

(4) 기질과 애착

영아의 정서에 대해 포괄적으로 이해하기 위해서는 기질과 애착에 관한 연구가 모두 필요하다. 기질과 애착에 관한 연구들은 동일한 연령의 아동이 정서적 구성에 있어서 왜 다른가를 생각할 때, 개인차와 유전 및 환경을 고려할 수 있는 기본틀을 제공한다.

① 기질

기질은 안정적이고 유전될 수 있는 정서적 경향에 대한 근거를 제공한다. 기질은 출생 직후부터 나타나는 개인의 안정되고 일관된 특성(Goldsmith & Alansky, 1987)이며, 환경적 사건에 대해 예측된 방식으로 반응하는 개인적 경향이다(Caspi & Silva, 1995). 기질에 대한 정의는 매우 다양하여, 유전적 요인을 강조하는 입장에서부터 환경적 요인 또는 개인과 환경의 상호작용을 강조하는 입장이 있다. 기질을 보는 이론적 시각에 따라 기질을 구성하는 요소도 학자마다 다소 차이가 있지만 활동수준, 자극민감성/부적정서, 진정능력, 공포, 사회성 등 다섯 가지가 주요 요인이라는 데는 동의한다. 이와 같은 요인에서 아동이 각기 다른 반응을 보임으로써 다양한 기질을 나타내게 된다.

기질에 관한 과학적 연구는 1937년 Gesell의 연구에서 시작되었고, 뉴욕종단연구(Thomas & Chess, 1977) 이후 더욱더 활성화되었다. Thomas와 Chess는 종단연구를 통해 기질을 구성하는 아홉 가지의 요인—활동성, 규칙성, 접근/회피, 적응성, 반응강도, 반응역치, 기분, 주의산만성, 지구력—을 밝혀냈고, 영아의 기질을 쉬운 기질, 까다로운 기질, 느린 기질의 세 가지로 분류하였다. 그리고 여러 기질적 특성이 혼합되어 있어 세 가지 중 어느 하나에도 맞지 않는 아동도 일부 있음을 밝혀냈다.

● 쉬운 기질의 아동(easy child)

일상생활에서 규칙적인 리듬을 갖고 있으며, 순하고 명랑하다. 잠이 쉽게 들고, 기분 좋게 잠에서 깨어난다. 음식을 잘 받아먹고, 식사 시간과 양이 규칙적이다. 장난감을 가지고 혼자서도 잘 놀며, 새로운 음식이나 새로운 경험을 쉽게 받아들인다. 낯선 사람에게도 미소로 반응하며 쉽게 친해진다. 이 범주에는 약 40%의 아동이 해당한다.

● 까다로운 기질의 아동(difficult child)

생리적 주기가 불규칙적이다. 수면과 식사 시간이 일정하지 않고, 수면량과 식사량도 불규칙적이다. 조그만 환경 변화에도 매우 민감하고 예민하며 때로는 적대적으로 반응한다. 부정적인 기분, 정서표현의 격렬함이 정서적인 특성이며, 낯선 것에 대한 위축이 심해서 새로운 사람이나 상황에 적응하는 데 많은 시간이 필요하다. 자신의 선호가 뚜렷하며 원하는 상태가 될 때까지 끊임없이 요구한다. 그 결과 행동을 예측하기가 어렵고 양육자에게 육체적 피로와 좌절감을 주기도 한다. 약 10%의 아동이 이 범주에 해당한다.

- 느린 기질의 아동(slow-to warm up child)

활동성이 떨어지고 다소 성미가 까다로우며, 환경반응에 대한 반응 수준이 낮고 새로운 상황에 적응하는 데 시간이 오래 걸린다. 성미가 까다로운 점이 까다로운 기질의 아동과 유사하나, 생소한 환경에 대한 부정적인 반응 양식이 공격적이라기보다는 다소 부드럽다는 점에서 차이가 있다. 예를 들어, 소리 지르고 떼쓰기보다는 외면하는 것으로 저항을 시도한다. 약 15%의 아동이 해당한다.

② 애착

가족 안에서 영아의 첫 관계는 사회정서적 유능성에서의 안정적 개인차의 출현에 공헌하기 때문에, 애착은 영아 정서발달에서 중요한 의미를 갖는다. 부모와 영아 간 애착의 질에 있어서의 다양한 범위를 규명하기 위해 Ainsworth, Blehar, Waters와 Wall(1978)은 여덟 가지 에피소드로 구성된 낯선 상황 실험을 개발하였다. 그는 부모가 방을 떠날 때와 다시 돌아오는 시점에서 영아의 반응을 기록하여 다음의 네 가지 애착유형으로 구분하였다.

- 안정애착

이 유형의 영아는 부모를 안전기지로 사용하여, 어머니와 함께 있을 때 주의를 적극적으로 탐색한다. 부모와 분리되었을 때 울지 않거나 일부 우는 영아가 있지만, 다른 유형과 확연히 구별되는 점은 어머니가 돌아왔을 때 이들이 보이는 반응이다. 안정애착된 영아는 위안받기 위해서 능동적으로 신체적 접촉을 요구하고 정서적 안정감을 회복한다. 연구대상의 약 65% 정도가 안정애착 유형에 해당하였다.

• 회피애착

회피애착 유형은 어머니와 함께 있을 때에도 어머니에게 별로 반응을 보이지 않는다. 어머니가 주의를 끌려고 할 때조차도 돌아서서 계속해서 어머니를 무시한다. 부모나 낯선 사람에게도 유사하게 반응한다. 어머니가 방을 떠날 때도 별로 반응을 보이지 않고, 스트레스를 덜 받는 것처럼 보인다. 어머니가 방으로 다시 돌아왔을 때, 반갑게 맞이하지 않으며 잘 안기지 않는다. 연구대상 영아의 약 20% 정도를 차지한다.

• 저항애착

저항애착 유형은 어머니 옆에 붙어서 거의 탐색을 하지 않고 어머니가 방을 나가면 매우 심한 스트레스 행동을 보인다. 어머니가 돌아와서 안아 주어도 계속 울면서 화를 내고 쉽게 진정되지 않는다. 어머니가 시도하는 물리적 접촉에 저항하면서도 어머니와 많이 접촉하려고 하는 양가감정을 보인다. 약 10%가 이 유형에 해당한다.

• 혼란애착

혼란애착 유형은 최근에 발견된 애착 패턴으로 연구대상의 5~10%를 차지한다. 이 유형의 영아는 낯선 상황에서 가장 큰 스트레스를 받고 가장 불안정하다. 혼란애착 유형은 불안정애착의 가장 심한 형태로 회피애착과 저항애착이 결합된 것이다. 어머니와 다시 만났을 때 멍하고 얼어붙은 듯이 행동하거나 어머니가 안아 줘도 먼 곳을 쳐다본다.

2) 영아기 정서발달 연구의 실제

(1) 관찰연구

영아의 정서표현은 자신의 상태를 주 양육자에게 전달하여 욕구를 충족하고 보호받는 기능을 한다. 언어발달이 미숙한 영아는 주로 표정을 통

해서 자신이 체험한 정서를 표현하여 소통하므로 표정은 영아기의 중요
한 의사소통 매개체다. 영아의 표정을 관찰하여 얼굴에 표현된 정서를 분
석하는 대표적인 평가도구의 예로 영아용 FACS(Facial Action Coding
Sytem; Oster, 1978)가 있다. FACS는 생후 첫 수개월 동안에 나타나는 영
아의 다양한 표정을 비디오로 녹화하여, 독립적 근육활동으로 형성되는
표정과 특정 얼굴 움직임이 전개되는 시간이라는 두 가지 기준에 의하여
여섯 가지 기초정서를 판별할 수 있도록 구성되어 있다. FACS와 관련해
홍희영과 이영(2003)은 FACS에 의한 한국 영아의 미소 표정을 분석하였
다. Izard(1979)가 개발한 MAX(maximally discriminative facial movement
coding system)도 영아의 정서표현을 분류하기 위하여 사용되며, 얼굴 근
육의 해부학적인 구조에 따라 근육들을 근육군으로 묶어 움직임을 기록
한 후 기초정서를 판별해 낸다. 예를 들어, [그림 11-1]의 (a)와 같이 뺨이
올라가고 입의 주변이 위쪽 뒤로 밀리는 것은 행복을 상징한다. 반면, (b)
와 같이 눈썹이 올라가고, 눈이 커지며, 입이 뒤로 밀리면서 구석으로 열
리는 것은 공포를 나타낸다.

　Stenberg와 Campos(1990)는 영아의 분노(anger)가 어떻게 발현되는가
를 탐구하는 연구에서 MAX(최대화 변별 얼굴 움직임) 체계를 사용하였다.
그들은 이 연구에서 분노를 유발하기 위하여 영아들의 양팔을 움직이지

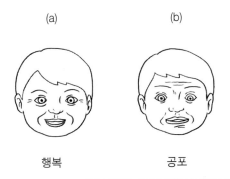

(a)　　　　　(b)

행복　　　　　공포

[그림 11-1] 영아의 표정

못하도록 하였다. 연구대상은 생후 1~7개월 사이의 영아 48명이었다. 영아들의 팔에 제약을 가하기 전과 제약이 끝난 후 여러 차례에 걸쳐 3초 간격의 에피소드를 표집하였고 표정과 목소리, 얼굴 붉히기, 울음 등을 측정하여 실험자와는 별개의 평정자들이 평정하도록 하였다. 그중 표정은 MAX에 따라 부호화하였다. 그 결과, 제약을 받기 전에는 아무도 자발적인 분노를 보이지 않았지만 제약을 가하자 4~7개월 된 영아들은 모두 명백히 분노의 표정을 나타내었다.

또 다른 연구들은 영아와 어머니의 상호작용을 관찰하여 영아의 정서 반응을 분석하였다. Cohn과 Tronick(1983)은 면 대 면 상호작용에서 무표정한 어머니에게 영아가 어떻게 반응하는가를 관찰하였다. 실험조건인 우울한 조건에서 어머니는 영아를 응시하지만, 움직임을 최소로 하고 영아와의 접촉을 회피하면서 단조로운 톤으로 말하고 무표정하도록 지시하였다. 정상조건은 3분간 자연스러운 표정을 나타내는 것이었다. 당황스러운 자극 형태에 대한 영아의 반응이 녹화되었고, 행동과 정서적 상태에서의 영아의 변화에 대한 정교한 조건 확률 분석을 사용하여 부호화되었다. 어머니의 우울한 표정은 영아의 슬프고 화내는 표정을 증가시켰고 탐색과 놀이수준을 감소시켰다. 한편, 김수정, 곽금주(2005)는 6개월 영아의 기질에 따른 어머니의 무표정한 상황에서의 반응차 그리고 어머니의 무표정한 상황에서 6개월 된 영아의 반응과 15개월 된 영아의 사회정서적 행동 간 관련성을 연구하였다.

(2) 실험연구

① 애착검사

영유아 애착검사(The Strange Situation Procedure: SSP)는 Ainsworth, Blaher, Waters와 Wall(1978)에 의해 고안 개발된 영유아 대상의 구조화된 평가절차다. 낯선 상황 실험은 친숙하지 않은 상황에서의 분리를 통해

표 11-1 Ainsworth의 낯선 상황 실험

번호	등장인물	지속시간	내 용
1	어머니와 아기, 관찰자	30초	관찰자가 어머니와 아기를 장난감과 여러 가지 놀이기구가 있는 실험실로 안내한 후 둘을 남겨 두고 나간다.
2	어머니와 아기	3분	어머니는 아기가 방 안을 탐색하도록 허용한다. 아기가 아무것도 하지 않을 때는 2분이 지난 후 놀이를 하도록 격려한다.
3	낯선 이, 어머니와 아기	3분	낯선 이가 들어온다. 최초의 1분은 침묵하고, 두 번째 1분은 낯선 이가 어머니와 대화하며, 세 번째 1분은 낯선 이가 아기에게 접근한다. 3분이 다 지난 후 어머니가 조용히 방을 나간다.
4	낯선 이와 아기	3분 또는 보다 짧게	첫 번째 격리. 낯선 이의 행동을 아기의 행동에 맞추어 조정한다.
5	어머니와 아기	3분 또는 보다 길게	첫 번째 재회. 어머니가 아기를 반기거나 달랜 후, 아기가 다시 놀이를 하도록 도와준다. 그런 다음 어머니가 "안녕."이라고 말하며 방을 나간다.
6	아기 혼자	3분 또는 보다 짧게	두 번째 격리.
7	낯선 이와 아기	3분 또는 보다 짧게	낯선 이가 들어와서 아기를 진정시킨다.
8	어머니와 아기	3분	두 번째 재회. 어머니가 들어와서 아기를 반기고 안아 준다. 그 사이에 낯선 이는 가만히 방을 나간다.

애착체계를 활성화시키고 애착행동을 유발하도록 구성된 실험 절차로서, 영유아 애착검사는 이러한 절차를 통해 실험실 내에서의 영유아 부모와의 상호행동을 측정하고 애착유형을 분류, 평가하는 도구다. 낯선 상황은 축적된 스트레스를 포함하는 여덟 가지 에피소드로 되어 있다(〈표 11-1〉 참조). 울음의 절정은 4번과 6번 에피소드에서의 격리 동안 나타나며, 애

착의 질을 평가하기 위한 열쇠는 5번과 8번 에피소드의 재회에서 양육자에 대한 영아의 반응을 감지하는 데 있다.

채점방법은, 우선 각 단계에서 15초마다 탐색적 이동, 탐색적 조작, 시각적 탐색, 시각적 정향, 울음, 웃음, 발성, 빨기 행동 등의 빈도를 측정한다. 상호작용 행동의 측정은 네 개의 범주마다 7～1점까지의 점수가 주어지며 각 점수에 해당하는 행동요강이 있다. 특히 5단계와 8단계에서 영유아와 어머니의 재회 상황에 초점을 두고 채점한다. 접근 및 접촉추구 행동은 영유아가 특정 대상에게 접촉을 얻고자 노력하는 강도와 지속성의 정도를 재는 변인이고, 접촉유지행동은 성인과의 접촉이 이루어진 뒤 그 접촉을 유지하려는 유아의 활동과 지속성의 정도다. 저항행동은 영유아에게 접근 및 접촉을 시도하는 사람 또는 놀이를 같이 해 주려고 하는 사람에게 유발되는 저항행동의 강도나 빈도, 시간이며 회피행동은 영유아가 접근과 상호작용을 회피하는 강도, 지속성, 시간 등이다(곽금주, 2002).

② 시각절벽실험

영아의 정서를 평가하는 연구들은 실험상황에서 정서유발 상황을 제시하여 표현된 정서를 평가한다. 대표적인 예는 시각절벽실험을 통한 높이에 대한 공포감 유발 실험이다. Campos, Barrett, Lamb, Goldsmith와 Stenberg(1983)는 영아들로 하여금 시각절벽을 탐색하도록 하였다. 이 시각절벽은 한쪽은 얕고 다른 한쪽은 몇 피트 깊이가 있어 뚜렷하게 구별되는 플랙시글라스(Flexiglas)로 덮혀 있으며, 깊은 쪽 바닥이 장기판 패턴으로 그려져 시각적인 단서를 나타내었다. 얕은 쪽은 유리판 아래로 10cm에서 깊은 쪽은 121cm까지 떨어진 위치에 있었다. 5개월 된 영아는 자주 깊은 쪽을 쳐다보았고 심장박동률이 감소하였으며, 부정적 정서에 대한 신호를 보여 주지 않았다. 그러나 9개월 된 영아는 깊은 쪽에서 심장박동률의 상승을 나타냈고, 많은 영아가 건너가기를 거부하였으며, 울기 시작하였다. 이 실험은 5개월경의 영아도 깊이에 대한 주의와 지각이 증가하

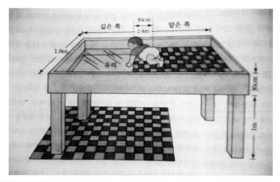

[그림 11-2] 시각절벽실험

나, 9개월이 되어야 공포반응을 나타낼 수 있음을 강조하는 공포 정서의 발현 시기를 밝히는 대표적 실험연구다.

(3) 조사연구: 질문지법 및 면접법

① 영아용 기질검사

어린 영아는 자신의 정서를 언어로 표현하기 어렵기 때문에 영아의 정서를 평가할 때는 주로 부모의 평가에 의존한다. 많은 정보를 편리하게 수집할 수 있다는 이점 때문에 영아의 기질은 부모에 대한 면접이나 질문지를 통하여 평가되었다.

Thomas와 Chess(1956)가 영아를 가진 부모들에게 "배변 시 당신의 자녀는 어떠합니까?"와 같은 질문으로 면접을 한 이후로 PTQ(Parent Temperament Questionnaire; Thomas & Chess, 1977) 등 20여 가지의 도구가 제작되었다. 여기서는 영아(1~3세)의 기질을 파악하기 위해 Fullard, Carey와 McDevit(1984)에 의해 개발된 TTQ(Toddler Temperament Questionnaire)를 소개하고자 한다. 검사의 구성과 설문 문항은 〈표 11-2〉에 제시되어 있다.

검사의 평가는 6단계 평정척도로서 전혀 그렇지 않다(1), 거의 그렇지 않다(2), 대체로 그렇지 않다(3), 대체로 그렇다(4), 자주 그렇다(5), 항상

표 11-2 부모용 유아기질 검사의 측정 영역과 사례 문항

측정영역	사례 문항
활동수준(12문항)	옛날이야기를 듣거나 그림책을 볼 때 가만히 있지 않는다.
규칙성(11문항)	매일 비슷한 시각(30분 이내)에 잠자리에 든다.
접근성(12문항)	의사에게 처음 가도 무서워하는 기색이 없다.
적응성(9문항)	가지고 싶어 하는 장난감이나 과자를 3, 4분 정도 늦게 주어도 잘 참고 기다린다.
반응강도(10문항)	음식을 먹을 때 좋거나 싫은 표시를 하지 않고 조용히 먹는다.
기분(13문항)	새로운 장소에 처음 가면 기분이 좋아서 웃거나 미소 짓는다.
지구성(11문항)	좋아하는 장난감을 가지고 10분 이상 계속해서 논다.
주의분산도(11문항)	놀고 있는 방에서 시끄러운 소리가 나도 계속해서 논다.
반응역(18문항)	싫어하는 음식은 좋아하는 음식에 섞어 주어도 역시 싫어한다.

출처: 곽금주, 2002.

그렇다(6)로 되어 있다.

② 애착 Q-set

영아의 애착을 측정하기 위해 개발된 척도로 애착 Q-set(Attachment Behavior Q-set; Waters & Deane, 1985)가 있다. 애착 Q-set는 90개의 카드로 이루어져 있으며, 어머니는 일주일간 영아의 행동을 관찰한 후 90개의 문항을 영아의 행동을 가장 잘 설명한 문항에서부터 잘 설명하지 못한 문항까지 아홉 개의 파일에 각각 열 개씩 분류한다. 영아의 행동과 가장

표 11-3 애착 Q-set의 측정 척도 사례 문항의 예

1. 어머니가 요구하면 선뜻 자기가 가지고 있는 물건을 어머니에게 나눠 주거나 만져 볼 수 있게 한다.
2. 놀다가 어머니에게로 달려와 가끔 분명한 이유 없이 짜증을 내곤 한다.
3. 화가 나거나 다쳤을 때 어머니가 아닌 다른 어른이 위로해도 달래진다.
4. 어머니 외에 다른 여러 사람에게도 쉽게 미소 짓거나 웃는다.
5. 어머니가 낮잠을 재우거나 밤에 재우려고 할 때 자주 울거나 싫다고 저항한다.

유사하다고 분류된 문항에는 9점을, 가장 상이하다고 분류된 문항에는 1점을 부여한다. 문항의 예는 〈표 11-3〉과 같다.

(4) 심리검사

영아를 대상으로 한 표준화된 심리검사로는 정상에서 이탈될 위험성이 높은 아동을 판별하고 추가적인 진단평가를 추천하는 데 도움이 되는 발달적 선별검사가 있다. 영아의 정서발달은 이들 발달적 선별검사의 하위영역이나 항목을 통해 알아볼 수 있다. 베일리 영아발달 검사는 세 가지 척도, 즉 정신 척도(mental scale), 운동 척도(motor scale), 행동평정 척도(behavior rating scale: BRS)로 구성되어 있다. 그중 행동평정 척도는 검사 도중 영아가 보이는 태도, 흥미, 정서상태, 활동성, 자극에 대한 접근이나 철회 경향성 등 환경에 대한 사회적 반응을 전반적으로 포함하는 내용으로 이루어져 있다.

3. 유아기 정서발달 연구의 이론 및 실제

1) 유아기 정서발달 연구의 이론적 측면

(1) 정서표현발달

당혹감, 수치심, 죄책감, 부러움, 자부심과 같은 이차정서(복합정서)의 출현과 더불어 유아기 동안의 인지적 성장은 정서적 발달을 지원한다. 좀 더 복잡한 인지능력이 요구되는 이차정서에는 자기 의식적(self-conscious) 정서와 자기 평가적(self-evaluative) 정서가 있다. 자기 의식적 정서는 자아감을 해치거나 증진하는 것과 관련된다. 가장 단순한 자기 의식적 정서인 당혹감은 유아가 거울이나 사진에서 자신을 인식하기 시작한 이후에야 비로소 나타난다(Lewis, Sullivan, Stanger, & Weiss, 1989). 반면, 수치심,

죄책감, 자부심과 같은 자기 평가적 정서는 자기 인식과 자신의 행동을 평가하는 규칙 또는 규준에 대한 이해를 바탕으로 하는 정서다.

유아는 정서표현을 인식하는 능력에 있어서도 점차적으로 세련되어진다. 유아는 행복, 분노, 슬픔 및 공포와 연관된 표정을 구별할 수 있다. 개별정서에 따라 유아가 인식하고 표현하는 정도는 차이를 보이는데, 행복한 정서를 가장 잘 인식할 수 있었으며, 분노보다는 슬픔과 연관된 표정을 잘 인식하였다. 다양한 표정을 모방하도록 요구받았을 때에도 공포나 분노 표정보다는 행복한 표정을 더 잘 모방하였다(Harrigan, 1984). 따라서 유아는 얼굴과 목소리 등 더 많은 정보가 제시될 때 정서를 더 잘 인식하는 것을 알 수 있다(Stifter & Fox, 1987).

(2) 정서이해발달

유아기가 되면 인지 및 언어 발달과 더불어 타인의 정서와 자신의 정서 경험에 대한 이해가 증가한다. 이 시기 동안 자신의 정서 상태를 설명하는 어휘가 증가하며, 자신의 정서를 설명하는 능력에 있어서도 극적인 발달을 나타내고 다른 사람들로 하여금 자신의 정서에 주의하도록 설득하는 능력도 진보를 보인다(Dunn, Bretherton, & Munn, 1987).

사회적 참조는 연령이 증가하면서 점차 일반적이 되어 타인이 느끼는 감정에 대한 추론이 더욱 정확해진다. 약 3세경이 되면 유아는 표정과 상황 단서를 사용하여 정서를 이해한다. 기쁨은 어린 유아가 가장 잘 이해하는 정서였는데, 유아는 또래의 긍정적 정서와 이야기 속 주인공의 행복한 정서를 정확히 이해하였다(Denham, Zoller, & Couchoud, 1994). 그러나 이야기 속 주인공이 느끼는 슬픔, 공포, 분노 등과 같은 부정적 정서 중에서 공포는 잘 이해하였으나 슬픔과 분노는 혼동하였다(Broke, 1973). 또한 유아는 정서를 야기하는 원인에 대해서도 이해하게 된다. 유아는 이야기 속 주인공이 야단맞았을 때, 게임에 졌을 때, 원하지 않은 생일선물을 받았을 때 어떤 정서를 느끼는지 예측할 수 있었다(Stein & Trabasso, 1989).

유아는 사람들이 진짜로 느끼는 정서와 겉으로 표현하는 정서가 다르다는 것을 잘 이해하지 못한다. 기쁜 표정과 슬픈 표정을 구분하고 행복한 상황과 웃는 얼굴, 슬픈 상황과 우는 얼굴을 짝지을 수는 있지만 슬픈 상황에서 웃는 표정을 짓고 있으면 혼란스러워한다. 예를 들어, 망가진 자전거 옆에서 행복한 표정을 짓고 있는 그림을 보여 주고 무슨 일이 일어났는가를 설명하라고 요청했을 때, 4~5세 유아는 설명에 어려움을 나타낸다. 이처럼 그들은 정서를 추론할 때 오직 표정에 의존하는 경향을 보인다. 따라서 그들은 "그는 자전거 타기를 좋아하기 때문에 웃고 있어요."라고 반응한다. 8~9세경이 되면 상충하는 두 가지 단서를 더 잘 조화시킬 수 있다. 예를 들어, "그는 아버지가 망가진 자전거를 고쳐주시겠다고 약속했기 때문에 웃고 있어요."라고 반응할 수 있다(Gnepp, 1983; Hoffner & Badzinski, 1989). 이와 관련해 이수미, 조경자, 김혜리(2012)는 표정을 통한 정서 읽기 능력의 발달적 변화에 대해 연구하였다.

(3) 정서조절발달

유아기가 되면 자기 감정을 더 잘 조절할 수 있게 된다. 어떤 사회에서든지 정서표현에 있어서, 특정 상황에서 어떤 정서는 표현해도 되지만 어떤 정서는 표현해서는 안 된다는 규칙이 있다. 이를 정서표출 규칙이라 하는데 이는 어린 시기부터 학습된다. 정서조절 능력은 유아의 연령이 높아질수록 증가한다. 즉, 유아의 연령이 높아질수록 정서표출 규칙에 대한 지식을 많이 갖고 있었으며, 선물을 준 성인이 지켜보는 상황에서 마음에 들지 않는 선물에 대한 실망의 정서를 더 잘 숨길 수 있었다(Cole, 1986; Saarni, 1979). 6세가 되면 실제적으로 느끼는 정서와 겉으로 드러난 표정을 구별하여 의도적으로 정서를 조절하기 시작한다(Gross & Harris, 1988).

2) 유아기 정서발달 연구의 실제

(1) 관찰연구

유아기 정서를 측정하기 위한 관찰연구의 방법에는 별도의 제한이 없는 자유놀이 상황에서 유아가 나타내는 표정이나 신체 움직임을 관찰하는 방법과 정서를 유발하는 특정 실험상황에서 관찰하는 방법이 있다.

① 자유놀이 관찰

유아의 정서표현을 자유놀이 상황에서 관찰한 Arsenio, Cooperman과 Lover(2000)의 연구가 있다. 연구자들은 자유놀이 상황에서 표적 아동의 행복, 슬픔, 분노 그리고 기타 정서를 관찰하였고 관찰된 각각의 정서는 표정, 신체 움직임, 어조 등으로 구분하여 평가되었다. 예를 들어, 분노의 정서는 다음의 표정, 신체 움직임, 어조의 기준에 따라 평가되었다. 유아가 양미간 찌푸리기, 처진 눈썹, 입을 벌리거나 굳게 다문 표정을 보일 때 혹은 긴장한 자세, 약간 고개를 떨구거나 주먹을 쥐는 신체 움직임을 보일 때, 평소보다 커진 목소리, 거친 목소리, 강력한 부정적 정서표현("난 네가 싫어.")을 보일 때 분노의 정서를 표현한 것으로 분석하였다.

② 실험관찰

자연상황에서의 관찰은 많은 이점이 있지만 정서표현의 빈도가 너무 낮게 나타나 신뢰성에 문제가 있을 수도 있다. 따라서 연구자들은 게임과 같이 다양한 정서가 활성화되는 실험상황을 구성하여 유발된 정서를 관찰한다. 정서표현을 관찰하기 위하여 게임을 사용한 연구(Hubbard, 2001)는 규칙이 단순하고 경쟁심을 유발할 수 있는 쉬운 보드게임을 이용한다. 또한 표현되는 다양한 정서를 관찰하기 위하여 게임은 두 가지 상황으로 구성하였다. 첫 번째 게임은 공정한 게임 상황으로, 연구자는 미리 정해진 규칙에 따라 게임을 진행하였다. 한편, 두 번째 게임은 불공정한 게임

상황으로, 연구자가 게임에서 공정하지 못한 방법(예: 자신의 순서가 아닌데도 카드를 들춰 본다)으로 교묘하게 반칙을 하여 게임에서 항상 이길 수 있도록 구성하였다. 게임을 통해 유발된 정서는 언어적 표현, 비언어적 표현, 정서표현 정도의 세 가지 차원으로 분석한다. 분석체계의 언어적·비언어적 표현의 하위영역별 구체적 예는 〈표 11-4〉와 같다.

표 11-4 언어적 · 비언어적 표현 범주 구분

범주	기쁨	슬픔	분노	기타
언어적 표현의 예	"재밌다." "좋아." "웃겨."	"속상해."	"짜증 나." "이런 법이 어딨어요?"	'아', '어' 등(감정이 드러나지 않은 무의미한 말)
비언어적 표현의 예	• 입을 가리며 크게 웃기 • 미소 짓기	• 한숨 짓기 • 의자에 털썩 주저앉기 • 뒤로 물러나 앉기 • 고개를 숙이거나 돌리기 • 얼굴 가리기 • 손을 입에 넣기	• 게임기구 마구 다루기: 게임기구 뺏기, 던지기, 급하게 뒤집기, 흩트려 놓기 • 좌절표현: 책상 치기, 벽 치기, 머리 쥐어뜯기 • 공격적 표현: 때리기, 뛰쳐나가기, 발 구르기, 주먹 불끈 쥐기 • 분해서 울기, 얼굴이 붉어짐, 씩씩거림	• 안절부절못함(엉덩이 들썩거리기) • 게임도구 계속 만지작거리기 • 의자 빙글빙글 돌리기

(2) 실험연구

유아의 정서표출 규칙에 대한 발달은 실험연구를 통해 평가되었다. '신 과일주스 마시기 과제'(Feldman et al., 1984)에서는 레몬주스처럼 신 과일주스를 마시면서 기분 좋고 긍정적인 표현을 나타내도록 지시하였다. 유아들은 실험자가 요구하는 문제를 해결하면 원하는 선물을 받을 수 있다는 말을 들었다. 그러나 과제를 한 후 그들은 매력이지 않은 선물, 예를 들면 아기의 딸랑이나 남자아이의 경우 여자아이의 머리핀을 선물받

았다. 유사하게 '실망스러운 선물과제'(Saarni, 1984)에서는 유아들이 바라는 선물이 아닌 실망스러운 선물을 주었고, 이때 이들이 보인 정서 반응을 비디오로 녹화하였다. 이 실험은 매력적이지 않은 보상을 받은 후 예의에 대한 그 사회의 규범적 표현을 요구하는 상황에서 표현행동을 조절하려는 유아의 자발적 시도에 대한 자료를 제공한다.

(3) 조사연구: 질문지법 및 면접법

유아의 정서 이해와 조절을 평가하기 위하여 그림카드를 이용한 면접 방법을 주로 이용한다. 그림과 함께 제공되는 가상적 이야기는 유아의 정서표현을 통제하기에 적절한 갈등 상황을 포함하고 있다. 가상적 이야기는 긍정적 정서와 부정적 정서로 구분하기도 하고(한유진, 2006), 친사회적 동기와 자기보호적 동기로 구분하거나(Gnepp & Hess, 1986), 관찰자 여부로 구분하는(Zeman & Garber, 1996) 등 연구 목적에 따라 세부적인 이야기의 내용은 조금씩 달라진다. 아동의 이해를 돕기 위해 각 이야기에 해당하는 그림카드와 표정카드(기분 좋은 표정, 무표정, 기분 나쁜 표정)가 있으며, 여아가 주인공인 여아용과 남아가 주인공인 남아용이 있다.

놀리는 친구가 넘어짐

놀이터에서 놀고 있는데 항상 다른 친구들을 괴롭히던 친구가 오늘은 너의 머리를 툭툭 치고 옷을 잡아당기면서 괴롭히는 거야. 잠시 후 선생님께서 모이라고 부르셨고 그 친구는 뛰어가다가 그만 돌에 걸려 넘어졌어. 비 온 다음 날이라 흙탕물이 많았고 그 친구는 흙탕물을 뒤집어썼어.

[그림 11-3] 유아의 정서조절을 측정하기 위한 가상적 이야기

유아의 정서이해 능력을 측정하기 위해서 정서가 유발되는 상황을 묘사하는 그림을 제시하고 이때 어떤 정서가 유발되는지 설명하도록 하거

[그림 11-4] 상충되는 단서의 예

나 상충되는 두 가지 단서를 제시하기도 한다. 예를 들어, 상황과 정서가 상충되는 단서로 병원에서 주사를 맞는 상황에서 웃는 표정을 짓고 있는 유아의 그림을 제시하는 것이다([그림 11-4] 참조).

(4) 심리검사

① 투사검사

널리 이용되는 투사적 정서측정 방법으로는 인물화 검사와 동적가족화 검사(KFD), 아동용 주제통각검사(CAT)가 있다.

인물화 검사에서는 내담자에게 남자 인물과 여자 인물을 각각 하나씩 그리도록 하며, 인물의 세부 사항, 화면에서 인물이 차지하고 있는 위치, 그림 스타일 같은 것을 기초로 내담자의 정서 및 심리적 적응에 대해 추론한다. [그림 11-5]는 분리불안을 겪고 있는 7세 여아의 여자 인물 그림이다. 눈동자를 그리지 않고 눈의 윤곽만을 표현

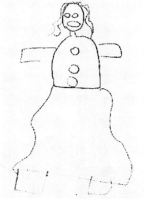

[그림 11-5]
인물화 검사의 예

하고 있는데, 이는 상징적으로 내적인 공허함을 나타낼 수도 있고, 타인의 감정을 알고 싶지 않고 자신의 감정을 보이고 싶지도 않은 감정교류의 결핍을 나타낼 수도 있다.

동적가족화검사(kinetic family drawing: KFD)는 Burns와 Kaufman(1970)이 그들의 임상경험에 기반하여 개발한 것으로, 아동에게 자신의 가족을 모두 그리되 무언가를 하고 있는 내용을 그리도록 한다. 동적가족화검사의 해석은 정적인 인물 자체보다는 그림 내 인물의 행동이나 움직임에 초점을 두게 된다. [그림 11-6]은 부모가 불화로 이혼을 고려하고 있는 유분증을 보이는 7세 여아의 가족화검사 그림이다. 그림을 보면 가족구성원들을 선으로 각각 구획화시켜 의도적으로 분리하고 있다. 구획화하여 그린 그림은 가족원 간의 애정과 정서교류가 부족하며 다른 가족원으로부터 유아 자신의 감정을 철회하고 분리시키고자 하는 욕구를 드러내는 것으로 볼 수 있다.

[그림 11-6] 동적가족화검사의 예

아동용 주제통각검사(child apperception test: CAT)(Bellak & Bellak, 1949)는 유아의 생활에 익숙한 장면으로 구성되어, 성장과정에 관계되는 문제나 일상생활에 관련되는 문제 안에서 유아의 정서적 생활을 측정하는 투사법이다. 이 검사는 과거의 경험과 지각의 기억 흔적이 현재의 지각에 영향을 미칠 것이라고 가정하는 투사적 방법을 통해 평가하게 되어 있다. 사람 대신 동물을 자극으로 사용함으로써 검사 목적을 잘 위장할 수 있으며, 공격적이거나 부정적인 감정을 가진 사람을 동물로 쉽게 전이시킬 수 있다. 그림에 대한 유아의 언어적 반응의 내용은 〈표 11-5〉의 기준을 기초로 분석된다.

표 11-5 CAT 결과 분석 및 해석표

분석 영역	해석 내용
임상용 기록 및 분석	(1) 진술내용 (2) 주제 (3) 주인공의 동일시 상 (4) 주인공의 주 욕구(주인공의 행동적 욕구, 도입된 대상과 내포된 욕구, 간과된 대상과 내포된 욕구, 세부 지각과 내포된 욕구) (5) 주위 인물에 대한 지각(양친, 동년배, 나이 많은 대상, 어린 대상) (6) 주요한 갈등 (7) 불안의 성질 (8) 주요 방어기제 (9) 초자아의 적절성 (10) 자아의 강도 (11) 임상적 특기
연구용 분석자의 기록	(1) 등장인물 및 사물(~으로 본다. 대상의 기술) (2) 상황 진행 (3) 도입된 대상 (4) 간과된 대상 (5) 이야기의 분위기 (6) 세부의 강조

출처: 곽금주, 2002.

[그림 11-7] CAT 검사의 예

② 우울검사

아동우울검사(children's depression inventory: CDI-C)는 아동과 청소년 우울의 연구에서 가장 흔히 사용되는 자기보고 평가척도다. 이 도구의 부모용으로 제작된 CDI-P는 Kazdin, French, Unis와 Esveldt-Dawson(1983)에 의해 개발되어 아동용과 유사하게 우울의 정서, 인지, 행동적 증상들을 평가하는 27개 문항으로 구성되어 있다. 각 문항은 증상을 기술하는 세 개의 진술(0, 1, 2로 평가된다)로 되어 있으며, 부모는 과거 2주간 자녀가 보인 행동에 대한 진술문을 선택한다.

문장완성검사(sentence completion test: SCT)는 다수의 미완성 문장을 피검자가 자기 생각대로 완성하도록 하는 검사다. Cattell은 Galton의 자유연상검사(free association test)로부터 단어연상검사(word association test)를 발전시켰는데 이를 Kraepelin과 Jung이 임상적 연구를 통해 토대를 구축하였고, Rapaport와 그의 동료들이 성격진단을 위한 유용한 투사법으로 확립하게 되었다. 이 단어연상검사로부터 문장완성검사가 발전하였다.

현재 임상장면에서 가장 널리 사용되고 있는 문장완성검사는 Sacks에 의해 개발된 것이다. Sacks의 문장완성검사(sacks sentence completion test: SSCT)는 네 가지 대표적인 영역인 가족, 성, 대인관계, 자기개념으로 구성되어 있다(최정윤, 2010).

 참 고 문 헌

곽금주(2002) 아동심리평가와 검사. 서울: 학지사.

김경희(1995). 정서란 무엇인가. 서울: 민음사.

김유미(2005). 뇌를 통해 본 아동의 정서-이해와 교육-. 서울: 학지사.

김지현(2004). 3세 및 5세 유아의 또래 갈등 상황에 따른 정서표현 행동. 대한가정학회지, 42(4), 29-43.

민경환(2002). 성격심리학. 파주: 법문사.

위영희, 이희정 역(2006). 정서발달. P. J. LaFreniere의 *Emotional Development: A Biosocial Perspective.* 서울: 시그마프레스.

이혜련(2005). 유아의 개인 및 부모특성과 정서이해와 정서조절 간의 관계. 대한가정학회지, 43(5), 1-14.

이훈구, 이수정, 이은정, 박수애(2003). 정서심리학. 파주: 법문사.

최정윤(2010). 심리검사의 이해. 서울: 시그마프레스.

한유진(2006). 상호작용 상황에서의 정서표현, 정서이해 및 정서조절 능력이 학령기 아동의 공격성 및 또래관계에 미치는 직·간접적 영향. 한국가정관리학회지, 24(5), 1-15.

홍희영, 이영(2003). FACS에 의한 한국 영아의 미소 얼굴 표정 분석 연구. 한국심리학회지: 발달, 16(3), 155-172.

Ainsworth, M. D. S., Blehar, M., Waters, E., & Wall, S. (1978). *Patterns of attachment: A psychological study of the strange situation.* Hillsdale, NJ : Erlbaum.

Arsenio, W., Cooperman, S., & Lover, A. (2000). Affective predictors of preschoolers' aggression and peer acceptance: Direct and indirect effects. *Developmental Psychology, 36,* 438-448.

Axia, G., Conichini, S., & Benini, F. (1999). Attention and reaction to distress in infancy: A longitudinal study. *Developmental Psychology, 35,* 500-504.

Bellak, L., & Bellak, S. (1949). *The children's apperception test.* NY: C. P. S. Company.

Burns, R., & Kaufman, S. (1970). *Kinetic Family Drawing (K-F-D): An introduction to understanding children through Kinetic drawings.* NY: Brunner/Mazel.

Campos, J., Barrett, K., Lamb, M., Goldsmith, H., & Stenberg, C. (1983). Socioemotional development. In P. H. Mussen (Ed.), *Handbook of child psychology, vol. 2: Infancy and developmental psychology* (pp. 783-915). NY: Wiley.

Caspi, A., & Silva, P. A. (1995). Temperamental qualities at age three predict personality traits in young adulthood: Longitudinal evidence from a birth cohort. *Developmental Psychology, 66,* 486-498.

Cohn, J. F., & Tronick, E. Z. (1983). Three-month-old infants' reaction to simulated maternal depression. *Child Development, 54*, 185-193.

Cole, P. M. (1986). Children's spontaneous control of facial expression. *Child Development, 57*(6), 1309-1321.

Damasio, A. R. (1994). *Descartes' error: Emotion, reason, and the human brain.* NY: Quill.

Denham, S. A., Zoller, D., & Couchoud, E. A. (1994). Socialization of preschoolers' emotion understanding. *Developmental Psychology, 30,* 928-936.

Dunn, J., Bretherton, I., & Munn, P. (1987). Conversations about feeling states between mothers and their children. *Developmental Psychology, 23*, 132-139.

Ekman, P. (1972). Universals and cultural difference in facial expression of emotion. In J. Cole (Ed.), *Nebraska symposium on motivation* (pp. 162-222), Lincoln, NE: University of Nebraska Press.

Ekman, P., Sarenson, E. R., & Friesen, W. V. (1969). Pan-cultural elements in the facial displays of emotion. *Science, 14,* 86-88.

Feinman, S. (1992). *Social referencing and the social construction of reality in infancy.* NY: Plenum.

Field, T., Woodson, R., Greenberg, R., & Cohen, D. (1982). Discrimination and imitation of facial expressions by neonates. *Science, 218*, 179-181.

Gibson, F. J., & Walk, R. D. (1960). The visual cliff. *Scientific American,*

202, 64-71.

Gnepp, J. (1983). Children's social sensitivity: Inferring emotions from conflicting cues. *Developmental Psychology, 19*, 805-814.

Gnepp. J., & Hess, D. L. R. (1986). Children's understanding of verbal rules. *Developmental Psychology, 22*, 103-108.

Goldsmith, H. H., & Alansky, J. A. (1987). Maternal and infant temperamental predictors of attachment: A metaanalytic review. *Journal of Consulting and Clinical Psychology, 55*, 805-816.

Gross, D., & Harris, P. L. (1988). False beliefs about emotion: Children's understanding of misleading emotional displays. *International Journal of Behavioral Development, 11*, 475-488.

Harrigan, J. A. (1984). The effects of task order in children's identification of facial expressions. *Motivation and Emotion, 8*, 157-169.

Hoffner, C., & Badzinski, D. M. (1989). Children's integration of facial and situational cues to emotion. *Child Development, 60,* 411-422.

Hubbard, J. A. (2001). Emotion expression processes in children's peer interaction: the role of peer injection, aggression, and gender. *Child Development, 72* (5), 1426-1438.

Kazdin, A. E., French, N. H., Unis, A. S., & Esveldt-Dawson, K. (1983). Assessment of Childhood depression: Correspondence of child and parent ratings. *Journal of the American Academy of Child Psychiatry 22*, 157-164.

Lewis, M., Sullivan, M., Stanger, W., & Weiss, C. (1989). Self-development and Self-Conscious emotions. *Child Development, 60,* 145-156.

Ortony, A., & Turner, T. J. (1990). What's basic about basic emotions? *Psychological Review, 74*, 431-461.

Oster, H. (1978). Facial expression and affect development. In M. Lewis & L. Rosenblum (Eds.), *The development of affect* (pp. 43-76). NY: Plenum.

Repacholi, B. M., & Gopnik, A. (1997). Early reasoning about desires: Evidence from 14-and 18-month-olds. *Developmental Psychology, 33,* 12-21.

Salovey, P., & Mayer, J. D. (1990). Emotional Intelligence. *Imagination, Cognition, and Personality, 9*, 185–211.

Saarni, C. (1984). An observational study of children's attempts to monitor their expressive behavior. *Child Development, 55*, 1504–1513.

Stein, N., & Trabasso, T. (1989). Children's understanding of changing emotional states. In C. Saarni & P. L. Harris (Eds.), *Children's understanding of emotion.* Cambridge: Cambridge University Press.

Stenberg, C. R., & Campos, J. J. (1990). The development of anger expression in infancy. In N. L. Stein, B. Leventhal, & T. Trabasso (Eds.), *Psychological and biological approaches to emotion* (pp. 33–59). Hillsdale, NJ: Erlbaum.

Stifter, C., & Fox, N. (1987). Preschoolers' ability to identify and label emotions. *Journal of Nonverbal Behavior, 10*, 255–266.

Thomas, A., & Chess, S. (1977). *Temperament and development.* NY: Brunner/Mazel.

Waters, E., & Deane, K. (1985). Defining and assessing individual differences in attachment relationships: Q-methodology and the organization of behavior in infancy and early childhood. *Monographs of the Society for Research in Child Development, 50*, 209.

Zeman, J., & Garber, J. (1996). Display rules for anger, sadness, and pain: It depends on who in watching. *Child Development, 67*, 957–973.

제12장

사회성 발달

1. 영유아기 사회성 발달 연구의 목적

인간은 평생 혼자가 아닌 둘 이상이 원만한 상호관계를 맺으며 살아가야 하는 사회적 존재로서, 인간의 사회성 발달은 일생의 중요한 발달과업이라 할 수 있다. 특히 영유아 시기는 이러한 사회성 발달의 기초가 형성되는 시기로, 사회에 잘 적응하는 인간으로 성장하기 위해 영유아가 자신이 속한 사회에서 요구되는 지식이나 기술, 태도 등을 함양시킬 수 있는 중요한 시기다. 실제로 발달적 관점에서 사회성 발달을 살펴본 연구들에 의하면, 영유아기의 사회성 발달은 이후 시기 사회적응의 근간이 됨을 시사해 준다. 한 예로, 성인기 사회적응의 예측 변인을 살펴본 Hartup(1996)의 연구에서는 공격적인 유아나 또래관계가 원만하지 못한 유아 등이 성인기의 심각한 부적응의 위험요소를 가지고 있는 것으로 나타나, 공격성,

또래관계 등과 같은 사회성 발달이 개인의 사회적응에 중요한 요소임을
보여 주었다.

한편, 전 세계가 하나로 연결되는 글로벌 시대를 살아가야 하는 영유아
에게 있어 다른 사람과 서로 의견을 조정하고 협력하며 더불어 살아가는
사회적 능력을 키우는 것은 필수불가결한 선택이다. 더욱이 오늘날 우리
사회에는 대중매체에 의해 형성된 폭력이나 부정적 역할 모델, 불안정한
가정환경 등과 같이 영유아의 사회적 발달을 위협하는 요소들이 산재해
있다. 따라서 이러한 위협적인 요소들로부터 영유아를 보호하기 위해서
는 영유아의 바람직한 사회성 발달을 지원하는 것이 그 무엇보다 중요할
것이다. 이처럼 영유아 시기의 사회성 발달이 지닌 실제적 의의를 고려할
때 앞으로 영유아의 사회성 발달에 관한 연구는 그 중요성이 더욱 부각될
것으로 보인다.

영유아의 사회성 발달 연구의 접근방식은 크게 두 가지로 구분된다
(Hubbard & Coie, 1994). 하나는 기술중심 접근방식(skill-based approach)
으로 사회성 발달을 사회적 기능을 원활하게 하는 사회적 기술의 측면에
서 정의하는 방식이며, 다른 하나는 영유아가 성취하는 사회적 결과를 사
회성 발달의 기준으로 보는 준거중심 접근방식(criterion-based approach)
이다. 이에 따라 연구자마다 사회성 발달에 접근하는 방식은 다를 수 있
겠지만, 영유아기 사회성 발달 연구가 추구하는 목적은 다르지 않다. 먼
저, 이론적 측면에서 사회성 발달 연구의 목적은 영유아의 사회성 발달과
관련된 다양한 가설을 과학적으로 검증하고 이를 설명할 수 있는 이론을
정립하는 것에 있다. 예를 들어, 또래관계에서 '비슷한 또래끼리 끌린
다.' '전혀 다른 또래끼리 끌린다.' 는 두 가지 가설이 함께 존재할 때, 우
리는 과학적인 연구방법을 통해 실제 영유아의 또래관계에서 나타나는
특성을 검증할 수 있으며, 이에 대한 이론적 틀을 제시할 수 있다. 한편,
실제적 측면에서는 부모 및 교사에게 영유아의 사회성 발달에 대한 바른
이해와 올바른 사회성 발달을 지원할 수 있는 기초자료를 제공하고자 한

다. 이를 통해 영유아가 다른 사람과 더불어 생활하면서 타인을 배려하고 돕는 경험을 실천하게 함으로써 궁극적으로 이 사회가 바라는 건강한 민주시민을 양성하는 데 기여할 수 있을 것이다.

2. 영아기 사회성 발달 연구의 이론 및 실제

1) 영아기 사회성 발달 연구의 이론적 측면

(1) 자아발달

자아발달은 크게 자아개념, 자아존중감, 자기통제 발달의 세 가지 측면에서 살펴볼 수 있다. 자아개념은 '나'라는 존재가 무엇인지를 깨닫는 것으로 사회적 상호작용을 통해 발달하며 평생에 걸쳐 변화한다. Cooley(1902)는 개인이 사회적 상호작용으로 타인이라는 사회적 거울에 비친 자신의 모습을 통해 자기를 이해하게 됨을 강조하여 거울 속 자아(looking-glass self) 개념으로 제시하기도 했다. 자아개념의 발달은 영아기 자아인식으로부터 시작된다. 영아는 5~6개월경에 자기와 자기가 아닌 것을 변별할 수 있으며, 15~17개월경부터 자기를 인식하기 시작한다(Shaffer, 2000). 영아기 자아인식의 발달을 보여 준 대표적인 연구로 Lewis와 Brooks-Gunn(1979)의 연구를 들 수 있다. 이 연구에서 9~24개월 된 영아의 코 위에 빨간색 립스틱을 바른 다음 거울 앞에 앉히고 반응을 관찰한 결과, 15~17개월 된 영아의 소수와 18~24개월 된 영아의 대부분이 거울에 비친 코가 아니라 자신의 코를 만짐으로써, 보편적으로 18~24개월경에 자아를 인식할 수 있음을 보여 주었다. 영아는 자아를 인식하게 되면서 2세경부터 남들이 자기를 어떻게 분류하는지에 주목하여 연령, 성별, 체구와 같은 기본적인 사회적 범주로 자아개념을 형성하기 시작한다.

자아존중감은 자아에 대한 느낌으로 자아존재에 대한 긍정적 혹은 부정적 평가를 의미한다(Smith & Mackie, 2000). 영아의 자아존중감 발달은 2세경부터 나타나는 자조기술의 발달과 더불어 시작된다. 영아는 밥 먹기, 대소변 가리기, 옷 입기 등의 일상적 과업을 성공적으로 달성하면서 자신의 기본적인 능력에 대해 신뢰감을 갖는데, 이러한 신뢰감은 자아존중감 발달의 중요한 기초가 된다. 한편, 자기통제(self-control)란 목표를 달성하기 위해 자신의 행동을 스스로 조절하고 억제하는 능력으로 일찍부터 자기통제 발달의 기초가 형성된다. 영아는 생후 1년간 부모의 민감한 반응에 따라 자신의 긍정적 · 부정적 정서를 조절하는 시도를 하게 된다. 그리고 18~24개월경부터 부모의 외적인 통제에 따른 것이긴 하나 부모의 말에 순응하는 행동을 보인다. 이는 장차 자기통제 능력을 발달시키는 기본 토대가 되는 것으로 볼 수 있다.

(2) 친사회적 행동

친사회적 행동(prosocial behavior)이란 돕기, 나누기, 위로하기, 칭찬하기 등과 같이 다른 사람을 이롭게 하기 위해 자발적으로 수행하는 행동이다. 친사회적 행동은 외적인 보상이나 사회적 인정에 대한 기대를 가지고 수행할 수도 있다는 측면에서 순수하게 외적인 보상의 기대 없이 수행하는 행동을 의미하는 이타적 행동(altruistic behavior)과 구분하기도 하지만, 일반적으로 친사회적 행동이라는 용어가 포괄적으로 사용된다.

별도의 도덕적 · 종교적 훈련을 받지 않은 아주 어린 영아도 성인의 친사회적 행동과 유사한 행동을 한다. 즉, 12~18개월경의 영아는 다른 아기에게 장난감을 주거나 엄마가 청소할 때 도와주는 흉내를 낸다(Rheingold, 1982). 2세가 되면 동정심이나 공감을 표현하며 또래를 위로하는 행동을 보이기도 하는데, 이는 인지발달 수준에 따라 개인차를 보인다(Eisenberg & Fabes, 1998). 가령, 자아를 인식하는 영아는 다른 아기가 울 때 동정심을 나타내며 달래지만, 아직 자아를 인식하지 못하는 영아는 덩달아 울거나 우는 아기에게 공격적으로 행동한다. 2세 말경에는 친사회적 행동의 수행에 있어서 상호성의 유형도 나타나, 이전에 장난감을 주었던 또래에게는 이후에도 장난감을 나눠주지만, 그렇지 않았던 또래에게는 장난감을 주지 않고 혼자서 가지고 논다(Levitt, Weber, Clark, & McDonnell, 1985).

(3) 공격성

공격성은 일반적으로 다른 사람에게 위해나 상해를 가하기 위해 의도된 모든 신체적·언어적 행동 특성을 말한다. 인간은 생애 초기부터 생애 전반에 걸쳐 공격성을 나타내는데, 이에 대한 이론적 설명은 다양하다. 본능이론에서는 공격성을 선천적으로 타고난 것으로 욕구 충족과 생존을 위한 적응적인 기제로서 설명하며, 사회학습이론에서는 관찰학습과 강화를 통해 습득된 행동으로, 사회적 정보처리 이론에서는 상대방의 의도를 왜곡하여 해석하기 때문에 공격성이 발현되는 것으로 본다(Shaffer, 2000).

공격성은 적대적 공격성과 도구적 공격성으로 구분할 수 있다. 적대적 공격성은 다른 사람을 해치려는 의도를 가지고 하는 행동을 말하며, 도구적 공격성은 다른 사람을 해칠 의도 없이 자신이 원하는 것을 얻기 위해 하는 행동이다. 따라서 겉으로 보기에는 비슷한 공격행동도 상황에 따라 다르게 분류될 수 있다. 예를 들어, 형이 동생을 때리고 못살게 굴어서 울렸다면 이것은 적대적 공격이지만, 동생이 가지고 노는 장난감을 빼앗기 위해 때렸다면 도구적 공격으로 분류된다(최순영, 2005). 어린 영아의 공격성은 주로 장난감과 소유물로 인한 것이므로 도구적 성격을 지닌다. 가령, 장난감으로 인한 갈등 상황에서 1세경의 영아는 다른 영아가 갖고 노는 장난감을 억지로 뺏는 도구적 공격성을 보인다(Caplan, Vespo, Pedersen, & Hay, 1991). 2세 유아도 장난감을 두고 또래와 많은 갈등을 보이지만, 그들은 1세 영아에 비해 싸움보다는 협상이나 공유하는 것으로 갈등을 해결하는 전략을 많이 사용한다. 이와 같이 초기의 갈등은 영아로 하여금 협상이나 공유와 같은 방법을 사용하여 싸우지 않고도 목적을 달성할 수 있음을 배우게 하는 적응적인 측면이 있다(Perlman & Ross, 1997).

(4) 성역할 발달

성역할은 사회적으로 남성과 여성에게 적합한 것으로 규정한 전형적인 행동 유형으로, 이러한 성역할과 관련하여 각 성에 적합한 가치나 태도, 행동을 자신의 것으로 내면화시키는 것을 성유형화라고 한다. 즉, 인간은 성유형화를 통해 자신의 성에 적합한 성역할 개념을 습득하게 되는 것이다(Bem, 1989). 성역할 발달을 설명하는 제 이론 가운데 인지발달 이론(Kohlberg, 1966)에 의하면, 개인의 성역할 개념은 남녀를 구분하여 인식하는 능력인 성정체성, 남녀가 자라도 계속 같은 성을 유지할 것이라는 성안정성, 옷이나 머리 모양 및 행동이 달라지더라도 성은 결코 변화하지 않는다는 성항상성의 발달을 통해 획득된다. 이 가운데 성정체성은 아주 이른 시기부터 발달하기 시작한다(Ruble & Martin, 2007). 영아는 6개월경에 목소리의 높낮이로 남녀를 구분할 수 있고, 1세경에는 사진을 보고 남녀를 구분할 수 있으며, 목소리와 사진을 매치하기 시작한다. 2~3세경에는 '엄마, 아빠, 남자, 여자'와 같은 명칭을 정확하게 사용할 수 있으며, 2년 6개월경에 이르면 자신을 남아 또는 여아로 범주화하게 된다. 그러나 이때까지 개인의 성은 시간이 지나거나 외양 혹은 행동이 변해도 바뀌지 않는다는 것은 이해하지 못한다.

남녀를 범주화하는 능력이 발달하면서 영아의 성유형화가 나타나기 시작한다(Shaffer, 2000). 영아는 2.5~3세경에 이미 남아와 여아가 다른 종류의 놀이를 좋아한다는 것을 알며, 성고착화된 방식으로 놀이를 한다. 장난감을 선택할 때도 성유형화된 장난감을 더 선호해서, 18~24개월 된 영아는 다른 장난감이 없을 때도 이성의 장난감을 가지고 놀지 않으려 한다. 이러한 경향은 여아보다 남아에게 더 빨리 나타난다. 동성의 놀이친구를 선호하는 경향 또한 매우 일찍 나타난다. 여아는 2세경부터 보육 및 교육 기관에서 남아보다 여아와 놀기를 더 좋아하며, 남아들은 3세경부터 놀이친구로 여아가 아닌 남아를 선택한다.

2) 영아기 사회성 발달 연구의 실제

(1) 관찰연구

사회성 발달 연구에서는 사회적 행동이 일상적 상황의 다양한 맥락 속에서 이루어짐을 고려하여 자연관찰법을 선호한다. 특히 영아의 경우, 아직 자신이 수행한 사회적 행동에 대해 언어적으로 표현하는 기술이 많이 미숙하기 때문에 특정의 사회적 행동이 빈번하게 일어날 것이라고 예측되는 시간을 선정하여 그 시간에 수행되는 영아의 행동을 직접 관찰·기록하는 방법을 많이 활용한다.

① 친사회적 행동

친사회적 행동은 인간발달의 긍정적인 측면에 대한 학문적 호기심뿐만 아니라 친사회적 행동의 실천을 통한 바람직한 인간관계 및 사회성 형성이라는 사회적 의의에서 연구의 필요성이 부각되어 왔다. 친사회적 행동은 행동 수행의 동기가 어디에 있느냐에 따라 이타적 행동과 구분될 수 있지만 그동안 영유아를 대상으로 한 연구들에서는 이를 구분하지 않고 타인을 이롭게 하는 행동의 결과적인 측면에 초점을 맞추어 연구하는 것이 보편적이었다. 결과적으로 그동안의 연구에서는 친사회적 행동의 수행에 있어서 정작 중요한 '어떤 의도에서 친사회적 행동을 수행했는지'는 간과되어 온 측면이 있다. 이러한 측면에서 영아기 친사회적 동기의 발달적 변화를 살펴본 Persson 연구(2005)의 의의는 매우 크다.

친사회적 행동의 동기는 자기보고 또는 행동 의도에 대한 관찰자의 추론으로 측정이 가능한데, 이 연구(Persson, 2005)에서는 아직 자신이 수행한 행동의 동기를 언어로 표현하는 데 미숙한 영아의 발달 특성을 고려하여 후자의 방법으로 연구하였다. 즉, 관찰자가 실내외 자유놀이 시간의 또래 간 상호작용을 관찰하되, 영아의 행동이나 반응뿐만 아니라 관찰 시간 동안 이루어지는 모든 사태의 경과를 상세히 기술함으로써 영아가 수

행한 친사회적 행동의 동기를 추론하는 것이다. 또한 이 연구에서는 친
사회적 행동의 동기가 발달적으로 어떻게 변화하는지를 알아보기 위해
22~40개월경에 20분씩 6회에 걸쳐 1차 관찰(2개월 동안 이루어짐)을,
1차 관찰을 한 시기에서 1, 2년 후에 각각 2차와 3차 관찰을 동일하게 실
시하였다. 이를 통해 상세히 기술된 관찰 내용은 〈표 12-1〉과 같은 코딩
체계에 의해 분석되었다. 연구 결과, 연령이 증가함에 따라 모든 유형의
친사회적 행동이 증가하며 여아가 남아보다 이타적 행동을 더 많이 수행
하는 것으로 나타났다.

표 12-1 행동 의도에 따른 친사회적 행동의 유형

친사회적 행동의 범주		내용	사례
요청받은 행동		또래의 요청에 의해 수행한 행동	A는 B가 크레용을 원하자 건네줌
비이타적 행동	각본 행동 (scripted acting)	가상놀이와 같이 특정 맥락에서 주어진 역할이나 규칙에 따라 수행한 행동	가상놀이에서 의사가 된 A가 환자인 B를 응급처치해 줌
	자기중심적 행동 (egocentric acting)	자신의 이익을 위해 수행한 행동	A는 B가 가지고 있는 장난감을 얻기 위해 B에게 장난감을 줌
이타적 행동	탈중심적 행동 (nonegocentric acting)	자신의 사적 이익이 개입되지 않은 행동	A가 B에게 다가가서 인형을 건네줌(A가 어떤 기대를 가지고 했다는 단서를 전혀 찾지 못함)
	또래 고통으로 유발된 행동 (acting prompted by a peer's distress)	또래의 고통을 위로해 주기 위해 수행한 행동	A는 B가 자전거에서 떨어져 울기 시작하자 다가가서 머리를 쓰다듬으며 위로해 줌
	또래의 필요와 기대에 따른 행동 (acting prompted by a peer's need or wish)	또래가 도움을 필요로 할 때 수행한 행동	A는 넘어질 뻔한 B를 도와줌

출처: Persson, 2005.

② 공격성

세계적으로 여성의 경제활동 참여가 증가함에 따라 보육을 경험하는 아동이 급증하면서, 이른 시기부터 보육을 경험하는 것이 영유아의 행동 발달에 어떠한 영향을 미치는지에 많은 관심이 모아지게 되었다. 공격성 발달과 관련해서도 많은 연구자는 보육 경험이 영유아의 공격성에 어떤 영향을 미칠 것인지에 관심을 가졌다. 그중 Prodromidis, Lamb, Sternberg, Hwang과 Broberg(1995)는 횡단적인 연구가 가지는 한계를 지적하며, 보육 경험이 영유아의 공격성 발달에 미치는 영향에 대해 종단 적인 관찰연구를 실시하였다. 이 연구에서는 보육시설 대기자로 등록되어 있는 11～24개월경의 남아 70명과 여아 70명을 관찰대상으로 선정한 후, 선정 시점으로부터 각각 1년 후(M＝28개월), 2년 후(M＝40개월), 5년 후(M＝80개월)에 1, 2, 3차 관찰을 실시하였다. 이때 가정환경과 보육환경에서 이루어지는 또래 간 상호작용을 함께 관찰했다. 연구 결과, 보육 경험은 영유아의 공격성 수준과 관련이 없는 것으로 나타났다. 반면, 성

표 12-2 관찰 시기별로 가정 및 기관에서 관찰된 공격성의 범주

관찰 시기	가정환경	보육환경
1차 관찰	1. 외면하기 2. 장난감 뺏기 3. 던지기 4. 방어적 싸움 5. 공격적 싸움 6. 차기	1. 제안 수용하기 2. 제안 거절하기 3. 장난감 빼앗기 4. 던지기 5. 공격적 싸움 6. 차기
2, 3차 관찰	1. 부정적 발성 2. 긍정적 발성 3. 장난감 뺏기 4. 던지기 5. 방어적 싸움 6. 공격적 싸움 7. 반사회적 행동 8. 친사회적 행동	1. 부정적 발성 2. 긍정적 발성 3. 장난감 뺏기 4. 던지기 5. 공격적 싸움 6. 반사회적 행동 7. 친사회적 행동

출처: Prodromidis et al., 1995.

별에 따른 차이는 유의한 것으로 나타나 여아보다 남아의 공격성 수준이
더 높았다.

(2) 실험연구

일반적으로 사회적 행동은 자연상황에서의 다양한 맥락이 타인과의 관
계 속에서 복합적으로 작용한 결과로 나타난다. 따라서 연구자의 의도적
인 조작에 의한 실험연구를 통해 관찰된 사회적 행동은 일상생활 속에서
안정적이고 지속적으로 관찰되기 어렵다는 판단에 따라 사회성 발달 연
구에서는 실험연구가 흔하지 않다. 반면, 영아의 자아인식에 관한 연구와
같이 대인관계나 자연상황에서의 맥락을 고려할 필요 없이 순수하게 영
아 개인의 능력만을 살펴보는 경우에는 연구자에 의해 의도적이고 체계
적으로 조작된 실험장치에 의한 실험연구가 보편적이다.

영아의 자아인식 능력을 측정하는 연구에서 보편적으로 활용되는 실험
방법은 시각적 자아인식 실험이다. 이 실험에는 자기나 타인의 사진을 이
용하는 방법, 자기나 타인의 비디오테이프를 이용하는 방법 그리고 자기
자신의 얼굴을 거울에 비추는 방법 등이 있다. 이 중 Lewis와 Brooks-
Gunn(1979)이 개발한 루즈 과제(rouge task)와 같이 거울을 통해 자기 얼
굴의 달라진 점을 인식하는 과제(mark test of mirror self-recognition)가
가장 널리 활용된다. 그러나 최근 신체 부위 중 얼굴에만 초점을 맞춰 실
험하는 방법의 적절성에 대해 의문을 제기하는 학자들이 적지 않다. 이들
에 따르면 영아가 6개월경에 이미 자신의 얼굴과 또래의 얼굴을 구분할 수
있음에도 18개월 이후에야 과제수행에 성공하는 것은 그동안의 과제가 자아
인식 능력을 측정했다기보다 얼굴이 어떤 모습인지 인식할 수 있는 능력을
측정했기 때문이라는 것이다. 이에 Nielsen, Suddendorf와 Slaughter(2006)
는 얼굴과 얼굴 이외의 다른 신체 부위에 동일한 실험을 실시했을 때의 결
과를 비교하는 실험연구를 통해 그러한 주장을 검증하고자 하였다. 이를
위해 Nielsen 등은 18~24개월경의 영아를 대상으로 〈표 12-3〉에서와 같

이 다리인식실험 및 얼굴인식실험(제1연구)을 실시하였다. [그림 12-1]은 다리인식실험의 실험장치를 그림으로 나타낸 것이다. 그리고 이들은 추가로 제2연구에서 영아들이 자신의 모습을 미리 인식하지 못했을 때의 과제 수행 정도를 살펴보았다. 실험 결과, 제1연구인 얼굴인식실험과 다리인식실험에서 영아의 성공 비율에 의미 있는 차이가 없는 것으로 나타났다. 반면, 제2연구에서는 자신의 모습을 미리 인식하지 못했을 때 과제수행 성공 비율이 현저히 떨어지는 것으로 나타나 얼굴을 거울에 비추는 연구방법은 자아인식 능력을 측정했다고 보기 어렵다는 주장을 지지했다.

표 12-3 Nielsen 등(2006)의 연구에서 제시된 실험과제

구분	실험 순서	실험 과제	방법	비고
제1연구	1	다리 인식 실험	영아가 인식하지 못하게 발에 스티커를 붙인 후, 아이의 움직임을 비디오로 녹화함	30초간 가로 방향의 거울로 스티커가 붙은 발을 볼 수 있음
	2	얼굴 인식 실험	얼굴에 스티커(다리인식실험과 다른 모양의 스티커 사용)를 붙인 후 아이의 움직임을 비디오로 녹화함	30초간 세로 방향의 거울로 스티커가 붙은 얼굴을 볼 수 있음

출처: Nielsen, Suddendorf, & Slaughter, 2006.

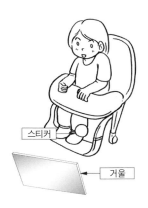

[그림 12-1] 제1연구에서 사용된 실험장치

출처: Nielsen, Suddendorf, & Slaughter, 2006.

(3) 조사연구

영아의 사회성 발달에 대한 조사연구는 관찰연구에 대한 보완장치로, 관찰 결과의 신뢰도를 높이기 위해 이용된다. 앞서 영아의 공격성 발달을 살펴본 Prodromidis 등(1995)의 연구에서는 가정 및 기관에서 이루어진 공격성 관찰 결과의 신뢰도를 높이기 위해 부모 및 교사의 보고를 함께 조사하였다.

(4) 심리검사

① 한국형 덴버 발달 검사 II(Korean Denver Development Screening Test II)

한국형 덴버 발달 검사 II는 개인-사회성발달, 미세운동-적응발달, 언어발달, 운동발달의 네 개 영역으로 구성되어 있다(8장 참조). 이 중 총 22문항으로 구성되어 있는 개인-사회성 발달 영역에서는 일상생활을 위한 개인적 요구를 스스로 해결할 수 있는 자조능력이 있는가와 다른 사람들과 상호작용하며 함께 지낼 수 있는가에 대한 내용을 측정한다. 이 검사는 이미 평소에 관찰된 적이 있거나 검사 당시 영유아에게 직접 해 보도록 요구함으로써 각 문항별로 통과 여부를 결정하게 된다.

② 한국형 영유아발달 검사

한국형 영유아발달 검사는 한국 영유아의 발달 상태를 평가하기 위해 대한소아과학회(2002)에서 개발한 검사로서, 개인-사회성 발달, 언어발달, 인지-적응발달, 미세운동발달, 조대운동발달의 다섯 개 영역으로 구성되어 있다. 각 영역별로 28문항씩 총 140문항으로 이루어져 있다. 0세부터 5세까지의 영유아를 대상으로, 생후 12개월까지는 1개월 간격, 13~24개월은 2개월 간격, 25~36개월은 3개월 간격, 37개월 이후로는 4개월 간격으로 검사한다.

③ 바텔 발달 검사 II(Battelle Developmental Inventory II)

2004년 Newborg에 의해 개정된 바텔 발달 검사 II는 개인사회적 발달, 적응발달, 운동발달, 의사소통발달, 인지발달의 다섯 개 영역에 걸친 발달평가를 통해 0세부터 8세까지 영유아의 성장발달 정도를 검사한다. 이 검사는 소프트웨어 프로그램을 통해 검사 결과에 대한 자동 점수 계산이 가능하다는 편리함이 있으며, 총 검사 시간은 1~2시간 정도 소요된다. 이 중 영유아의 사회성 발달은 개인사회적 발달 및 적응발달 영역의 문항을 통해 측정할 수 있으며, 개인사회적 발달 영역은 성인과의 상호작용, 자아개념 및 자

[그림 12-2]
바텔 발달 검사 II가
가능한 웹사이트
출처: http://www.riverpub.
com/products/bdi2

아성장, 또래 상호작용의 하위범주로, 적응발달 영역은 책임감, 자조능력의 하위 범주로 구성된다.

3. 유아기 사회성 발달 연구의 이론 및 실제

1) 유아기 사회성 발달 연구의 이론적 측면

(1) 자아발달

언어가 급격하게 발달하기 시작하는 3세경부터 유아는 자신의 특성을 언어로 표현하게 된다. 그러나 3~5세 유아는 대부분 '나는 눈이 커요.' '나는 예쁜 인형이 있어요.' '나는 아이스크림을 좋아해요.' 등과 같이 신체적 특징이나 소유물, 기호 등의 외형적 특성에 대해 언급할 뿐, '난 행복해.' '난 사람들을 좋아해요.' '난 호기심이 많아요.' 와 같은 심리적 속성에 관한 진술은 하기 어렵다. 그렇다고 심리적 자아에 대한 인식이

없다고 보기는 힘들다. 왜냐하면 이 시기의 유아도 자신에게 타인이 볼 수 없는 사적인 사고 영역이 존재한다는 것을 알기 때문이다. 이러한 현상은 자아개념이 외현적인 신체적 자아로부터 심리적 자아로 발달해 가는 과정임을 보여 준다(Eder, 1990).

유아기의 자아존중감 발달은 상당 부분 자신의 행동에 대한 타인의 지각 및 반응에 큰 영향을 받으며, 연령에 따라 자아존중감을 결정하는 요소에 차이를 보인다. 아동용 자기지각검사를 통해 사회적 수용, 과업/학업 능력, 신체/운동 능력, 행동 수행의 네 가지 영역에서 자아존중감을 측정한 Harter(1990)의 연구에 의하면, 4~7세 유아는 자기평가 시 사회적 수용(타인이 자신을 얼마나 좋아하는가)과 과제능력(자신이 얼마나 과제수행을 잘하는가)을 중요시한다. 이 시기 자신에 대한 평가는 흔히 지나치게 긍정적이고 비현실적인데, 이는 실제 능력에 대한 믿음보다는 그렇게 되고 싶다는 희망을 반영한 것일 수 있다. 그러나 8세경이 되면 신체능력, 학업능력, 사회적 수용의 세 가지 영역에서 자신을 평가할 뿐 아니라, 타인의 평가를 더욱 정확하게 반영하게 된다. 한편, 부모의 양육방식과 또래는 유아의 자아존중감 발달에 영향을 미치는 중요한 사회적 요인이다. 특히 5~6세경부터 자신과 또래를 비교하는 사회적 비교(social comparison) (예: "내가 너보다 더 빨라.")를 통해 자신을 평가하기 시작하면서, 연령이 높아질수록 또래의 영향력은 더욱 증가한다(Pomerantz, Ruble, Frey, & Grenlich, 1995).

유아기 자기통제의 발달은 정서억제 능력과 유혹저항 능력을 통해 살펴볼 수 있다. 감정과 정서의 강도를 통제하는 정서억제 능력은 4세경부터 발달하기 시작한다. 그리고 바람직한 과업 수행을 위해 일시적 즐거움을 주는 대상의 유혹을 뿌리칠 수 있는 유혹저항 능력은 3~4세경부터 발달하기 시작하여, 5~6세경에는 나름의 전략을 사용하여 자신의 욕구를 억제할 수 있게 된다.

(2) 친사회적 행동

친사회적 행동은 연령에 따라 다른 양상으로 나타난다. 3세 유아는 가장놀이를 하는 동안에 친사회적으로 행동하기를 즐기지만, 4~6세 유아는 일상생활 속에서 좀 더 실제적인 도움을 제공한다. 대체로 유아의 연령이 높아질수록 나누기, 돕기, 협동하기, 격려하기, 공감해 주기, 보호 및 방어해 주기 등 보다 폭넓고 다양한 형태의 친사회적 행동이 나타난다. 이와 같이 친사회적 행동이 연령에 따라 증가하는 것에 대해 사회학습이론에서는 연령이 높아질수록 이타적인 모델을 관찰하고 친사회적 행동에 대해 보상이나 벌과 같은 강화를 받을 기회가 많기 때문이라고 설명한다. 반면, 인지발달론의 관점에서는 연령이 높아질수록 친사회적 행동에 필요한 미묘한 단서를 포착하는 것이 용이해지기 때문으로 본다. 그리고 이 이론에서는 다른 사람의 입장을 이해하고 그의 관점을 추론하는 역할조망과 다른 사람의 정서상황에 대해 공감적 이해와 반응을 하는 감정이입을 친사회적 행동을 촉발시키는 중요한 요소로 강조한다. 그러나 일반적으로 유아는 자기중심적인 성향으로 역할조망 능력과 감정이입 능력이 떨어지기 때문에 유아기 동안 타인의 이익을 위해 자발적으로 자기희생적인 행동을 하는 경우는 드물다.

한편, 남아에 비해 여아가 남을 더 잘 돕고 관대하며 동정심도 더 많다고 가정되지만, 뚜렷한 성차를 뒷받침할 만한 연구 결과는 거의 없는 것으로 보고되고 있다(Eisenberg & Fabes, 1998).

(3) 공격성

공격성의 형태는 연령에 따라 다른 양상을 보인다. 영아기에 비해 인지발달 수준이 높아진 유아기에는 상대방의 공격적인 행위에 대해 부정적인 동기를 인지하게 되면서 도구적 공격성이 줄어들고 사람을 향하는 적대적 공격성의 빈도가 증가하게 된다. 그래서 이 시기 유아는 사소한 불일치나 오해가 발생했을 때 모욕, 괴롭힘, 거부 등을 통한 적대적 공격성을 표현하는 경우가 많다. 또한 4세까지는 신체적 공격성이 가장 많이 나타나는 반면, 4세 이후에는 언어적 공격성의 빈도가 높게 나타난다. 즉, 언어기술의 발달로 때리기, 차기와 같은 신체적인 싸움은 줄어들지만 비난, 조롱, 고자질, 별명 부르기 등으로 상대에게 상처를 주는 언어적 공격은 증가한다. 한편, 5세가 되면 공격적 상호작용의 빈도가 현저히 감소한다. 이는 두 가지 측면에서 설명이 가능하다. 하나는 부모나 교사가 취학 전 유아의 반사회적 행동을 거부하고 협동이나 공유 같은 대안적인 친사회적 반응을 장려하여 구조화된 학교 환경에 준비시키기 때문으로 볼 수 있다. 그리고 다른 하나는 경험을 통해 목적을 성취하는 데 타협이 상대적으로 고통이 적고 효율적인 방법임을 숙지했기 때문으로 볼 수 있다. 공격성을 유발하는 주요 원인 또한 연령에 따라 다르다. 3세까지는 부모가 권위를 내세워 혼을 내거나 자신을 화나게 했을 때 가장 공격적이 되지만, 그 이후에는 형제자매나 또래들과 갈등이 있을 때 훨씬 더 공격적이 된다.

일반적으로 공격성은 안정적인 성향을 갖는 것으로 보고된다(Guerra, Huesmann, & Spindler, 2003). 즉, 걸음마기에 공격적이었던 영아는 5세 때도 상대적으로 높은 공격성을 보이며, 영유아기의 공격적인 행동은 이후 시기에 나타나는 다양한 공격성의 형태와 관계가 있다. 공격성은 남녀 모두에게 꽤 안정적인 성향으로 나타나지만 대체로 남아가 여아보다 더 공격적이다. 그러나 연구자에 따라서는 그동안 공격성 관련 연구들이 여아에게 잘 나타나는 관계적 공격성을 고려하지 못하고 명백하게 드러나는 외현적 공격성에 초점을 맞추어 왔기 때문에, 남아의 공격성이 더 부각된 것이라고 주장하기도 한다(Crick, Bigbee, & Howes, 1997). 여기서 외현적 공격성이란 상대방에게 직접 신체적 또는 언어적 공격을 행하는 직접적인 형태의 공격성이며, 관계적 공격성이란 무시하기, 따돌리기, 소문 퍼뜨리기 등과 같이 집단의 힘이나 압력을 이용하여 개인의 감정 또는 관계를 손상시키고 위협함으로써 남에게 해를 주는 간접적인 형태의 공격성을 말한다.

(4) 성역할 발달

유아기에 이르면 시간이 지나거나 외양이 달라져도 개인의 성은 변하지 않는다는 것을 인지한다. 3세 이후 성안정성을 획득한 유아들은 남자아이는 자라서 남자가 되고, 여자아이는 자라서 여자가 된다는 것을 알게 되며, 물리적 보존개념을 형성한 5~7세경의 유아들은 성항상성을 획득해서 외양이나 행동이 달라져도 성은 결코 변하지 않는다는 것을 알게 된다. 이러한 성안정성과 성항상성의 발달을 통해 성역할 개념을 획득한 유아들은 부모나 형제, 또래, 대중매체 등을 통해 성별에 따른 전형적인 행동의 차이를 인식하게 되고 그에 따라 행동하게 된다(Shaffer, 2000). 특히 3~7세 유아들의 성역할 기준은 매우 엄격해서 자신이나 다른 아이들 모두 그것을 반드시 따라야 한다고 생각하는 경향이 있다. 일반적으로 남아에 비해 여아는 동성의 또래가 통념적인 성역할 기준을 위반하는 데 다소 허용적이나, 이성인 남아의 위반에 대해서는 엄격한 태도를 보인다.

성유형화가 가속화되면서 유아기 놀이친구에 대한 성별선호도가 매우 확고하게 나타난다. 4~5세 유아들은 이성의 놀이친구를 적극적으로 거부하며(Ramsey, 1995), 6.5세에는 동성과의 놀이 시간이 이성과 비교하여 10배가 넘는다(Maccoby, 1988). 이러한 놀이 상황에서의 성분리는 성유형화가 가속화되면서, 이성을 외부집단으로 보고 많은 부정적 특질과 연결시키기 때문으로 볼 수 있다. 장난감 선택에 있어서도 뚜렷한 성별선호도를 보이는데, 이는 남아에게 더 강하게 나타난다.

(5) 또래관계

유아가 성장함에 따라 사회화 과정에서 또래집단이 차지하는 비중이 높아진다. 5세만 되어도 또래집단의 규범을 잘 지키지 않는 친구들을 덜 좋아할 정도로 또래집단은 유아에게 상당히 중요한 의미를 가지게 된다(Nesdale & Lambert, 2007). 대체로 종속적인 입장에서 상호작용을 하는 부모와의 관계와 달리 또래관계에서는 동일한 위치에서 또래집단의 규칙을 준수하고 협력하며 타협하는 것이 필요하다. 따라서 유아는 또래와의 상호작용 경험을 통해 점차 자기중심적인 사고나 행동이 줄어들게 되고 사회구성원으로서 필요한 기술이나 규범을 배워가게 된다(정옥분, 2004).

　Gottman(1983)의 또래관계 발달 이론에 따르면, 유아기는 친구관계 발달이 이루어지는 첫 번째 단계로 4~7세경의 유아는 주로 놀이를 통해 또래 간 상호작용을 하며 협력적인 가상놀이를 함께하면서 친구와의 긍정적인 관계를 발달시키게 된다. 특히 이 시기에 활발하게 이루어지는 가상놀이는 다음의 세 가지 측면에서 발달적으로 매우 중요한 기능을 가진다(최순영, 2005). 첫째, 또래아동과 의미를 공유하는 방식을 익히도록 도와주고, 둘째, 합의된 역할과 규칙에 따라 놀이를 하는 동안 협상하는 기술을 발달시키며, 마지막으로 놀이 과정 중에 자연스럽게 자기 감정을 드러

표 12-4 연령에 따른 놀이 유형의 변화

놀이 유형	연령	특징
병행놀이 (parallel play)	6~ 12개월	함께 유사한 놀이를 하지만 서로에게 주의를 기울이지 않는다.
병행인식놀이 (parallel aware play)	1세	병행놀이를 하는 동안 가끔 서로 쳐다보고 상대방이 무엇을 하는지 살펴본다.
단순가상놀이 (simple pretend play)	1~ 1.5세	말하고 웃고 장난감을 공유하는 등 상호작용을 하면서 유사한 활동을 함께한다.
상호보완적 놀이 (complementary and reciprocal play)	1.5~ 2세	술래놀이나 까꿍놀이와 같은 사회적 게임을 하면서 행동적인 역할 바꾸기를 할 수 있다.
협력사회적 가상놀이 (cooperative social pretend play)	2.5~ 3세	엄마놀이나 병원놀이에서 상보적 가상놀이를 할 수는 있지만 맡을 역할의 의미나 어떤 식으로 놀지에 대해 계획하거나 상의하지는 못한다.
복합사회적 가상놀이 (사회극놀이) (complex social pretend play)	3~ 5세	각자가 맡을 역할을 정하고 어떤 식으로 놀지에 대해 능동적으로 계획하며, 놀이 과정 중에 놀이의 진행방법을 수정하기도 한다.

출처: Howes & Matheson, 1992.

내고 또래친구의 정서를 이해하며 사회적 지지를 주고받을 기회가 많기 때문에 친밀한 유대감을 발달시킨다. 연령에 따른 유아기 놀이 유형의 변화를 제시하면 〈표 12-4〉와 같다.

한편, 또래집단과의 친밀하고 지속적인 애정적 유대를 우정이라고 하는데, 우정의 개념은 연령에 따라 달라진다(Hartup, 1996). 8세 이전에는 자신을 좋아하고 놀이나 게임 등 공동활동을 할 수 있는 또래를 친구라고 생각하지만, 사회적 조망수용 능력이 발달하게 되면서 8세 이후에는 타인의 기분이나 욕구에 대한 민감성, 의리, 친절과 같은 특성을 지닌 사람을 친구라고 여기며 우정은 서로 주고받는 것이라고 생각하게 된다. 또한, 이러한 우정의 의미는 남아와 여아에게 다르게 나타난다. 여아는 서로 감정을 공유하면서 친밀감을 형성하는 반면, 남아는 운동경기와 같은 활동을 함께함으로써 친밀감을 형성하며 우정을 쌓게 된다.

2) 유아기 사회성 발달 연구의 실제

(1) 관찰연구

① 친사회적 행동

유아를 대상으로 한 친사회적 행동 연구에서도 자연관찰법은 많이 활용된다. 일반적으로 자연상황에서 유아의 일상적인 행동을 관찰하면서 주어진 시간 안에 나눠주기나 도와주기와 같은 친사회적 행동의 수행 빈도를 측정하여 연구한다. 자연관찰법을 통해 3, 4, 5세 유아의 친사회적 행동을 살펴본 조은진(1997)은 실내 자유놀이 시간에 무작위로 선정된 관찰대상 유아를 2분씩 30회로 총 60분간 관찰하되, 미리 계획된 행동 범주에 따라 기록하였다. 그리고 유아 개인별로 네 가지 행동 유형, 즉 돕기, 나눠주기, 돌보기, 협력하기의 빈도 점수를 각각 산출한 후, 총 합산하여 친사회적 행동의 총점을 계산했다. 연구 결과, 연령이 높아짐에 따라 모

든 유형의 친사회적 행동이 증가하는 것으로 나타났으며, 나눠주기 행동
의 경우 남아보다 여아에게 더 많이 나타나는 것으로 보고되었다.

한편, 제한된 실험상황에서의 친사회적 행동 관찰은 자연관찰법에 비
해 시간을 절약할 수 있는 장점이 있다. 일반적으로 친사회적 행동을 측
정하는 실험연구에서는 친사회적이거나 이기적인 반응이 일어날 수 있는
상황을 설정하여 그 반응을 본다. 예를 들어, 유아가 게임에서 이기거나
어떤 질문에 답할 경우 상으로 사탕 10개를 준 후, 이 사탕을 받지 못한
다른 친구에게 나누어 줄 수 있다고 설명하면서 나누어 줄 사탕만큼 상자
에 집어넣게 한다. 그리고 그 사탕 수를 점수화해서 친사회적 행동을 측
정한다. 그러나 이와 같이 일시적이고 제한적인 실험상황에서 보이는 친
사회적 행동이 일상생활에서도 안정적이고 지속적일지에 대한 의문이 제
기될 수 있다. 실제로 학령전 아동을 대상으로 한 Iannotti(1985)의 연구
에서는 실험상황에서 도와주기나 나누기, 협동하기를 관찰한 것과 자연
상황에서 관찰한 것은 의미 있는 관련성이 없는 것으로 나타났다. 이러한
이유로 과거에는 대부분 제한적으로 설정된 실험상황에서 유아들의 친사
회적 행동이 측정되었으나, 최근에는 유아들의 일상생활에서 자연스럽게
발생하는 친사회적 행동의 관찰이 강조되고 있다.

② 공격성

초기 비교문화 관찰연구(Whiting & Edwards, 1973)를 통해 여아보다 남
아에게 공격성이 더 많이 나타나는 것으로 보고된 이래, 많은 연구자가
성별 및 연령에 따른 공격성의 차이에 큰 관심을 보였다. 최근 Munroe,
Hulefeld, Rodgers, Tomeo와 Yamazaki(2000)는 문화가 서로 다른 네
곳(벨리즈, 케냐, 네팔, 아메리칸 사모아)에서 3~9세 유아 및 아동의 공격
성을 비교 관찰하는 연구를 실시하였다. 관찰대상은 각 나라별로 3, 5, 7,
9세 유아 및 아동 48명씩(각 연령별로 남아 6명, 여아 6명) 총 192명이었으
며, 관찰 결과의 신뢰도를 평가하기 위해 2명의 관찰자(모국어 사용자)가

동시에 관찰을 실시하였다. 이 연구에서는 2명의 관찰자가 미리 정해진 스케줄에 따라 자연상황에서 상대가 적어도 2명 이상일 때에 한해 유아의 사회적 상호작용을 관찰했으며, 관찰 장소와 상호작용 대상, 행동양상은 물론 상호작용이 이루어지는 상황 전반을 상세히 기록하였다. 한 유아당 총 35번에 걸쳐 이루어진 관찰 기록을 분석한 결과, 모든 문화권에서 연령이 증가함에 따라 공격성이 감소하는 것으로 나타났으며, 남아의 공격성이 여아보다 더 자주 관찰되었다. 한편, 부계 중심 문화(케냐와 네팔)일 때 공격성 빈도가 더 높은 것으로 나타났다.

③ 성역할 발달

남성성과 여성성, 남성적인 역할과 여성적인 역할의 발달은 사회문화적인 영향 때문이라는 주장이 학계에 설득력 있게 받아들여진 것은 Mead(1935)의 관찰연구에 따른 것이었다. 뉴기니 섬의 세 종족을 대상으로 관찰한 이 연구에 의하면, 세 종족 중 한 종족은 많은 문화권에서 여성적인 것으로 규정된 행동특성, 즉 남녀 모두에게 순종적이고 협동적이고 단호하지 못한 행동을 나타낸 반면, 한 종족은 남녀 모두에게 남성적인 것으로 규정된 행동특성을 보였으며, 나머지 한 종족은 남녀가 전통적인 성역할과 반대되는 행동특성을 보이는 것으로 나타났다. 이와 같이 성역할 발달이 유아기부터 사회문화적으로 학습된 것임을 보여 주는 좋은 사례는 4~9세 유아를 대상으로 한 Bradbard, Martin, Endsley와 Halverson(1986)의 연구다. Bradbard 등은 4~9세 유아에게 도난경보기, 피자 커터와 같은 성중립적인 장난감이 들어 있는 상자를 제시하면서 각각의 장난감에 대해 임의로 "이것은 남자아이가 가지고 노는 장난감이야." "이것은 여자아이가 가지고 노는 장난감이야."라고 알려 준 후 가지고 놀도록 했다. 관찰 결과, 유아들은 자신의 성과 일치하는 장난감을 더 많이 탐색하는 것으로 나타났다.

(2) 실험연구

① 친사회적 행동

사람은 대체로 타인이 고통받는 것을 볼 때 감정이입을 하여 도와야 한다는 책임감을 느끼면서 타인을 도와주는 친사회적 행동을 수행하게 된다. 어린 유아도 고통받는 사람이 눈앞에 존재한다면 감정이입이 가능하지만, 감정이입과 동시에 친사회적 행동을 수행하는 데는 어려움이 있다. 이에 Denham, Mason과 Couchoud(1995)는 타인의 정서에 대한 유아의 친사회적 반응을 유발하기 위해 타인의 정서에 대한 더 많은 정보를 유아에게 제공할 필요가 있다고 보고, 이러한 가설을 검증하기 위해 실험연구를 실시하였다. 이 연구에서는 타인의 부정적 정서에 대한 유아의 친사회적 반응을 유발하기 위해 55명의 유아에게 〈표 12-5〉와 같이 실험과제를

표 12-5 타인의 부정적 정서에 대한 유아의 친사회적 반응 유발을 위한 실험과제

정서 유형	정서유발 실험상황(A)			정보제공 유형에 따른 친사회적 반응(B)	
	구분	내용	제시 순서		
슬픔	1	실험자가 유아와 블록을 가지고 놀이를 함. 유아에게 훨씬 더 많은 블록을 주자 슬퍼짐	1	동시적 반응	실험자의 정서표출과 동시에 나타난 반응
	2	슬픈 내용의 그림책을 보면서 슬퍼짐	5		
분노	1	블록쌓기 놀이 중 구조물 만들기가 잘 안 되자 화가 남	2	설명된 반응	실험자의 정서에 대해 설명한 후 나타난 반응
	2	크레용을 꺼내서 그림을 그리다가 크레용을 떨어뜨려 화가 남	4		
고통	1	크레용을 꺼내다가 발가락을 다침	3	도움 요청된 반응	실험자의 정서에 대한 설명과 함께 도움을 요청한 후 나타난 반응
	2	유아에게 배지를 달아 주려고 하다가 핀에 찔림	6		

출처: Denham, Mason, & Couchoud, 1995.

제시하였다. 즉, 정서유발을 위해 조작된 모든 실험상황(A)에 대해 정보제공 유형에 따라 세 가지의 친사회적 반응(B)을 측정함으로써, 유아 1명당 총 18번의 친사회적 반응이 측정되었다. 이때 훈련받은 실험자는 유아와 함께 놀이를 하면서 각각의 정서유발 실험상황을 각본에 따라 표정과 함께 연출하며, 20초 간격으로 정보제공 유형을 달리하여 친사회적 반응을 측정하였다. 실험 결과, 유아의 친사회적 행동은 성인의 비계 제시(타인의 정서에 대한 정보 제공)가 있을 때 더 증가하는 것으로 나타났다. 그리고 슬픔이나 고통의 정서보다 분노 정서에 친사회적 반응을 더 많이 보이는 것으로 나타났다.

② 공격성

공격성 관련 변인을 탐색하는 연구들은 다양한 이론적 관점을 취하고 있지만, 특히 사회학습이론적 관점에서 부모의 모델링이나 대중매체에 의한 관찰학습의 효과를 보고하는 연구가 많다. 예를 들어, 자녀는 폭력적인 부모의 행동이나 텔레비전·영화에서의 폭력행동을 모방함으로써 공격적 행동을 학습할 가능성이 높은 것으로 본다. 이러한 가설에 대한 검증은 초기 여러 실험연구를 통해 이루어졌다. Bandura, Ross와 Ross(1961)의 실험연구에서는 실험집단의 유아들에게는 성인이 보보 인형을 옮기면서 인형과 권투하는 장면을, 통제집단의 유아들에게는 인형을 조심스럽게 다루며 옮기는 장면을 녹화한 필름을 보여 주었다. 실험 결과, 성인이 인형을 공격하는 장면을 본 유아들은 통제집단의 유아들보다 인형을 더 많이 공격하는 것으로 나타났다. 4~9세 유아를 대상으로 한 Liebert와 Baron(1972)의 실험연구에서도 일관된 결과가 관찰되었다. 실험집단의 유아들에게는 추격 주먹싸움과 총격전이나 칼싸움이 포함된 연속극을 3분 30초 분량으로 편집하여 보여 주고, 통제집단의 유아들에게는 같은 시간 동안 비공격적인 운동 장면을 보여 준 후, 모든 아동에게 단추를 누름으로써 옆방에 있는 다른 아동을 공격할 기회를 주었다. 그 결과, 폭력적인 연속극을 본

[그림 12-3] 보보 인형 실험에서 나타난 유아의 공격적 행동
출처: Bandura et al., 1961.
http://www.education.umd.edu/Depts/EDHD/geron/lifespan/4.html

실험집단의 유아들은 그렇지 않은 집단보다 더 자주, 더 오랫동안 단추를 누르는 것으로 나타났다. 그러나 이러한 실험연구들은 유아의 폭력행동을 조장한다는 윤리적 비판에 따라 최근에는 거의 이루어지지 않는다.

③ 성역할 발달

최근 들어 성역할 발달의 성차뿐만 아니라 개인차에 대한 관심이 높아지면서, 호르몬과 같은 생물학적 요인의 영향을 탐색해 보려는 움직임이 활발해지고 있다(Iervolino, Hines, Golombok, Rust, & Plomin, 2005). Hines, Golombok, Rust, Johnston과 ALSPAC(2002)은 유아의 성역할 행동에 대한 호르몬의 영향을 살펴보기 위해 실험연구를 실시하였다. 이 연구에서는 ALSPAC(Avon Longitudinal Study of Parents and Children)의 자료를 토대로, 어머니의 임신 중 테스토스테론 호르몬이 3.5세 유아(남아 342명, 여아 337명)의 성역할 행동에 어떠한 영향을 미치는지를 살펴보았다. 이 연구에서 어머니의 임신 중 호르몬을 측정한 방법은 〈표 12-6〉과 같으며, 유아의 성역할 행동은 유아활동 척도(Preschool Activity Inventory)에 대해 부모가 보고하는 형식으로 측정하였다. 연구 결과, 여아의 경우 테스토스테론 호르몬의 수준이 성역할 행동과 정적인 상관이

표 12-6 T*와 SHBG 측정 절차

구분	내용	비고
실험대상	임신 5~30주인 산모	임신 5~7주 24% 임신 8~24주 55% 임신 25~36주 21%
혈액 채취	채취된 혈액은 혈장이 생성될 때까지 흔든 후 -70℃의 냉동고에 보관함	임신 중 정기검진을 받을 때 혈액 채취
호르몬 분석	자동 화학발광 시스템(Automated Chemilum inescence System: ACS) 이용	병원 내 분석 시스템 활용

* T: testosterone/SHBG: Sex hormone-binding globulin
출처: Hines et al., 2002, 표 재정리함.

[그림 12-4] 테스토스테론 호르몬 분석에 사용되는 ACS

있는 것으로 나타난 반면, 남아는 관련이 없는 것으로 나타났다. 흥미롭게도 이 연구에서 함께 조사한 형제자매 유무, 부모의 전통적인 성역할 지지, 어머니의 교육 수준과 같은 환경적 요인은 유아의 성역할 행동과 관련이 없는 것으로 나타났다.

④ 또래관계

유아에게 또래집단에 대한 소속감이 중요한 의미를 지니는 만큼, 또래 집단으로부터의 거부가 유아에게 부정적인 영향을 미칠 것이라는 예상을 하는 것은 어렵지 않다. 이미 많은 선행연구를 통해 또래거부는 유아의

표 12-7   또래수용 및 또래거부 상황에 대한 실험 절차

순서	내 용	비 고
1	도화지에 직접 그림을 그리게 한 후, "다음 주에 내빈 몇 분이 방문해서 너희들의 그림 실력을 테스트할 것이다."라고 말해 줌	도화지 크기: 145×210mm
2	일주일 후 실험자로부터 개별적으로 형식적인 테스트를 받은 후, 즉석 상반신 사진을 찍음	그림 실력과 상관없이 실험대상 유아가 선정됨
3	함께 협동 그림대회에 나갈 파트너의 사진을 임의로 선정하여 칠판에 붙인 후, 실험대상 유아에게 파트너의 사진 옆에 자신의 사진을 붙여 보도록 함	파트너 사진 제작 방법: 동일 지역 다른 학교에 다니는 아이들을 대상으로 상반신 사진(무표정으로 정자세임)을 찍은 후, 연령과 성별이 또래와 다르다고 평가된 사진과 극단적인 매력을 지닌 사진은 제외함
4-1	실험자가 또래수용집단의 유아에게 "너와 한 팀이 된 이 아이가 너의 그림을 정말로 좋아하며 한 팀이 될 것을 강력하게 요청했다. 그리고 너에게 팀의 색깔(예: 빨강, 파랑)을 선택할 기회를 주었다."라고 말해 주고, 실험대상 유아가 선택한 색깔을 팀 사진 옆에 기록함	또래수용 상황에 대한 조작실험
4-2	실험자가 또래거부집단의 유아에게 "너와 한 팀이 된 이 아이가 너의 그림을 좋아하지 않았다. 너보다 다른 아이와 한 팀이 되기를 원했지만, 내가 들어주지 않았다. (팀원으로부터 거부되었음을 강조하기 위해) 그리고 너한테 물어보지도 않고 팀의 색깔을 정해 버렸다."라고 말해 주고, 실험대상 유아에게 한 팀이 된 아이의 사진을 잘 보도록 요청함	또래거부 상황에 대한 조작실험
5	실험자가 선정된 팀의 색깔을 실험대상 유아에게 알려 줌	

출처: Nesdale & Lambert, 2007.

부정적 정서, 낮은 사회적 문제해결력, 높은 수준의 공격성 등과 관련이 있는 것으로 밝혀졌다. 그러나 그동안의 선행연구들은 관찰 및 또래지명법 등의 제한된 연구방법을 통해 변인 간 상관관계를 살펴보았을 뿐, 명확한 인과관계를 제시하지 못했다. 이러한 한계를 극복하기 위해 Nesdale과 Lambert(2007)는 또래거부를 실험적으로 조작하는 연구방법을 사용했다. 이 연구에서는 대상 유아를 또래수용집단과 또래거부집단으로 구분한 후 〈표 12-7〉에서와 같이 실험을 실시함으로써, 또래거부가 유아의 부정적 정서, 사회적 부적응 행동에 영향을 미친다는 인과관계를 명확하게 밝혀냈다.

(3) 조사연구

① 자아존중감

자아존중감은 자신의 역량 또는 유능함과 자아가치에 대한 평가적 신념으로 자신이 가진 실제적 능력보다 자신을 스스로 어떻게 지각하는가에 따라 달라지므로, 자아존중감을 진단하기 위해 가장 널리 사용되는 연구방법은 자기보고식 질문지를 활용하는 것이다. 유아의 경우 아직 언어적 이해력이나 표현력이 능숙하지 못하므로 Harter와 Pike(1984)가 개발한 유아용 자아존중감 그림검사 도구(Pictorial Scale of Perceived Competence and Social Acceptance: PSPCSA)에 의한 면접법으로 유아의 자아존중감을 측정한다. 이 도구는 크게 능력(인지적 능력, 신체적 능력)과 수용(또래수용, 어머니수용)의 두 가지 범주로 구성되며, 각 범주에 따른 문항의 예는 〈표 12-8〉과 같다. 그리고 각 문항은 [그림 12-5]의 사례에서 보는 바와 같이, 유아에게 "(왼쪽 그림을 보여 주면서) 이 어린이는 그림맞추기를 잘 못하는데, (오른쪽 그림을 보여 주면서) 이 어린이는 그림맞추기를 잘한단다. 이 두 어린이 중에 너와 비슷한 어린이는 누구이니? (유아가 한쪽 그림을 선택하고 난 후에) 이 어린이가 너하고 아주 많이 닮았으면 큰 동그라미를, 조금만

표 12-8 유아용 자아존중감 그림검사 문항의 예

유 형		긍정적		문 항	부정적	
		나와 똑같다(1)	나와 약간 비슷하다(2)		나와 똑같다(3)	나와 약간 비슷하다(4)
능력	인지능력(6)			이 아이는 그림조각을 잘 맞춘다.		
				이 아이는 색깔의 이름을 잘 안다.		
				이 아이는 수세기를 잘한다.		
				이 아이는 철자(ㄱㄴㄷ…)를 잘 안다.		
				이 아이는 이름의 첫 글자를 잘 안다.		
				이 아이는 잘했을 때 주는 스티커를 잘 받는다.		
	신체능력(6)			이 아이는 그네를 잘 탄다.		
				이 아이는 오르기를 잘한다.		
				이 아이는 신발끈을 잘 묶는다.		
				이 아이는 한 발 뛰기를 잘한다.		
				이 아이는 달리기를 잘한다.		
				이 아이는 깡충뛰기를 잘한다.		
수용	또래수용(6)			이 아이는 친구가 많다.		
				이 아이는 하룻밤을 지새울 친구가 많다.		
				이 아이는 함께 놀 친구가 있다.		
				이 아이는 놀이터에 놀 친구가 많다.		
				이 아이는 함께 놀자고 부탁하는 친구가 많다.		
				이 아이는 친구네 집에서 저녁을 먹는다.		
	어머니수용(6)			어머니가 이 아이를 보며 미소를 짓는다.		
				어머니가 이 아이를 잘 데리고 다닌다.		
				어머니가 이 아이에게 맛있는 음식을 만들어 준다.		
				어머니가 이 아이에게 책을 읽어 준다.		
				어머니가 아이와 함께 놀이를 한다.		
				어머니가 아이와 함께 이야기를 나눈다.		

출처: Harter & Pike, 1984.

[그림 12-5] 유아용 자아존중감 그림검사를 위한 그림도구의 예

닮았으면 작은 동그라미를 짚어 봐."라고 지시하고 그 반응을 진단하는 것이다. Mantzicopoulos, French와 Maller(2004)는 중산층 유아 251명과 헤드스타트의 빈곤계층 유아 117명을 대상으로 PSPCSA 검사를 실시하여, Harter와 Pike(1984)가 제시한 능력(competence)과 수용(acceptance)의 이분적 모델이 적합한지를 살펴보았다. 연구 결과, 사회계층과 상관없이 PSPCSA의 이분적 요인 구조가 적합한 것으로 나타났다.

② 공격성

공격성은 구조화된 실험실에서의 측정이나 관찰, 질문지를 통한 자기 및 타인 보고 등의 다양한 방법을 통해 측정할 수 있다. 그러나 일반적으로 구조화된 실험실에서 관찰된 행동은 일상생활의 공격성으로 일반화하기 어려울 뿐만 아니라 개인의 특질로서의 공격성을 측정하는 데 한계가 있다는 측면에서, 질문지에서 제시된 공격성 관련 문항에 대해 자신 및 타인이 보고하는 방식으로 측정하는 경우가 많다. 특히 유아의 경우 그들의 공격성을 가까이에서 관찰할 수 있는 부모 및 교사, 또래에 의한 보고가 많이 활용된다. Guerra, Huesmann과 Spindler(2003)는 유아의 공격성을 교사와 또래의 보고를 종합하여 측정하였다. 즉, 유아의 공격성은 교사가 CBC(Child Behavior Checklist)에 응답한 결과와 또래가 또래지목 공격성(Peer-

표 12-9 또래지목 공격성 척도 문항의 예

문항
1. 누가 싸움을 시작하는가?
2. 누가 다른 아이를 괴롭히는 거짓말을 하는가?
3. 누가 아이들을 난폭하게 밀치는가?
4. 누가 나쁜 말(욕)을 하는가?

출처: Guerra, Huesmann, & Spindler, 2003.

nominated aggression)에 응답한 결과를 합산한 점수가 된다. 이 연구에서 사용한 또래지목 공격성 척도 문항의 예를 제시하면 〈표 12-9〉와 같다.

③ 성역할 고정관념

유아는 3세 이후 성역할 기준이 매우 엄격해지면서 자신의 성에 적합한 것을 강하게 선호하는 반면, 이성에게 적합한 것은 부정적인 것으로 보는 경향이 있다. 이러한 유아들의 성향은 성역할 선호성에 대한 연구를 통해 확인할 수 있다. 일반적으로 유아의 성역할 선호성은 ITSC(It Scale for Children)(Brown, 1956) 검사 도구를 많이 활용한다. 이 검사 도구는 성고정관념을 나타내는 장난감이나 사물 또는 활동, 아이가 그려진 36장의 그림카드로 구성되며, 그림카드 내용의 구체적인 예는 〈표 12-10〉과 같다. 연구에서 조사자는 대상 유아에게 중성으로 묘사되는 어떤 아이(It)라는 상상인물을 봉투 또는 막대그림으로 제시하고, "○○야, 이 봉투 속에 어떤 아이가 들어 있단다. 이 아이는 다음 그림들 중에서 어떤 것을 좋아할 것이라고 생각되는지 골라 보자."라고 말한 후, 장난감, 사물 또는 활동, 아이 그림 순으로 제시하여 선택하게 하는 것이다. 이러한 방법으로 검사가 끝나면 마지막에 "○○야, 이 봉투 속에 있는 아이가 남자라고 생각하니? 여자라고 생각하니?"라고 질문하여 연구대상 유아가 It을 어떤 성에 귀인시키는지 확인한다. 김영희(2006)는 이 도구를 활용하여 한국 유아의 성역할 선호성을 살펴보았다.

표 12-10 성역할 선호성 검사 도구의 내용

구분	수량	내용	비고
장난감 그림	16장	남아용(트럭, 권총, 탱크, 기차, 경주용 차 등) 여아용(인형, 목걸이, 빗, 거울, 손지갑 등)	16장의 그림카드를 모두 제시하고 It이 좋아한다고 생각되는 것의 순으로 여덟 가지 선택
사물 또는 활동 대비 그림	8쌍 (16장)	왕자와 공주, 여자 한복과 남자 한복, 여자 신발과 남자 신발, 화장품과 면도기구, 목공기구와 주방용품 등	8쌍의 그림카드를 순서대로 한 쌍씩 제시하여 매 쌍마다 It이 더 좋아한다고 생각되는 것으로 한 개씩 선택
아이 그림	4장	소년 차림의 소년, 소녀 차림의 소년, 소년 차림의 소녀, 소녀 차림의 소녀	네 아이의 그림 중에서 한 가지 그림을 선택
계	36장		

출처: Brown, 1956.

앞치마

망치와 못

[그림 12-6] 성역할 선호성 검사 도구 그림카드의 예
출처: Brown, 1956.

　한편, 성도식 이론(Bem, 1989)에 의하면 성역할 발달은 유아의 인지발달 수준이나 사회문화적 요인의 영향을 받지만 동시에 남성적·여성적 특성 및 행동양식을 분류하는 성도식에 의해 형성된다. 일단 성도식이 발달하면 유아는 선택적인 기억과 선호과정을 통해 자신의 성도식에 맞지 않는 새로운 정보에 대해서는 왜곡하는 경향이 있다. Martin과 Halverson (1983)의 연구는 이러한 성도식 이론을 지지해 주는 대표적인 연구다. 그들은 5~6세 유아를 대상으로 첫 번째 실험에서 총 16장의 그림카드를 보

[그림 12-7] 성역할 고정관념 측정도구 그림카드의 예

출처: Martin & Halverson, 1983.

여 주었다. 그중 8장은 성고정관념에 일치하는 활동(예: 망치질을 하는 소년)이고, 8장은 성고정관념에 불일치하는 활동(예: 망치질을 하는 소녀)이다. 그리고 일주일 후 그들이 보았던 기억에 대해 평가한 결과, 성(gender)에 부적합한 활동을 수행한 경우보다 적합한 활동을 수행했던 주인공의 성을 더 쉽게 회상했으며, 성에 부적합한 행동을 했던 그림에 대해서는 '나무를 베는 주인공은 소녀가 아니라 소년이었다.' 와 같이 내용을 왜곡해서 기억하는 경향이 있는 것으로 나타났다.

(4) 심리검사

① 한국형 유아발달 선별 검사(Korean Developmental Indicators for the Assessment of Learning-3rd: K-DIAL-3)

유아발달 선별에 사용되는 대표적인 검사 도구인 DIAL-3(Mardell-Cznowski & Goldenberg, 1998)는 DIAL의 처음 개정판인 DIAL-R을 다시 보완하여 재표준화한 것으로, 전병운, 조광순, 이기현, 이은상과 임재택(2004)이 한국 실정에 맞게 표준화하여 한국형 DIAL-3를 개발하였다. 한국형 DIAL-3는 3~6세 유아를 대상으로 실시하며, 언어, 인지, 운동, 자조, 사회성 발달의 다섯 개 영역으로 구성되어 있다. 이 중 사회성 영역은 20문항으로 구성되어 있으며, 각 문항은 유아의 반응에 따라 0~2점의 3점 체계로 검사 결과를 기록하게 된다. 유아의 사회성 발달을 검사하는 문항의 내용은 〈표 12-11〉과 같다.

표 12-11 한국형 DIAL-3의 사회성 발달 측정 문항

문항 내용	평정		
	거의 항상 그렇다(0)	때때로 그렇다 (1)	전혀 그렇지 않다(2)
1. 활동(동화책 듣기, 색칠하기 등)을 최소한 15분간 지속한다.			
2. 하지 말라고 금지한 것은 화를 내지 않고 따른다.			
3. 장난감을 부수지 않고 가지고 논다.			
4. 다른 아이들과 사이좋게 잘 논다(순서 지키기, 공유하기).			
5. 부모가 하지 말라고 하면 하던 것을 멈춘다.			
6. 하던 일을 계속하여 끝낸다.			
7. 다른 아이들이 좋아한다.			
8. 부모의 말을 듣는다.			
9. 놀이를 할 때 자기 차례를 기다린다.			
10. 과잉반응을 보이거나 떼를 쓴다.			
11. 다른 아이들과의 논쟁을 해결할 때 신체적인 행동보다 언어를 사용한다.			
12. 다른 사람들과 함께 있는 것을 좋아한다.			
13. 부모가 예측 가능한 행동을 한다.			
14. 실수를 인정하고 다른 사람의 탓으로 돌리지 않는다.			
15. 쉽게 욕구불만을 나타낸다.			
16. 다른 사람의 감정(기쁨, 슬픔, 분노 등)을 묘사한다.			
17. 재미있는 일이 있을 때 미소를 짓거나, 소리내어 웃는다.			
18. 질문을 완전히 듣고 대답한다.			
19. 뒤척거리지 않고 쉽게 잠을 잔다.			
20. 다른 사람의 물건을 사용할 때 허락을 얻는다.			

출처: 전병운 등, 2004.

② 한국형 아동 · 청소년행동평가 검사(Korean Child Behavior Checklist:
   K-CBCL)

Achenbach에 의해 1991년 재표준화된 미국판 CBCL은 4～18세 아동

[그림 12-8] 한국형 CBCL
출처: Achenbach, 1991.

의 문제행동과 사회적 능력을 부모가 표준화된 형태로 기록하는 행동평가 도구다. CBCL의 문제행동증후군 척도는 아동기에 흔히 보일 수 있는 핵심 증상들을 중심으로 제작되었으며, 위축, 신체증상, 불안/우울, 사회적 문제, 사고의 문제, 주의집중 문제, 비행행동, 공격적 행동, 내재화문제, 외현화문제, 총 문제행동 점수, 성별문제의 총 열두 개의 소척도로 구성되어 있다. 반면, 사회적 능력 척도는 적응적인 측면을 평가하는 척도로 활동성, 사회성, 학업수행, 총 사회능력 점수의 네 개 척도로 구성되어 있다. 한국형 CBCL(오경자, 이혜련, 홍강의, 하은혜, 1997)은 미국판 CBCL을 토대로 하여 사회능력 척도와 문제행동증후군 척도로 구성하되, 사회능력 척도 중 활동성 척도는 우리나라 실정에 맞지 않는 문항이 많고 변별타당도가 매우 낮아 제외되었다. 문제행동증후군 척도는 모두 119개 문항으로 각 문항은 전혀 없다(0점), 가끔 보인다(1점), 매우 심하다(2점)의 3점 척도로 최소 0점에서 최대 238점까지의 점수 범위를 가진다.

Achenbach(1991)는 부모보고의 편파성이 가지는 문제점을 고려해서 교사용 행동평가척도(Teacher Report Form)와 청소년용 자기보고식 행동평가척도(Youth Self Report)를 함께 사용할 것을 권한다.

[그림 12-9] Piers Harris의 아동용 자아개념 척도

출처: http://www.proedinc. com/ProdImages/test_10495.jpg

③ Piers Harris 아동용 자아개념 검사 II(Piers Harris Chidren's Self-Concept Scale II)

Piers Harris 아동용 자아개념 검사 II는 학령 초기인 7세부터 18세까지 아동의 자아개념 측정에 가장 널리 사용되는 척도다. 자기보고식 검사로 행동적응, 지능과 학교 지위, 신체적 외모, 불안, 인기, 행복의 여섯 개 하위 영역에 걸쳐 총 60개의 문항으로 구성되어 있으며, 각 문항은 각 진술문이 자신을 잘 나타낸 것이면 '예', 그렇지 않으면 '아니요'에

표 12-12 │ Piers Harris 아동용 자아개념 검사 II 문항의 예

영역	문항
행동적응	보통 내 잘못으로 일이 잘못된다. 나는 문제를 많이 일으킨다.
지능과 학교 지위	나는 영리하다. 나는 내게 주어진 과제를 끝마치는 데 오래 걸린다.
신체적 외모	나는 좋은 머릿결을 가지고 있다. 나는 이성에게 인기가 많다.
불안	나는 시험이 있을 때 걱정이 된다. 나는 쉽게 포기한다.
인기	친구들이 나를 놀린다. 친구들은 내가 좋은 아이디어를 가지고 있다고 생각한다.
행복	나는 행복하다고 느낀다.

출처: Piers & Herzberg, 2002.

표시하여 응답하도록 되어 있다. 영역별 각 문항 구성의 예를 제시하면 〈표 12-12〉와 같다.

④ 유아성격검사

유아성격검사는 1992년 송인섭에 의해 국내에서 개발된 검사다. 성격특성을 간단히 묘사하고 있는 26개의 그림들로 이루어져 있으며, 아동은 그림과 간단한 지시문을 보고 그렇다고 생각하면 '예', 그렇지 않다고 생각하면 '아니요'로 답한다. 전조작기에 해당하는 취학전 아동(만 4~7세)이 대상이므로 읽기와 쓰기 학습이 수반되지 않는 아동을 감안해 구두로 지시문을 제시할 수도 있다. 소요시간은 약 20~30분 정도이며 유아가 가지고 있는 성격 특성을 평가할 뿐 아니라 더 나아가 정서발달, 자아 그리고 정신건강을 파악하는 데 목적을 두고 있다.

가족성, 정서성, 사회성, 학문성이라는 네 가지 성격 차원에서 평가가 이루어진다. 가족성(총 6개 문항)은 유아가 지각하고 있는 가족생활의 만족 정도와 적응 정도를, 정서성(총 6개 문항)은 정서와 신체에 관련된 반응

을 평가하는 것으로 감정이나 정서의 억제 혹은 어떤 현상에 대한 이지적인 태도 성향을 평가한다. 사회성(총 7개 문항)은 대인관계 형성 등 아동이 다양한 사회적 접촉을 즐기는지 여부를 평가하며, 학문성(총 7개 문항)은 아동이 공부하기를 좋아하는 성향인지를 평가한다.

유아성격검사의 원점수는 규준에 의한 표준점수로 환산되며 각 척도별로 점수가 높을수록 그만큼 그 특성이 상대적으로 높고 강하게 발달되어 있다고 본다. 결과의 해석은 개별 특성의 점수가 높고 낮음과 함께 각 특성 간의 상호관계를 비교하면서 종합적으로 이루어진다.

일반 적성검사나 지능검사처럼 떨어지는 영역의 수치에 신경을 쓰기보다는 한 아동의 전체적인 성격 특성을 두고 보았을 때, 특히 떨어지는 부분은 무엇이며 잘 발달된 부분은 무엇인지를 확인하는 개인 내 질적인 분석이 요구된다. 그러므로 단순한 수치 대비보다는 하위요인과의 상호관련성을 바탕으로 한 전문가의 해석이 따라야 할 것이다.

김영희(2006). 유아의 성역할 선호성에 따른 자아존중감. 한국교원대학교 대학원 석사학위논문.

대한소아과학회(2002). 한국형 영유아 발달 검사. 서울: 대한소아과학회.

신희선, 한경자, 오가실, 오진주, 하미나(2002). 한국형 Denver 2 검사지침서. 서울: 현문사.

오경자, 이혜련, 홍강의, 하은혜(1997). K-CBCL 아동 청소년행동평가척도. 서울: 중 앙적성연구소.

장영숙, 강경석, 김희정(2003). 유아의 연령 및 성별과 부모의 양육태도에 따른 유아의 친사회적 행동. 아동학회지, 24(4), 41-53.

전병운, 조광순, 이기현, 이은상, 임재택(2004). 한국판 유아발달선별검사 지침서(K-DIAL-3). 서울: 도서출판 특수교육.

정옥분(2004). 발달심리학: 전생애 인간발달. 서울: 학지사.

조복희, 박혜원(2004). 한국 Bayley 영유아발달 검사(K-BSID-II) 표준화 연구(1): 지역, 성별 및 모의 교육수준에 따른 K-BSID-II의 수행분석. 한국발달심리학회지, 17(1), 191-206.

조은진(1997). 한국 유아들의 친사회적 행동: 사회인지 발달과의 관계. 교육학연구, 35(5), 219-238.

최순영(2005). 인간의 사회 · 성격 발달심리(개정판). 서울: 학지사.

Alexander, G. M., & Hines, M. (1994). Gender labels and play styles: their relative contribution to children's selection of playmates. *Child Development, 65,* 869-879.

Bandura, A., Ross, D., & Ross, S. A. (1961). Transmission of aggression through imitation of aggressive models. *Journal of Abnormal and Social Psychology, 63,* 575-582.

Bem, S. L. (1989). Genital Knowledge and gender constancy in preschool children. *Child Development, 60,* 649-662.

Bradbard, M. R., Martin, C. L., Endsley, R. C., & Halverson, C. F. (1986). Influence of stereotypes on children's exploration and memory: A competence versus performance distinction. *Developmental Psychology, 22,* 481-486.

Bussey, K., & Bandura, A. (1999). Social cognitive theory of gender development and differentiation. *Psychological Review, 106,* 676-713.

Caldera, Y. M., Huston, A. C., & O'Brien, M. (1989). Social interactions and play patterns of parents and toddlers with feminine, masculine, and neutral toys. *Child Development, 60,* 70-76.

Caplan, M., Vespo, J., Pedersen, J., & Hay, D. F. (1991). Conflict and its resolution in small groups of one-and two-year-olds. *Child Development, 62,* 1513-1524.

Cooley, C. H. (1902). *Human nature and the social order.* NY: Scribner's.

Crick, N. R., Bigbee, M. A., & Howes, C. (1997). Gender differences in children's normative beliefs about aggression: How do I hurt thee? Let me count the ways. *Child Development, 67,* 1003–1014.

Denham, S. A., Mason, T., & Couchoud, E. A. (1995). Scaffolding young children's prosocial responsiveness: preschoolers' responses to adult sadness, anger, and pain. *International Journal of Behavioral Development, 18*(3), 489–504.

Eder, R. A. (1990). Uncovering young children's psychological selves: Individual and developmental differences. *Child Development, 61,* 849–863.

Eisenberg, N., & Fabes, R. A. (1998). Prosocial development. In W. Damon (Series Ed.), & N. Eisenberg (Vol. Ed.), *Handbook of child psychology, Vol. 3: Social, emotional, and personality development* (5th ed., pp. 701–778). NY: Wiley.

Gottman, J. M. (1983). How children become friends. *Monographs of the Society for Research in Child Development, 48* (3, Serial No. 201)

Guerra, N. G., Huesmann, L. R., & Spindler, A. (2003). Community violence exposure, social cognition, and aggression among urban elementary school children. *Child Development, 74*(5), 1561–1576.

Harris, N. B. (1992). Sex, race, and the experience of aggression. *Aggressive Behavior, 18,* 201–217.

Harter, S. (1990). Issues in the assessment of the self-concept of children and adolescents. In A. M. LaGreca (Ed.), *Through the eyes of the child: Obtaining self-reports from children and adolescents.* Boston, MA: Allyn & Bacon.

Harter, S., & Pike, R. (1984). The Pictorial scale of perceived competence and social acceptance. *Child Development, 55,* 1969–1982.

Hartup, W. W. (1996). The company they keep: Friendships and their developmental significance. *Child Development, 67,* 1–13.

Hines, M., Golombok, S., Rust, J., Johnston, K. J., & Avon Longitudinal Study of Parents and Children Study Team (2002). Testosterone during pregnancy and gender role behavior of preschool children: A longitudinal, population Study. *Child Development, 73*(6), 1678–1687.

Howes, C., & Matheson, C. C. (1992). Sequences in the development of competent play with peers: social and social pretend play. *Developmental Psychology, 28,* 961–974.

Hubbard, J. A., & Coie, J. D. (1994). Emotional correlates of social competence in children's peer relationships. *Merrill-Palmer Quarterly, 40,* 1–20.

Iannotti, R. J. (1985). Naturalistic and structured assessment of prosocial behavior in preschool children: The influence of empathy and perspective taking. *Developmental Psychology, 21,* 46–55.

Iervolino, A. C., Hines, M., Golombok, S. E., Rust, J., & Plomin, R. (2005). Genetic and environmental influences on sex-typed behavior during the preschool years. *Child Development, 76*(4), 826–840.

Jones, E. E. (1990). Constrained behavior and self-concept change. In J. M. Olson, & P. P. Zanna (Eds.), *Self-inference processes: The Ontario Symposium* (Vol. 6, pp. 69–86). Hillsdale, NJ: Erlbaum.

Kochanska, G., Casey, R. J., & Fukumoto, A. (1995). Toddler's sensitivity to standard violations. *Child Development, 66,* 643–656.

Kohlberg, L. (1966). A cognitive-developmental analysis of children's sex-role concepts and attitudes. In E. E. Maccoby (Ed.), *The development of sex differences.* Stanford, CA: Stanford University Press.

Levitt, M. J., Weber, R. A., Clark, M. C., & McDonnell, P. (1985). Reciprocity of exchange in toddler sharing behavior. *Developmental Psychology, 21,* 122–123.

Lewis, M., & Brooks-Gunn, J. (1979). *Social cognition and the acquisition of self.* NY: Plenum Press.

Liebert, R. M., & Baron, R. A. (1972). Some immediate effects of televised violence on children's behavior. *Developmental Psychology, 6,* 469–475.

Maccoby, E. E. (1988). Gender as a social category. *Developmental Psychology, 24,* 755–765.

Mantzicopoulos, P., French, B. F., & Maller, S. J. (2004). Factor structure of the pictorial scale of perceived competence and social acceptance with two pre-elementary samples. *Child Development, 4,* 1214-1228.

Martin, C. L., & Halverson, C. F. Jr. (1983). The effects of sex-typing schemas on young children's memory. *Child Development, 52,* 1119-1134.

Mead, M. (1935). *Sex and temperament in three primitive societies.* NY: William Morrow.

Munroe, R. L., Hulefeld, R., Rodgers, J. M., Tomeo, D. L., & Yamazaki, S. K. (2000). Agression among children in four cultures. *Cross-Cultural Research, 34*(1), 3-25.

Nesdale, D., & Lambert, A. (2007). Effects of experimentally manipulated peer rejection on children's negative affect, self-esteem, and maladaptive social behavior. *International Jounal of Behavioral Development, 31*(2), 115-122.

Nielsen, M., Suddendorf, T., & Slaughter, V. (2006). Mirror Self-Recognition Beyond the Face. *Child Development, 77*(1), 176-185.

Perlman, M., & Ross, H. S. (1997). The benefits of parent intervention in children's disputes: An examination of concurrent changes in children's fighting styles. *Child Development, 68,* 690-700.

Persson, G. E. B. (2005). Developmental perspective on prosocial and aggressive motives in preschoolers' peer interactions. *International Journal of Behavioral Development, 29*(1), 80-91.

Piers, E. V., & Herzberg, P. S. (2002). *Piers-Harris Children's self-concept scale-second edition manual.* Western Psychological Services, Los Angeles. Ca.

Pomerantz, E. M., Ruble, D. N., Frey, K. S., & Grenlich, F. (1995). Meeting goals and confronting conflict: Children's changing perceptions of social comparison. *Child Development, 66,* 723-736.

Prodromidis, M., Lamb, M. E., Sternberg, K. J., Hwang, C. P., & Broberg, A. G. (1995). Aggression and noncompliance among Swedish children in center-based care, family day care, and home care. *International Journal of Behavioral Development, 18*(1), 43-62.

Ramsey, P. G. (1995). Changing social dynamics in early childhood classrooms. *Child Development, 66,* 764-773.

Rheingold., H. L. (1982). Little children's participation in the work of adults, a nascent prosocial behavior. *Child Development, 53,* 114-125.

Roberts, W., & Strayer, J. (1996). Empathy, emotional expressiveness, and prosocial behavior. *Child Development, 67,* 449-471.

Ruble, D. N., & Martin, C. L. (1998). Gender development. In N. Eisenberg (Ed.), *Handbook of child psychology* (5th ed., pp. 933-1016). NY: Wiley.

Ruble, D. N., Taylor, L. J., Cyphers, L., Greulich, F. K., Lurye, L. E., & Shrout, P. E. (2007). The role of gender constancy in early gender development. *Child Development, 78*(4), 1121-1136.

Shaffer, D. R. (2000). *Social and Personality Development* (4th ed.). Belmont, CA: Wadsworth/Thomson Learning.

Smith, E. R., & Mackie, D. M. (2000). *Social Psychology* (2nd ed.). Philadelphia, PA: Psychology Press.

Suddendorf, T. (1999). Children's understanding of the relation between delayed video representation and current reality: A test for self-awareness? *Journal of Experimental Child Psychology, 72,* 157-176.

Vaughn, B. E., Kopp, C. B., & Krakow, J. B. (1984). The emergence and consolidation of self-control from eighteen to thirty months of age: Normative trends and individual differences. *Child Development, 55,* 990-1004.

Whiting, B. B., & Edwards, C. D. (1973). A cross-cultural Analysis of sex differences in the behavior of children aged 3-11. *Journal of social psychology, 91,* 171-188.

Williams, C., & Bybee, J. (1994). What do children feel guilty about? Developmental and gender differences. *Developmental Psychology, 30,* 617-623.

http://www.education.umd.edu

http://www.proedinc.com

인명

내용

▨ 저자 소개

• 이순형(6장)
서울대학교 대학원 아동학 박사
한국아동학회 회장
인간발달학회 회장
서울대학교 생활과학대학 어린이집 원장
현 서울대학교 아동가족학과 교수

• 이혜승(4, 7장)
미국 시러큐스대학교 아동학 박사
서울대학교 생활과학연구소 연수연구원
국민체육진흥공단 어린이집 원장
현 서울대학교 아동가족학과 강사

• 권혜진(9장)
서울대학교 대학원 아동학 박사
하이닉스어린이집 원장
서울대학교 생활과학대학 어린이집 부원장
현 나사렛대학교 아동학과 교수

• 이영미(1, 2장)
서울대학교 대학원 아동학 박사
과천시립문원어린이집 원장
현 백석대학교 사회복지학부 교수

• 정윤주(3, 5장)
서울대학교 대학원 아동학 석사
미국 펜실베이니아주립대학교 아동학 박사
서울법원어린이집 원장
현 인천대학교 소비자아동학과 교수

• 한유진(11장)
서울대학교 대학원 아동학 박사
서울대학교 생활과학연구소 연수연구원
나사렛대학교 아동학과 교수
현 명지대학교 아동학과 교수

• 성미영(10장)
서울대학교 대학원 아동학 박사
서울법원어린이집 원장
서울시 서초구 보육정책위원
서울시 강북구 보육정책위원
현 서경대학교 아동학과 교수

• 권기남(12장)
서울대학교 대학원 아동학 박사
하이닉스어린이집 원장
국민체육진흥공단 어린이집 원장
서울대학교 생활과학대학 어린이집 부원장
현 울산과학대학교 유아교육과 교수

• 김정민(8장)
서울대학교 대학원 아동학 박사
국민체육진흥공단 어린이집 원장
서울법원어린이집 원장
현 서울대학교 어린이보육지원센터 느티나무
　어린이집 원장

2판
아동관찰 및 행동연구
Child behavior observation (2nd ed.)

2008년 5월 20일 1판 1쇄 발행
2011년 1월 10일 1판 2쇄 발행
2014년 9월 30일 2판 1쇄 발행
2017년 8월 25일 2판 2쇄 발행

지은이 • 이순형 · 이혜승 · 권혜진 · 이영미 · 정윤주
　　　　한유진 · 성미영 · 권기남 · 김정민
펴낸이 • 김 진 환
펴낸곳 • ㈜ 학지사
　　　　04031 서울특별시 마포구 양화로 15길 20 마인드월드빌딩 5층
대표전화 • 02) 330-5114　　　팩스 • 02) 324-2345
등록번호 • 제313-2006-000265호
홈페이지 • http://www.hakjisa.co.kr
페이스북 • https://www.facebook.com/hakjisabook

ISBN 978-89-997-0493-2 93370

정가 16,000원

이 도서의 국립중앙도서관 출판시도서목록(CIP)은 서지정보유통지원시스템
홈페이지(http://seoji.nl.go.kr)와 국가자료공동목록시스템(http://www.nl.go.kr/kolisnet)
에서 이용하실 수 있습니다.
(CIP제어번호: CIP2014026400)

교육문화출판미디어그룹 학지사

학술논문서비스 **뉴논문** www.newnonmun.com
심리검사연구소 **인싸이트** www.inpsyt.co.kr
원격교육연수원 **카운피아** www.counpia.com